植民地教科書と国定教科書

植民地教育史研究年報◉2008年………11

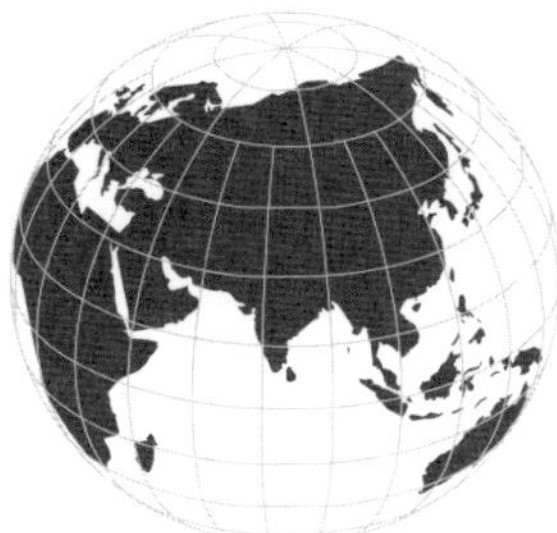

日本植民地教育史研究会

皓星社

植民地教科書と国定教科書

2008　植民地教育史研究年報　第11号　目次

はじめに

植民地教育史研究年報第11号
編集委員会

宮脇弘幸氏を研究代表者として申請した科学研究費補助金「日本植民地・占領地の教科書に関する総合的比較研究——国定教科書との異同の観点を中心に」は、2006年度からの3ヵ年の研究として採択された。したがってこの植民地教科書比較研究プロジェクトは、今年度が最終年度となる。

この間同プロジェクトでは、2007年3月に研究成果中間報告書として『玉川大学教育博物館所蔵外地教科書目録』を刊行し、2007年12月26日に国際シンポジウム「植民地教科書と国定教科書——何を教え、何を教えなかったか」を実施した。また現在、最終報告書を作成中である。

上記の国際シンポは、玉川大学・教育博物館を会場に、下記4氏による報告がおこなわれた。日本、台湾、韓国の研究者による、台湾、朝鮮、「満洲」の植民地教科書と国定教科書との比較という、国際シンポの名にふさわしい内容であった。

『植民地教育史研究年報』第11号（以下本号）には、この4氏の報告、ならびにシンポの司会者である佐藤由美氏による「シンポジウムのまとめ」を掲載した。前記科研報告書とあわせて利用していただければ、幸いである。

○上田崇仁氏「朝鮮総督府「国語読本」と国定「国語読本」の比較——挿絵のみの教材に見られる特徴」

○蔡錦堂氏「戦時期台湾の公学校国語教科書と日本の国定国語教科書との比較」

○金京美氏「1940年代朝鮮総督府‘国史’教科書と日本国定‘歴史’教科書の比較」

○槻木瑞生氏「満洲の教科書」

なお本号のタイトルは、この植民地教科書比較研究プロジェクトに因み、上記国際シンポのテーマを拝借したものであるが、さらに本号では、以下の3氏による関連資料を掲載している。こちらもあわせて活用していただきたいと思う。

○三橋広夫氏「翻訳『韓国の小学校歴史教科書――初等学校国定社会・社会科探究』」

○陳虹彣氏「台湾総督府編修官加藤春城の「自伝畧叙」」

○白柳弘幸氏「国定・台湾総督府・朝鮮総督府の発行教科書・発行年比較」

この科研費補助によるプロジェクトは、今年度で一応の区切りを迎える。しかし、教科書は各種の学校ごとに、各教科、各学年別に編纂され、数年で改訂される。また、台湾、朝鮮、「満洲」以外の地域でも使用された。実際の研究は、いま始まったばかりなのである。今回のプロジェクトの成果の上に、さらに研究が発展・深化されなければならない。

もちろん植民地教科書の比較研究だけが植民地教育の研究分野ではないし、この研究会の事業・活動でもない。様々な角度から植民地の教育の歴史を解明することが当然必要であるし、研究会には植民地教育史研究の裾野を広げる役割が求められることは言うまでもない。

さて本号であるが、幸いなことに研究資料や書評など、多くの原稿が集まった。その結果前号に比べれば、多彩な内容となった。多忙のなか、原稿を寄せてくださった執筆者の皆様に感謝したい。

しかしながら、掲載となった研究論文は前号と同様に1篇にとどまった。残念ながら、前号の「はじめに」で指摘した課題は解消されたとはいえないのである。植民地教科書比較研究プロジェクトを足がかりとして、この『年報』の充実にもつながるような、会員の研究活動を促す工夫、研究会の活動を活性化する取り組みが展開されることを期待したい。

Ⅰ．国際シンポジウム

植民地教科書と国定教科書
――何を教え、何を教えなかったか

朝鮮総督府「国語読本」と国定「国語読本」の比較

――挿絵のみの教材に見られる特徴

上田崇仁

0．はじめに

本稿は、2007年12月に玉川大学において開催された国際シンポジウムの報告をもとに加筆訂正してまとめたものである。発表時点から1年近くが経過し、その後の研究の進捗により、当時たてていた仮説を修正した箇所があることをあらかじめ述べておきたい。詳細は後述する。

この国際シンポジウムで、筆者は内地と朝鮮の「国語」教科書について、それも時期を国民学校期に絞って発表することとなった。しかしながら、この時期だけを取り扱っての発表は、非母語教育である朝鮮の「国語」教育と、母語教育である内地の「国語」教育の違いを明らかにするには、十分ではなかったため、上田（2000）をもとに通時的な変遷にも触れつつ報告を行った。

1．異同を扱う際の問題点

内地で使用された国定の「国語読本」（以下、国定読本）と朝鮮で使用された「国語読本」（以下、朝鮮読本）との異同を確認する作業は、植民地と内地とで、どのような教育内容が共通していたのか、また植民地でだけ扱われた内容は何か、内地でのみ扱われた内容は何かを明らかにする作業であり、植民地教育研究上、非常に重要なものである。

筆者は、上田（2000）において、各課の表題に絞っての作業に限定されるが、この異同確認作業を行ったことがある。その結果や作業を進めるうえで生じた問題点については、日本植民地教育史研究会における口頭発表や、『日本植民地教育史研究年報』第3号、筆者の学位論文である上田（2000）で検討してきている。

異同を扱う際、その基準となる項目として考えられる点は、大きく次の4点である。

① 表題が同一かどうか

② 本文が同一かどうか（漢字の使われ方、仮名遣い、句読点の位置も含む）

③ 挿絵が同一かどうか（本文に対する挿絵の位置も含む）

④ 教育しようとしている文化的、思想的内容が同一かどうか

たとえば、次のような教材がある。

左が国定読本、右が朝鮮読本である。それぞれ、第5期、すなわち、本稿が対象としている国民学校期の教科書である。巻1は、課がたてられていないため、課のタイトルは存在せず、上記の注目点①は該当する情報がない。②については、単純に判定することができない。ページがどこで分かれているのか、国定読本では、最後の「アサヒ」だけが一字下げられているのに対し、朝鮮読本では「アサヒ」は2語とも1字下げで書かれているという違いが存在するためである。挿絵は同一ではない。④については、教授指導書の入手を待たなければ精密な議論は行えないと考えている。④を棚上げしたとしても、この両者は「同じ教材である」と言えるのだろうか。「国語」という教科目は、日本語という言語を教育するという側面と、日本語を通じて文化や思想を教育するという面とがあり、異同を論じる際には常にそれが問題となる。国定読本では、昇りつつある太陽を見ているのに対し、朝鮮読本ではすでに全体が見えている挿絵になっていること、国定読本ではみんな洋服であり、子供たちのうち二人は着帽したままであることなども、そこに言語教育以外の要素を見出そうとす

れば、議論の余地は多々あるといえよう。

一方で、次のように明確に同一であるといえる教材も存在する。

このように教材の異同については、その基準をどこに設定するかによって、出てくる答えが異なることが分かる。①～④の条件をそろえた教材も上記のように確かに存在するが、得られる結果と条件の立て方は密接にリンクしており、意味ある結果を手に入れるためには、どのような基準が適切であるのか、今後、さらに検討が必要であろう。

また、教科書の比較は、時として日本語という言語そのものの変化という問題にも直面する。特に「国語」という教科である以上、その問題は無視することができない。たとえば、併合直前に編纂された『日語読本』では版によって以下のような語の違いがみられる。

巻及び課（初見）	学部本[註1]・大倉本[註2]（1907年以前）	学徒本[註3]（1907年）
巻1・第7課	アソコ	アスコ
第11課	ワタクシ	ワタシ
第25課	ハヤ	モウ
第27課	オ早ウ、ゴザイマシタ	オ早ウ、ゴザイマス
第31課	石ニ、字ヲ、書イテ	石エ、字ヲ、書イテ
第32課	涼ク、ナリマシタ	涼シウ、ナリマシタ
巻2・第2課	私等	私タチ
第5課	ソウスルト	ソウスレバ
第7課	ソウシテ	ソシテ
第8課	心パイシテ、居マショウ	心パイシテイルデショウ
第12課	雪ガ、大分、積ミマシテ	雪ガ、積モッテ
第15課	好カナイ人	嫌ウ人
第19課	ポチ（犬の名）	カメ（犬の名）
第20課	併シ	ケレドモ

第27課	河ノ水ガ、増シテ	河ノ水ガ、殖エテ
第28課	喜バスノワ	喜バセルノワ
巻3・第2課	行カレマス	行ケマス
第12課	早ク、熟スルノト、	早ク、熟スノト、
第17課	うおを、すいています。	うおが、すきです。
第24課	オ見ナサイ	ゴランナサイ
巻4・第1課	港ニ、着キマシタ	港エ、着キマシタ
第5課	足ラナイト、イイマス	足リナイト、イイマス
第11課	樂シソウデ、アリマシタガ	樂シソウデシタガ、
第13課	湯ニハイラナクッテモ	湯ニ、ハイラナクテモ
第18課	ヨッポド	ヨホド
第19課	むつかしい	むずかしい

（註1）『学部編纂　日語読本　学部編輯局出版』
（註2）『学部編纂　日語読本　大倉書店印刷』
（註3）『学部編纂　普通学校学徒用　日語読本　大倉書店印刷』

こういった違いは、言語の経年的変化の反映であり、どちらが正しいという議論では片付かない問題である。上の例は朝鮮に限定しているが、内地と朝鮮の教科書比較をする際も、その発行年度にずれがある以上、このような語彙の違いは生じている可能性があることを踏まえる必要があり、踏まえた上でどういった基準が意味のある基準になるのか、検討が必要であろう。

2．教材の表題の比較と一致率

前述した上田（2000）では、①のみに絞り、また、学年や巻の違いも無視した比較を行った。この際、声に出して読めば同じであるということを判断基準として採用した。漢字で書かれていても、ひらがな、カタカナで書かれていても、また、表音的仮名遣い、歴史的仮名遣いのいずれで書かれていても、違いはないものとした。

その結果、教科書の改訂を経るごとに、共通して採用されている表題の教材の一致率が高まるという結果が得られた。教材の内容ではなく、表題のみの一致率であるため、あくまでもどのような話題が子供たちに提示されたかを知る資料である。

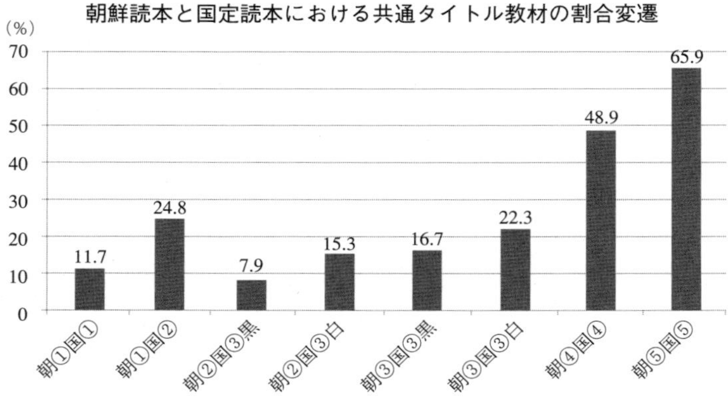

＊朝①：朝鮮第１期、国①：国定第１期、黒：黒表紙本、白：白表紙本

3．教科書改訂の視点

表題の一致率が高まるという前項でみた結果は何を意味しているのだろうか。報告で筆者は、朝鮮独自の教材が減っていくことを「語学教育的要素の減少」という言葉で説明をした。言い換えれば、非母語教育である朝鮮での「国語」は、母語教育としての内地での「国語」と異なるはずであって、その内容が同一になっていくのであれば、それはすなわち、内容の内地化であって、母語教育として編纂されたと考えたのである。

本稿ではこの「語学教育的要素」という言葉を以下のように定義して使用している。言語学習の目的は、その目標言語を使って活動することにある。そして、その最初の段階に言語そのものを学習する段階が存在する。語学教育的要素とは、この言語そのものを学習するための要素であると考える。

朝鮮読本では、第３期の読本から、１年生の最初に使用する教科書には、巻頭に挿絵だけのページが設けられるようになっている。この挿絵だけのページは、第３期から第５期まで次第に増加しており、国定読本でも第５期には見られるものである。そこで、本文の存在する教材でたてた「語学教育的要素の減少」という仮説が、こういった挿絵だけのページにも見られるのかという点について議論を進めていきたい。

4．巻頭の挿絵の位置づけ

朝鮮読本の巻頭にある挿絵教材については、以下のように言及されている。

一、絵画教材の特質と指導上の注意

特質

1、絵画のみによる表現で文字に類する一切のものが使用されてゐない。
2、素材的に極めて豊富、しかも児童の生活に極めて親近性のあるもののみが表現されてある。
3、国民意識を高揚せしめる如き素材が頗る豊富に用意してある。
4、児童生活の時間的経過と系統性が重視せられてある。
5、内鮮一体的な色彩が極めて濃厚である。

注意

1、ことばを与へること、即ち聴会（ママ）力の修練を本体とするものである。話し方の修練を決して意図するものではない。
2、しかし、右の教育も常に児童の国語生活の自然的姿態に立って考慮、実施されなくてはならない。
3、用語・表現形式・言語の難解度・整理せられたる発言等指導上十分に注意すべきである。
4、次に来るべき文字教材への自然的移行を十分に企図せねばならない。

注意の1に見られる配慮は、今日でも非母語話者に対する日本語教育（非母語教育全般にも言える）におけるTPRやVT法にも見られるものであり、聴解力の育成を重視したものといえよう。

一方国定読本においては、教授指導書に「挿絵を手がかりに場面を惹起」「そこで使われる言語表現を提示」「発音に注意させる」「発音矯正を行う」とあり、朝鮮読本同様に聴解を第一にしたうえでの発音矯正を意図していることが分かる。この挿絵のみのページは、第5期に関して言えば、国定読本では4ページ、朝鮮読本では16ページあり、この量の違いがそのまま語学教育的要素の多寡の反映ではないかと考えている。

シンポジウムでは、さらに、この挿絵のみのページについて、児童が「何だろう」「何という名前だろう」と疑問に思い、知りたいと感じたものについて語彙を与えることによって、学習動機を高く維持しながら、さらに日本語の定着を高めていたと考えられるという分析結果を発表した。また、語学学習では、特に、母語への翻訳をおこなうことがその学習成果を上げる妨げになることが多いといわれる。学校生活という、これまでとは全く異なった環境に入っていく子供たちにとって、そこで見聞きするものは、すべて初めてのものである可能性が高い。言い換えれば、母語である朝鮮語に翻訳できないものがあふれているということである。ここで、日本語の語彙を与えることにより、日本語でしか言うことができないという語彙や表現を身につけていったのではないだろうか。語学学習に対する認識や教授法の発達が、この挿絵ページの存在に見られ、語学教育的要素の減少は、低学年では見られないのではないかという仮説を提示した。

挿絵ページが取り上げている場面も、朝鮮第4期には日常生活と学校生活が描かれているのに対し、第5期では学校生活に限定していることで、さらに語彙のコントロールがしやすくなっているという点も指摘できる。

5．巻1冒頭の変化

これまで述べてきたように、内地と朝鮮の国語読本に採用された教材のタイトルは、改定が重ねられるにつれ、一致率を高めてきている。これを筆者は、非母語教育から母語教育へとシフトしていった、つまり語学教育的要素が減少していったと分析している。しかしながら、従来、文字で書かれた部分にのみ注目してことで見落としていた巻頭の挿絵ページの扱い方にも注目してみると、語学教育的要素が減少していったとは必ずしも言えない、という結論に至った。

日本語を始めて学ぶ1年生の初期の教科書について、上田（2000）では通時的な考察を行った。その際の考察でも、文字で書かれた部分のみを取り上げて、各教材の特徴を論じたため、教材のタイトル比較同様、語学教育的要素が減少していったという結論に至っている。

しかしながら、挿絵のみで構成されている巻頭部分の存在に注目することで、語学教育的要素が減少していったのではなく、より効果的な、また、より定着度の高まる方策として、教科書が変化していったという側面を導き出すことができた。

具体的な例を示しておきたい。

韓国併合直後に編纂された朝鮮第1期読本では、第1巻の冒頭は右のように始まっている。

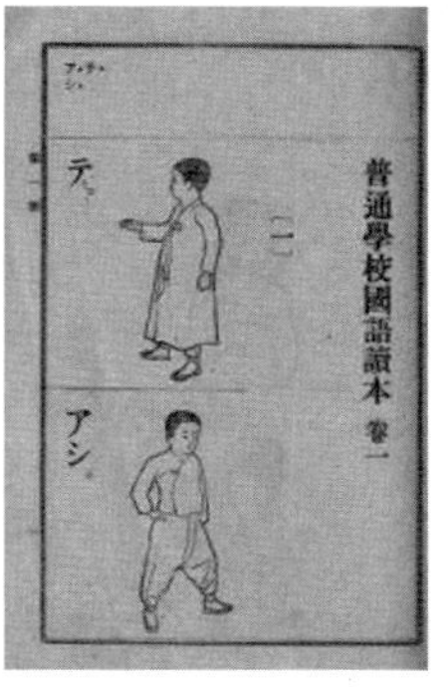

体の部位を示すことで、媒介語（学習者と教授者の相互に理解できる言語）を利用することなく、直接、日本語が教えられるように配慮されている教材である。これは、時期的にはこの発行にさかのぼる台湾でも同様の教材が使われていることから、効果があったと認識された上での採用だと考えられる。

第2期の教科書は、韻文で始まる。挿絵も採用されているが、身の回りの自然の風景を示す文である。日本語としてのリズムを味わいながら、言葉を覚えるという作業は、自然な日本語を身につけるうえでは効果があったと考えられる。

第3期から、挿絵のページが採用され始める。その背景にある理由は前述したとおりである。第1期の教科書が、身体部位を示すことで直接教えられるように作られていながら、実は、学習者は母語に自力で翻訳できるという状況に置かれている。また、第2期の教科書では、学校で習った言葉を実際に使う場面があまり見受けられないということが指摘できるだろう。その意味では、習ったことをその日のうちに何度も口にする可能性がある第3期以降の、挿絵が採用された教材は、やはり教授法の発展が反映したものではないかと考えられる。

6．おわりに

本発表は、第5期という時期に絞ったテーマを与えられていながらも、時期の特徴を明確に示すために、必要に応じて、併合前の教科書からも資料を採用した。

その中で大きく二つのことを明らかにできたと思う。

第一に、内地と朝鮮の教科書の比較から異同について検討する際の基準に関する検討を行った。上田（2000）での議論をもとに具体例を示し、どのような検討を行うのかによる基準の作成が不可欠であることを明らかにした。一歩進んで言えば、言語資料としての異同を確認するのか、文化資料としての異同を確認するのかによって、基準を変える必要性があるのではないかということである。

第二に、語学教育的要素に注目した教科書の変化を観察した。文字で書かれた教材にのみ注目していた従来の研究では、非母語教育教材から母語教育教材への変化という調査から語学教育的要素は減少したと結論付けていた。しかしながら、本発表で扱ったように、巻頭にある挿絵のみの教材の存在が、実は、教授法の発展を反映したものと考えることが妥当であり、語学教育的要素は全体として減少しておらず、より効果的な教材として編纂されているということである。

朝鮮第5期の教科書は、文字で書かれた教材としては内地と大きく一致していながらも、この巻頭の挿絵教材のために、非母語話者に対する語学教育教材としての役割が十分に果たせていたといえる。

戦時期台湾の公学校国語教科書と日本の国定国語教科書との比較

蔡 錦 堂

要旨

本報告では、戦時期（1937 ～ 1945）において、台湾総督府により発行された第4期公学校国語教科書『公学校用国語読本』（1 ～ 12 巻）（1937 ～ 1942 年使用）、第5期国語教科書『コクゴ』（1 ～ 4 巻）、『初等科国語』（1 ～ 8 巻）（1942 ～ 1945 年使用）と、同時期に日本国内で発行された第4期国定国語教科書『小学国語読本』（1 ～ 12 巻）（1933 ～ 1941 年使用）、第5期国定国語教科書『ヨミカタ』、『コトバノオケイコ』（1 ～ 4 巻）、『初等科国語』（1 ～ 8 巻）（1941 ～ 1945 年使用）との比較を行う。

満州事変勃発に続いて1937年に日中戦争、そして1941年に太平洋戦争へと突入する中、国家主義思想は徐々に高揚していった。こうした国家主義を受けて国民への教育統制も次第に強まり、学校教育の内容も時代の推移に伴い変わっていった。時代の求めに応じて、植民地台湾および日本国内の教科書も大幅な「改革」がなされた。第4、第5期の教科書は、準戦時期から戦時期にかけての時代の産物である。台湾の教科書の内容は日本の影響を受けていたとはいえ、植民地だったことから、内容は台湾に合ったものであった。戦時期において強力に「一視同仁」、「内台一如」が推し進められた状況の下で、内地、台湾両者の初等教育国語教科書にはどのような違いがあったのか。そして、その異同にはどのような意味があるのか。本報告では、この点に比較検討を加える。

まず、台湾総督府が戦時期に編集出版した第4、5期の教科書の外的な変化について、許佩賢著「戰爭時期的國語讀本解説」（『日治時期台湾公学校與国民学校国語読本――解説・総目録・索引』所収、南天書局、2003年）を参考に、挿絵がカラー印刷であった、台湾人風の名前が日本人風の名前に変わった、挿絵人物の服装が日本的なものとなったといった概括的な紹介を行う。そのほか、これら2つの時期の教科書が反映する時代の特徴について、以下の点に関し論述を加える。

1. 皇国史観及び日本の伝説や文化教材を反映したものの増加。
2. 戦争、国民精神の涵養及び国家に関した教材の大量な出現。
3. 台湾に関する記載の減少。（但し、「君が代少年」、「サヨンの鐘」等、時代の特色を反映した教材も現れた）
4. 実学に関する内容の変化。

次に、上述した台湾総督府発行の第4、5期の国語教科書及び日本内地の第4、5期の国定国語教科書（海後宗臣等編『日本教科書大系』近代篇　第7巻国語（4)、第8巻国語（5）版に基づく）について比較を行う。比較のポイントは次の通り。

1. 戦時期の時代的特徴を反映した教材の異同について。例えば、戦争、国民精神の涵養、国家、皇国史観、日本の伝説、事物等の教材内容に関して。
2. 台湾に関する記載が戦時期日本内地の国語教科書に現れたこと。例えば、第五期国定教科書『初等科国語三』では「君が代少年」が題材とされた。

こうした戦時期台湾と日本国内で発行された国語教科書の内容異同の比較を通じ、また戦争後期の1941年「国民学校令」の公布及び実施、1943年台湾初等教育の義務教育の始まりと対照することで、台湾と日本本国との間は「戦争」により次第に「内台一如」が実現したのか、そして、台湾における所謂「同化教育」は、1895年に伊澤修二が台湾に来たときに提倡されたものだが、これが戦争後期にいたるまでの間、どのような変化曲折があったのか。いずれも検討考察に値する課題であろう。

1．序文

本報告は主に戦時期（1937～1945）において、台湾総督府により発行された第4期並びに第5期の「公学校」（1941年から日本内地と同様「国民学校」と改称）国語教科書と、日本本国のほぼ同時期に発行された第4・第5期国定国語教科書の両者に的を当て、比較を試みるものである。

戦争期以前、植民地台湾の公学校国語教科書と日本本国の教科書には大きな違いがあった。例えば、分量・内容・難易度・教育指導内容等々、どれを取っても大きな隔たりがあったのである。これらの違いは植民地における教育の差異を大いに反映するものであり、つまりは「差別教育」の本質をさらけ出すものだと考えられる。公学校規則（大正期）第1条に「公学校ハ本島ノ児童ニ国語ヲ教ヘ徳育ヲ施シ以テ国民タルノ性格ヲ養成シ竝身体ノ発達ニ留意シテ生活ニ必須ナル普通ノ知識技能ヲ授クルヲ以テ本旨トス」、と表記されているが、その本旨とされている「生活ニ必須ナル普通ノ知識技能」もただ「生業ニ関スル簡易ナル知識技能ノ伝授」に過ぎないのである。

1931年満州事変の発生により、準戦争期に突入した日本は1933年から本国において第4期国定国語教科書、『小学国語読本』（第1巻〜第12巻）の発行を開始した。また植民地台湾では1937年から第4期公学校国語教科書『公学校用国語読本』（第1種）（第1巻〜第12巻）が発行された。太平洋戦争の発生と緊迫化に従い、1941年から日本国内では国家主義・軍事主義の色彩が濃厚となり、それに伴いまた新たに第5期国定国語教科書の発行が行われた。第5期国定国語教科書は、初等科第1、2学年用『ヨミカタ』（1・2）と『よみかた』（3・4）、また第3から第6学年用『初等科国語』（1〜8）、更に第1・第2学年用『コトバノオケイコ』（1・2）及び『ことばのおけいこ』（3・4）とに細かく分けられていた。

台湾では1年遅れの1942年から第5期国語教科書『コクゴ』（1・2）、並びに『こくご』（3・4）、また『初等科国語』（1〜8）が発行された。更にこの前後の1941年に台湾の「公学校」が「国民学校」と改称、また1943年から初等教育義務制が実施された。つまり戦争の発生により、日に日に台湾の人力並びに物資支援への需要が高まり、台湾と日本は各方面において密接さを増していったのである。では戦争期における日本本国と植民地台湾で発行されたこの2期の国語教科書、その内容は戦争と大きな環境の変化によって接近したのだろうか？　また両者の違いはどこにあるのだろうか？　本報告はこの問題に対し、初歩的な分析を試みるものである。分析の割合としては、台湾の教科書に重点を置き、また部分的に許佩賢の「戰爭時期的國語讀本解說」（『日治時期台湾公学校與国民学校国語読本——解説・総目録・索引』南天書局、2003年に収録）を参考にする。使用する教科書は、台湾教育史研究会編、南天書局発行の『日治時期台灣公學校與國民學校國語讀本』（全5期・60冊2003年復刻版）と海後宗臣らが編集の『日本教科書大系』（近代篇第7巻国語（4）・第8巻国語（5）・講談社、1964年）である。

2　台湾の公学校国語教科書――第4・第5期

台湾の第4期公学校国語教科書『公学校用国語読本』（第1種）全12巻は昭和12年に発行された。第1巻は昭和16年まで使用され、昭和17年8月に発行された第12巻は、2年後の昭和19年までの使用であった。第4期の教科書の表紙には台湾の名産物であるバナナの木が描かれ、第1巻から第5巻（昭和14年発行）の挿絵はどれもカラーの印刷が施され、第1巻第1課には学校での朝礼における国旗「日の丸」掲揚の様子がこれもカラーで印刷されている。第4期教科書の分量は第3期に比べて多く、例えば第3期教科書においては第1巻全51ページであったのが、第4期教科書では全72ページ、同じく第3期第12巻全136ページが第4期では157ページへ増加となっている（課目数は逆に26課から22課へ減少）。挿絵は部分的に依然台湾色があるものの、日本的特色が次第に増えて行った。また教科書本文に太郎・次郎・友一・道雄・花子・春雄など日本式の名前が使われるようになり、第3期教科書における阿生・金木・金生・阿玉・阿仁等の台湾伝統的名前と入れ替わった形となった。

第4期の公学校国語教科書は昭和12年（1937）から昭和16年（1941）の間に発行された為、皇国精神の養成や戦争に関する教材（教科書の編纂要旨によれば、これらの項目は国民精神涵養に資するものに属する）の増加が多く見られた。筆者はかつて第1期国語教科書『台湾教科用書国民読本』と第2期教科書『公学校用国民読本』の内容について分析を行ったが、日本の皇室と国家（軍事・戦争などの教材）に関する内容は、第1期では合計僅かに8.2％、第2期ではやや増加し11％、これに比べ第4期教科書の比率は、許佩賢の分析に依るならば、皇国史観14.6％、戦争と日本国家の関係19.3％の合計33.9％、つまり3倍もの増加があったこととなる。（筆者と許佩賢の分析基準には多少の相違があることを、ここに断っておく。）

第5期教科書低学年の『コクゴ』（1・2）と『こくご』（3・4）は第4期のパターンを受け継いだものであり、挿絵は全てカラー印刷が施され、表紙には

6匹の小鳥が描かれている。これに比べ、中高学年が使用する『初等科国語』（1～8巻）は挿絵がカラーではなくすべて白黒印刷となっている。この全12巻の教科書は昭和17年（1942）3月から発行され、戦争終結に至るまで使用された。文中の挿絵は台湾の農村的なものが数枚程度で、それ以外は全て日本一色となっている。教科書文中の人名も「花子」・「はるえ」等女性の名前以外、「勇」・「正雄」・「国雄」等々、時代性のある日本的人名が至るところに見られる。

第5期教科書の編集・発行及び使用はいずれも戦争時期にあたり、特に昭和16年（1941）の太平洋戦争勃発後は、日本皇室もしくは国家関係の教材が大量に出現した。許佩賢の分析に依ると、皇国史観と戦争、日本国家関係などの内容は各14.7％と37.6％、合計52.3％となっており、既に全教科書内容の半分を超え、且つ第4期の33.9％より更に18.4％増加した形となった。これら数値はこの時期に発行された教科書が、「戦争」という時代の産物であることをはっきりと反映していると言える。

第4期教科書中、皇国史観等と日本皇室関係もしくは神話など古代典籍から引用したものに、「天長節」（3：4）・「国引」（3：15）・「明治節」（4：4）・「白兎」（4：22）・「天の岩屋」（5：6）・「八岐のおろち」（5：10）・「天孫」（5：16）・「神武天皇」（6：4）・「日本武尊」（6：9）・「澳底の御上陸」（7：9）・「神風」（7：20）・「みぞれの中に立たせ給ふ」（9：25）・「明治天皇御製」（10：1）・「明治神宮」（10：2）・「東郷元帥」（10：24）・「靖国神社参拝」（11：3）・「国歌」（12：1）・「皇国の姿」（12：22）等18課ある。

また戦時期、特に昭和6年（1931）の満州事変以来、戦争と直接関係する教材に、「犬ノテガラ」（5：17）・「松下君のにいさん」（6：15）・「追風号」（7：3）・「西住大尉」（7：10）・「潜水艦」（7：19）・「小さい伝令使」（8：14）・「広瀬中佐」（8：15）・「空の奮戦」（8：22）・「慰問袋」（8：23）・「日本の兵隊」（9：5）・「興亜奉公日」（9：6）・「軍艦生活の朝」（9：10）・「バイアス湾敵前上陸」（10：3）・「水師営の会見」（10：12）・「作業列車」（11：2）・「日本海海戦」（11：6）・「我が海軍」（11：7）・「我は海の子」（11：8）・「杉本中佐」（12：2）・「機械化部隊」（12：6）・「誉の記章」（12：7）・「奥村五百子」（12：8）など、22課となる。

その外、満州もしくは南方地域など、各占領地の教材には、「新南群島」（8：21）・「南支だより」（9：22）・「南洋だより」（10：4）・「満州国」

（10：19）・「海南島」（11：9）・「南方を巡って」（12：17-18）・「太平洋」（12：19）等、7課ある。戦争記事と直接の関係はなくとも、戦時期台湾と関係ある教材に、「国語の家」（4：17）・「防空演習」（6：11）・「電報」（7：14）・「興亜奉公日」（9：6）・「スフの話」（9：8）・「国語の力」（11：22）・「代用品」（12：12）・「皇民奉公会」（12：21）等の8課が見られる。

第5期教科書中、日本皇室と関係のあるもしくは神話を引用した古典教材に、「天の岩屋」（1：7）・「八岐のをろち」（1：11）・「大神のお使」（1：18）・「ににぎのみこと」（1：24）・「八咫烏と金の鵄」（2：2）・「田路間守」（2：12）・「軍旗」（2：19）・「日本武尊」（3：7）・「護国神社」（3：9）・「澳底の御上陸」（3：10）・「神風」（3：15）・「紀元節の朝」（4：17）・「東郷元帥」（4：20）・「木曾の御料林」（5：3）・「大八洲」（6：1）・「明治神宮」（6：3）・「みぞれの中に立たせたまふ」（6：19）・「永久王」（7：1）・「靖国神社参拝」（7：4）・「大和路の春」（7：5）・「国歌」（7：10）・「古事記」（7：19）・「玉のひびき」（8：1）・「万葉集」（8：9）・「菊水の流れ」（8：18）など、計26課が挙げられる。また戦争、特に昭和6年（1931）満州事変以後の戦争と直接関係のある教材としては、「にいさんの勲章」（1：4）・「支那の子供」（1：10）・「潜水艦」（2：10）・「三勇士」（2：20）・「追風号」（3：17）・「西住大尉」（3：24）・「大砲の出来るまで」（4：9）・「十二月八日」（4：10）・「小さい伝令使」（4：12）・「らくかさん部隊」（4：21）・「南をさして」（4：23）・「大東亜」（5：1）・「軍艦生活の朝」（5：8）・「艦橋の英姿」（5：9）・「日本の兵隊」（5：18）・「戦地の父から」（6：2）・「不沈艦の最期」（6：8）・「水兵の母」（6：12）・「防空監視哨」（6：15）・「敵前上陸」（6：16）・「病院船」（6：17）・「空の軍神」（7：7）・「日本海海戦」（7：8）・「山本元帥の国葬」（7：9）・「わが海軍」（7：16）・「われは海の子」（7：17）・「鉄鯨の奮戦」（8：7）・「北辺の護り」（8：12）・「杉本中佐」（8：13）・「マライを進む」（8：15）・「ブキテマの会見」（8：16）等、31課ある。その他満洲若しくは、南方・南洋と関係のある教材には、「広東から」（3：19）・「黒潮」（4：1）・「大連から」（4：5）・「マニラから」（4：18）・「南をさして」（4：23）・「大東亜」（5：1）・「赤道越えて」（5：16）・「満州国」（6：7）・「サイゴンから昭南へ」（6：18）・「ジャワ風景」（7：11）・「パゴダの国」（8：8）・「マライを進む」（8：15）・「ブキテマの会見」（8：16）・「サラワクの印象」（8：17）・「太平洋」（8：19）などの15課ある。これら教材の出版時期は昭和18年（1943）3月（第3巻）から昭和19年（1944）10月（第8巻）までとなっており、ちょうど太平洋戦争が最も激しい時期と重なっている。その為南方・南洋の地理方位と物産、風俗などの紹介教材が15課にわたって収録されており、その数は決して少なくない。

その他戦争期台湾と関係のある周辺教材に、「国語の家」（1：19）・「じゃう会」（奉公班の常会のこと）（2：15）・「君が代少年」（3：6）・「防空訓練」（3：21）・「志願兵訓練所から」（4：8）・「標語」（4：11）・「少年工から」（5：10）・「サヨンの鐘」（5：17）・「戦地の父から」（6：2）・「代用品」（6：11）・「国語の力」（8：2）・「皇民奉公会」（8：20）等、総計12課が見られる。これら教材の内容は、国語の重要性と普及・戦時標語・防空・民生代用品などから、軍夫・志願兵・少年工それに奉公班の常会・皇民奉公会にまでわたり、戦時期台湾当時の社会現状を大いに反映したものとなっている。つまり当時の教材は学校の国語教材という他に、当時の現状政令など、戦況宣伝報道という別の役割も果たしていたと考えられる。

特に第3巻第6課の「君が代少年」及び第5巻第17課の「サヨンの鐘」は、同時期昭和18年（1943）台湾総督府発行の国民学校修身教科書『初等科修身』第1巻第15課「一心」（台南安平軍夫陳養の出征・病死した「事蹟」をモチーフとしている）と並んで、台湾人を主人公として描いた「戦争美談」である。「君が代少年」は同時に日本国定国語教科書の第5期の『初等科国語』第3巻第4課の内容にもなっている

3　戦争期台・日国語教科書の比較

第2節で台湾の国語教科書中、日本の皇室・国家及び戦争と関連ある教材について触れた。その比率を見てみると、第1期が8.2％、第2期が11％、第4期ではさらに33.9％まで上がり、第5期では全体の半数を超えた52.3％にまで達した。これを日本国内の国定教科書と比べた場合、まず皇室若しくは皇国史観が明確に現れているもの、また神話を引用した古典教材などの内、台湾と日本双方国定教科書に共通して収録いる教材は、一体どれくらいあるだろうか？

第4期日本国定教科書から観察してみると、「白兎」（4：16）・「天の岩屋」

（5：1）・「天長節」（5：4）・「八岐のをろち」（5：5）・「天孫」（5：21）・「神武天皇」（6：4）・「日本武尊」（6：6）・「神風」（6：10）・「東郷元帥」（6：25）・「弟橘媛」（7：2）・「明治神宮」（10：1）・「皇国の姿」（11：11）など、これらの教材は台湾の国語教科書と共通のものであり、数としては、台湾の教科書と比べていくらか少ない。しかし日本の教科書中第5巻第13課の「少彦名のみこと」は、台湾神社祭神、開拓三神のうちの「少彦名命」が主人公となっているにも関わらず、台湾の教科書には編入されていないという、不可解な点もある。

第5期の国定教科書中、皇室・皇国史観もしくは神話関連のもので、また台湾の教科書と共通の教材に、「天の岩屋」（1：1）・「八岐のをろち」（1：11）・「ににぎのみこと」（1：20）・「田道間守」（2：5）・「軍旗」（2：14）・「日本武尊」（3：3）・「靖国神社」（3：5）・「東郷元帥」（3：20）・「大八洲」（5：1）・「弟橘媛」（5：2）・「木曾の御料林」（5：3）・「明治神宮」（6：1）・「永久王」（7：2）・「古事記」（7：20）・「玉のひびき」（8：1）・「万葉集」（8：6）・「菊水の流れ」（8：12）などがある。その内容数は台湾の教科書とほぼ同じだが、台湾の教科書には「少彦名神」（1：11）と「光明皇后」（3：6）などの教材はない。

戦争関連教材の内、第4期国定教科書中台湾の教科書と共通するものに、「潜水艦」（6：22）・「小さい伝令使」（8：13）・「広瀬中佐」（8：20）・「軍艦生活の朝」（9：8）・「水兵の母」（10：5）・「水師営の会見」（10：15）・「日本海海戦」（11：10）・「我は海の子」（11：15）・「機械化部隊」（12：13）・「ほまれの記章」（12：14）などがある。しかし、「兵営だより」（7：12）・「大演習」（8：9）・「橘中佐」（9：27）・「空中戦」（11：27）など、台湾教科書中にないものもある。全体的に見た場合、台湾の教科書における戦争に関する教材は、日本の教科書より若干多く、またこの現象は第5期教科書にも同じように見られる。

日本の国定教科書第5期の戦争に関する教材で、台湾の教科書第5期と共通するものに、「潜水艦」（2：7）・「三勇士」（2：21）・「小さな伝令使」（4：12）・「大砲のできるまで」（4：19）・「防空の監視哨」（4：23）・「戦地の父から」（5：4）・「軍艦生活の朝」（5：9）・「水兵の母」（6：2）・「十二月八日」（6：9）・「不沈艦の最期」（6：10）・「敵前上陸」（6：18）・「病院船」（6：19）・「日本海海戦」（7：8）・「われは海の子」（7：15）・「マライを進む」（8：13）など15課が挙げられる。国定教科書にあって台湾教科書にない、「にいさんの愛馬」（1：13）・「軍犬利根」（1：22）・「兵営だより」（3：16）・「大演習」（4：11）・「広瀬中佐」（4：17）（台湾教科書の第4期にはこの文章があるが、第5期には編入されていない）・「飛行機の整備」（5：18）・「動員」（5：19）・「シンガポール陥落の夜」（8：15）など8課も含むのであれば、戦争関連の教材は総計23課、これを第5期の台湾の教科書全31課と比べると、8課少なくなっている。これら数値の差異、しかも植民地台湾教科書の方に、戦争関係の教材がかえって多く見られるという現象は、一体何を意味しているのだろうか？

また南洋・南方関係の教材を見てみると、日本の国定教科書第5期には、「南洋」（2：8）・「大連から」（4：4）・「早春の満洲」（4：24）・「タバオへ」（8：3）・「マライを進む」（8：13）・「シンガポール陥落の夜」（8：15）・「太平洋」（8：21）など計7課、第5期の台湾教科書の全15課と比べて、8課少ない。つまり、日本の第5期国定教科書における戦争関連の教材、または南洋南方関連教材の数は台湾より少ない。これは当時南進政策の拠点とされた台湾の「時代的役割」の「解釈」上、ある種の象徴的意図を表しているものかもしれない。

日本の第4・第5期の国定教科書において台湾関連の人物が主人公となっている教材が3課ある。すなわち、第4期の第8巻3課「呉鳳」、第5期の第3巻4課「君が代少年」、及び第24課の「浜田彌兵衛」である。「呉鳳」とは、清の時代、台湾の阿里山番通事呉鳳が、阿里山原住民の首狩りの悪習を正すため、自らの命を犠牲にしたという物語で（実際は作り話である）、台湾の教科書に長い間、そして多数（第2・3・4期）出現した代表的な物語である。日本の国定教科書第3期第8巻第6課に採用されたことに始まり、続けて第4期教科書でも掲載された。またオランダ統治期の台湾において、日本商船の船長浜田彌兵衛がオランダ長官を人質にし、台湾を自由貿易地にした事跡を綴った「浜田彌兵衛」もかつて3回（第1・4・5期）台湾の教科書教材に利用され、日本の国定教科書では、第5期において初めて採用された。このほかに昭和10年（1935）の台湾中部大地震で、建物の下敷きとなり瀕死状態となった台湾の公学校3年生の詹徳坤が臨終にいたっても、ひたすら国語（日本語）のみを話しつづけ、さらに国歌「君が代」を歌い死亡したという「統治美談」は、台湾の教科書第5期の中でも最も注目すべき1課である。そしてこの台湾公学校の一少年は、日本第5期国定教科書へその物語が編入された事により、日本国内に広く知れ渡ることとなった。しかしここで注意しなければいけないのは、日本の国定教科書はこの「統治美談」のほとんどをそのままの形で編入したものの、主人公の名前である「詹徳坤」の苗字「詹」を取り除き、「徳坤」という下の名前だけを残した点が台湾版との唯一の違いである。

最後に戦争期台湾の教科書について、注目すべきなのは「台湾」関連の内容が予想以上に多く見られることである。つまり「皇国臣民化」または戦争などの要因により、教科書の台湾的な内容がさほど取り除かれることがなかったことである。

第4期台湾の教科書の内容で、「台湾」と関係のある教材は、「国語の家」(4：17)・「台北」(6：24)・「鳳凰木」(7：6)・「台湾」(7：7)・「澳底の御上陸」(7：9)・「茶」(7：13)・「電報」(7：14)・「澎湖島へ」(7：18)・「台湾の果物」(8：5)・「卸売市場」(8：6)・「灯台」(8：12)・「台南」(8：16)・「阿里山だより」(8：17)・「呉鳳」(8：18)・「蓬莱米」(9：11)・「樟脳」(9：12)・「神木」(9：13)・「温泉」(9：14)・「まぐろ延縄」(9：23)・「鄭成功」(9：24)・「胡蝶蘭」(11：4)・「浜田彌兵衛」(11：10)・「博物館」(11：11)・「新高登山」(11：14)・「台湾の国立公園」(11：15)・「製糖工場」(12：11)・「芝山巌」(12：15)・「皇民奉公会」(12：21)など全28課、「国語の家」・「澳底の御上陸」・「浜田彌兵衛」・「皇民奉公会」など、戦争関連の類を抜き、純粋に台湾の地理、特産、果物などを紹介した教材のみを数えたとしても、20数課を挙げることが出来、その数の多さには驚かされるものがある。

第5期の台湾教科書において、「台湾」と関連のある教材は、「国語の家」(1：19)・「じゃう会」(2：15)・「台北」(2：24)・「高雄」(3：4)・「君が代少年」(3：6)・「鳳凰木」(3：8)・「護国神社」(3：9)・「澳底の御上陸」(3：10)・「東台湾」(3：11)・「志願兵訓練所から」(4：18)・「標語」(4：11)・「樟脳」(5：7)・「少年工から」(5：10)・「まぐろ延縄」(5：15)・「サヨンの鐘」(5：17)・「浜田彌兵衛」(5：19)・「戦地の父から」(6：2)・「胡蝶蘭」(7：3)・「新高登山」(7：13)・「神木」(7：14)・「蓬莱米」(7：18)・「製糖工場」(8：10)・「皇民奉公会」(8：20)など全23課、数量は第4期よりもやや少ない。しかもそのうち多数の教材が戦争と関わりのあるものとなっている。例えば「国語の家」、「じゃう会」、「護国神社」、「志願兵訓練所から」、「標語」、「少年工から」、「戦地の父から」（日本国定教科書中の教材名と同じ、但し部分的内容の変更、例えば文中人物を日本軍夫に書き換え等がある）、「皇民奉公会」及び戦争美談「君が代少年」、「サヨンの鐘」などである。台湾の地理、産業と関わりのある教材はやはり10課以上見られ、第4期の教科書と比べ半分まで減少したものの、これら台湾と関連ある教材は、戦争が最も緊迫する昭和17年（1942）から昭和19年（1944）頃出版された教科書の中にも依然として数多く見られた。この現象はさらに一歩進んで、思考、研究に値するものと考える。

1940年代朝鮮総督府‘国史’教科書と日本国定‘歴史’教科書の比較

金　京　美（佐野通夫 訳）

本稿は、「1940年代朝鮮の‘国史’教科書と日本の国史教科書」『韓国教育史学』第28巻第2号（2006.10）を節略したものである。

１．『初等国史』と『初等科国史』の構成比較

朝鮮総督府は1938年の第3次「朝鮮教育令」に従い、1940年に『初等国史第五学年』、1941年に『初等国史第六学年』を編纂発行し、1941年12月の太平洋戦争の勃発により1944年改訂版を発行した。これらの教科書は既存の‘国史’教科書とは画期的に違う体裁を取っている。一方、日本文部省は1941年の「国民学校令」に依拠して、1943年『初等科国史　上』『初等科国史　下』を編纂出版した。朝鮮と同じように1944年に修正版が出た。『初等科国史』も、やはり日本国史教科書の歴史上‘画期的な教科書’‘完全に新しい教材’と評価されるが、総督府の教科書に比べれば、その変化の程度が大きくない。

第一に、『初等国史』は日本史を天皇の統治が一貫して発展してきた天皇中心の歴史であると認識させるために、全歴史を時代区分も何もない一つの時代として記述しようとした。天皇が統治者に定められた時が‘肇国’であり、日本の歴史はそのような国体を根本として、永遠無限な生命として継続して発展してきた歴史であるというものだ。このために既存の教科書とは違って単元の題目として人物名や事件名ではなく‘国史発展の跡を探って、中心思潮になること’を取った。‘国家の発展についてその特色ある性格を明澄に’表現するために単元名は‘ことむけ’‘まつりごと’‘神のまもり’のような日本の固有

語を採択した。‘コトムケ’のような古語は日本人にもなじみがうすいものだった。『初等国史』5学年用は25課（1944年版は24課）、6学年用は30課（1944年版は28課）で構成されていて、題目だけでは具体的な時代を探るのが容易でない。

『初等科国史』もやはり肇国精神の発展として一貫した国史の要諦を明らかにすることに焦点を合わせたので、『初等国史』と共に国史教材の編纂方法を根本的に変えて、人物本位の編成を廃棄した。『初等国史』において皇国史観の要諦である‘国体’の尊厳性を強調するためであったことと同じように、『初等科国史』でも天皇と臣下が同列で取り扱われることが妥当でないとの皇国史観の大義名分論によったのだ。新しい教科書では人名を除いて皇国発展の跡を回想するのに適切な題目を選択し、体系の骨子として、総15個の題目を大単元として各々2、3個の分節を設置した。題目の名称もなるべく‘純正な国語的表現’を使って、国史の大要とその骨髄を児童が直観的に感じ取れるようにした。しかし『初等国史』とは違って‘神国’‘大和の国原’のような題目は、○○時代だと呼ぶことはないけれども、実質的には時代概念にこだわっているように見られる。

第二に、従来の教科書は直進法によって、5・6学年の2年にかけて、全歴史を時代順に記述したが、『初等国史』は循環法を採択して、5・6学年各々、別個の主題の下に全時代を記述し、2年の間に通史を2回繰り返して習うようにした。一貫した天皇中心の歴史の中で、5・6学年の教科書は各々‘肇国の由来’と‘国運進展の大要’を主題に記述された。『初等国史第五学年』は万世一系の天皇が統治する日本特有の国体の下で自国の歴史が発展してきたという点、『初等国史第六学年』は東亜新秩序建設の構想は日本が国初から持っていた八紘一宇の理想を実現するためのもので、日本の対外歴史はその理想を実現してきた歴史であるという点に焦点を合わせた。

これに比べて『初等科国史』は従来の教科書と同様に上巻と下巻を続けて通史を記述した。日本では国史の教育が2段階に分けられ、国民学校初等科5・6学年と高等科1・2学年の4年間にかけて、2回繰り返して習うようにしたので、朝鮮と同じように画期的な編纂方法を使う必要がなかったのである。したがって『初等科国史上・下』の教材内容は『初等国史第五学年』、『高等科国史上・下』の教材内容は『初等国史第六学年』のものに該当しているということができる。当然の結果として、教科書の分量も朝鮮総督府の教科書がはるかに多くなければならなかった。『初等国史』5学年用と6学年用は本文が各々204ページと228ページで、上巻が163ページ、下巻が189ページの『初等科国史』より各々40ページほど多い。1944年改訂版の場合は総督府の教科書の分量が大幅増加して、文部省の教科書より各々60ページ、100ページ多い。このような点は朝鮮人児童に対する皇民化の圧力も日本人児童の2倍になったことであると評価することができる。

第三に、『初等国史』では従来の教科書で本文の前に掲載した「御歴代表」を「万世一系［皇室御系図］」に変えただけでなく、「神勅」を追加した。「御歴代表」は1代天皇である神武天皇から天皇の名前を羅列した表になっているが、「万世一系」は天皇の始祖神だという天照大神から始まる天皇家の系譜になっている。「神勅」はアマテラスが孫の瓊瓊杵尊を地上に送り、代々の統治権限を付与したということである。これは日本の歴史はいわゆる神代まで含み、天皇支配の国体の歴史は天孫降臨神話によって絶対化されることを象徴するものである。

『初等科国史』は『初等国史』と同じく巻頭に「神勅」をおいている。日本では「神勅」を1940年・41年に発行された第5期国定歴史教科書の『小学国史』上・下巻で掲載し始めた。ところで『初等科国史』は「神勅」の次に従来と同じ1代天皇神武天皇から124代昭和天皇までの「御歴代表」をおいて、「万世一系」に変えた『初等国史』と異なる。「万世一系」が神代まで含むという点で、朝鮮側の教科書がさらに神話と歴史の境界を曖昧にし、天皇の歴史を強調していると見ることができる。また本文の後には年表があるが、『初等国史』は「天皇治世の姿［年代表］」という題目で神武天皇から始めて、各天皇別に区切られているのに比べて、『初等科国史』の年表は天皇別の区画なしに事件を羅列し、下段に‘題目’欄を置き、目次の大題目で時代区分をしている。朝鮮側のものは時代区分が全くない天皇の歴史を強調していることをまた確認できる。

第四に、『初等国史』の第1課は各巻の主題と学習目標を明示する導入の部分になっている。『初等国史第五学年』では‘国がら’という単元名の下に国体に対する説明とそれと関連した国史教育の目標が記述されていて、『初等国史第六学年』では‘皇国の目あて’という単元名の下に大東亜戦争の意義とそれと関連した国史教育の目標を記述した。

総督府国史教科書がそれぞれの第1課を導入単元として置いたことと同じよ

うに、文部省国史教科書でも上巻の第1課の題目を「神国」として、『初等科国史』上・下15章を貫く軸、すなわち首章の意味を付与した。しかし『初等国史』の第1課は各巻の主題と学習目標を説明する内容だが、『初等科国史』の第1課は伊弉諾尊と伊弉冉尊の国産みから神功皇后の新羅征伐まで記述されている。また『初等国史』の第1課は説明文形式で‘大東亜戦争’のような現実の事件に直接異民族の児童を引っ張り込もうとするものだが、『初等科国史』は節の題目‘高千穂の峰’‘五十鈴川’を通しても知ることができるように文学的表現で‘永遠に変わらない神の国’の美しいイメージを児童に喚起させようとすることを目的にした。

第五に、『初等国史』の1944年改訂版は体裁は初版と違うことがないが、単純に初版以後の歴史を添加する程度ではない。単元名も変わったものが少なくなく、本文の分量が各々204ページから226ページに、228ページから289ページに大きく増加した。内容上主要な変化は1941年12月の太平洋戦争の勃発で日本の‘敵’が共産主義から‘英・米帝国主義’に変わることによって、日本・満州・中国中心の‘東亜共栄圏建設’から、東南アジアまで含んだ‘大東亜共栄圏建設’にスローガンを変え、米国と英国を相手にした太平洋戦争の正当性確保と戦争参加意識を鼓吹する方向で全教科書内容を調整した点である。特に日本が近代以後遂行した戦争をドラマチックに描写し、教科書が出版される直前の1944年2月のクェゼリン・ルオット二島の戦闘まで含めて、天皇のために散花・玉砕する軍人の姿を悲壮に描き出している。朝鮮人児童の皇国臣民化は窮極的に天皇のための死によって完成されることを意味するのだ。

それに比べて『初等科国史』の1944年修正版は上・下巻皆同じページを維持し、語彙や文章表現を直した程度である。教科書の所々の修正内容中で最も象徴的なものと指摘される部分は、下巻の最後の文章で、1943年版には“私たちは、一生けんめいに勉強して、正行のやうな、りつぱな臣民となり、天皇陛下の御ために、おつくし申しあげなければなりません。”だったものを1944年版では‘臣民’を‘忠臣’に直したのである。児童が‘臣民’であることに留まらないで‘忠臣’になることを要求するという点に『初等科国史』の戦時下国史教科書の完成版としての性格が端的にあらわれていると評価できる。

もちろんクスノキマサツラも天皇のために自身の命を捨てたという点で‘忠臣’は死を意味しているといえるが、過去の歴史の中の人物の英雄的な死より、現在死んでいく軍人の死に対する描写はさらに強力な皇民化教育の植民地的性格を表わしているということができる。

2．『初等国史』と『初等科国史』の内容比較

1. 古代の両国関係

『初等国史』は朝鮮古代史の独自性を完全に抹殺することによって、日本の朝鮮支配の悠久さを見せようとした。‘国史’教育は以前から檀君朝鮮を否定して、中国から来た箕子が設立した古朝鮮を初めとし、朝鮮半島の北部はかつて中国の支配下にあり、任那支配説を通して、朝鮮半島の南部は三国時代から日本の支配・影響下にあったと規定し、朝鮮歴史の独自性を否定した。1940年代の教科書はここでもう一歩進んだ。朝鮮古代史の日本支配の歴史が強化され、まったく朝鮮の歴史は日本の神によって始まって、中国の支配を意味した古朝鮮は消えてしまう。

『初等国史第六学年』によれば、韓国の歴史の始まりは日本天皇の先祖であるアマテラスの弟である素戔嗚尊によって始まったとする。国家としての古朝鮮についての記述が消えることによって、中国の朝鮮半島支配は漢の楽浪郡設置まで時期が遅らされるようになる。しかも日本の支配下にあった任那を朝鮮半島最初の国家であるように描き、漢が楽浪郡を設置した紀元前108年のことよりも任那に関することを先に記述することによって、日本の朝鮮支配が中国の朝鮮支配より早かったように感じるようにした。このような朝鮮古代史の記述は内鮮一体の基礎がすでに朝鮮の歴史の始まりから用意されたということを主張するためのもので、これによって、現在の時点での内鮮一体の正当性を証明しようとするものだった。

これに比べて、『初等科国史』では朝鮮の歴史は日本の歴史的特質だと規定しようとする‘海国日本’を強調するための教材として使われる。『初等科国史』で朝鮮関連の事実が最も早く登場するのは任那である。ところで任那自体についてのことではなく、日本は遠い過去から‘海国日本’を準備したという事例として登場する。10代崇神天皇の時、朝鮮の大伽羅（任那）という国が新羅の威嚇を受けて、日本に助けを乞うてきて、天皇が軍隊を派遣したことがあったというのである。1940年代時点で島国である日本が海を越えて、アジ

ア地域を支配しようと思うのは、‘海国日本’の歴史的性格にともなう必然的結果であるという点を主張するためだ。

任那に続いて、任那支配説と共に古代日本の朝鮮支配説の一つである神功皇后の新羅討伐の話が出てくる。九州南部にいる熊襲が反逆を起こして、神功皇后はその背後勢力の新羅を討伐しに行って、新羅王の降参を受けた。以後熊襲は平定され、さらに百済、高句麗までも日本に服従した。また日本の優れた国の姿を慕って、朝鮮半島から渡ってきた人々が増加したという話である。この神功皇后の話は日本国内が平定されて皇威が朝鮮半島まで及んだ事例として記述される。これは古代日本が‘海国日本’として、少なくとも朝鮮半島まで影響力を行使したということを教えるためである。

古代史において日本が朝鮮半島に大きな政治的影響力を行使したということは、古代の朝鮮半島の国が日本に貢物を捧げたという記述につながる。中大兄皇子の時の大化改新を記述し、朝鮮から朝貢を捧げる儀式が行なわれたということを言い、統一新羅も以前と同じように朝貢を捧げ、渤海は朝鮮の歴史と関連付けなかったが、渤海も日本を慕って、使節を送って貢物を捧げたと記述した。また朝鮮半島に軍事的影響力を行使しようとしたという内容もある。百済が新羅と唐の攻撃を受けた時、日本は兵士を送って百済を救ったが、結局滅亡したという。すなわち日本は‘海国日本’として朝鮮半島の国家に政治的・軍事的影響力をずっと行使したということである。

すなわち、古代日本が朝鮮半島を支配したという記述は、『初等国史』では内鮮一体の正当性を主張するためのもので、『初等科国史』では‘海国日本’の歴史的伝統を証明するためのものである。もちろん‘海国日本’というのは、海を越えて他国を侵略する現在日本の姿を正当化して美化するための名称である。

このような朝鮮半島の国家に対する天皇の影響力行使とともに、朝鮮半島から日本に行った渡来人に対する記述も重きをおいて記述される。ところで日本に先進文化を伝えた渡来人は日本を慕って、日本に行ったのであると記述された。日本を慕って、朝鮮半島から来た人々は天皇の恩恵下に楽しく住むようになり、そのまま留まって、朝廷から名前や仕事、土地を受けて、良い日本の国民になり、その中には朝廷に重用されて、その子孫が永らく官位を得た人もいるとした。そして彼らは学者、機織、鍛冶に腕前がよい人が多く、各々国のために努力したというのである。このような記述は過去の朝鮮から来た渡来人が天皇の恩恵の下に‘良い日本国民’になって、国のために住んだように、当時の植民地朝鮮人も天皇の良い臣民として日本のために住むことを当然視するようにする。

その延長として当時の日本の朝鮮侵略はやはり天皇の恩恵を施したことになる。日本の朝鮮侵略は“東亜の安定をめざして、韓の保護にも、ずゐぶん力を用いました”という結果であり、“韓民の中には東洋の平和をたもつため、日・韓両国が一体になる必要があると考へるものがしだいに多く”なり、合併して、天皇は“韓民に対し、日本の政治に従つて、いよいよ幸福な生活を送るやう、おさとしになりました”ということである。ところでこれを習う人が日本人学生だという点で、このような記述は日本人と朝鮮人の関係を教えることになる。すなわち当時の植民地朝鮮人は天皇の恩恵をこうむったことで日本のために力をつくさなければならない存在である。それに対して、本来の天皇の子どもである日本人は朝鮮人に恩恵を施す側として、恩を返すことを当然要求できる存在である。これは結局植民地国民である朝鮮人に対する植民地支配者の優越性を認識させる結果となる。

以上で古代の両国関係に関する二つの教科書の内容を比較してみる時、総督府の『初等国史』は朝鮮人学生たちに内鮮一体の正当性を受け入れ‘植民地’国民として日本帝国に服従するようにするためのものであったし、文部省の『初等科国史』は日本人学生たちに‘海国日本’の国民としての自負心を持って海外進出（侵略）の主体になり、帝国の主人として植民地国民に対する優越感を持つようにするためのものであった。

2. 壬辰倭乱（イムジンウェラン）の意義

壬辰倭乱（編集委員会補注：イムジンウェラン＝日本では「文禄の役」とよばれてきた。韓国側の評価を示すものとして用いる。以下同）は『初等国史』でも『初等科国史』でも当時の目標である大東亜共栄圏建設の先駆的歴史として記述された。豊臣秀吉の朝鮮侵略は“今日の目標である東亜共栄圏建設と非常に類似”し、“朝鮮・支那はもちろん、フィリピンやインドまでも従へて、日本を中心とする大東亜を建設しようといふ、大きな望み”であるとする。壬辰倭乱を当時の当面課題である大東亜共栄圏建設と連結させることによって、大東亜共栄圏建設は秀吉が抱いた偉大な志を成し遂げようとする歴史的意味を持ったことになる。

朝鮮人にとって壬辰倭乱は日本に対する敵対感を呼び起こす歴史的記憶だったので、朝鮮人児童に壬辰倭乱の正当性を理解させることは‘国史’教育の重要課題であった。『初等国史』は秀吉の朝鮮侵略を肇国以来の征戦の根本精神である‘ことむけ’として記述する。‘コトムケ’はスサノオの息子大国主命の国譲りの神話および神武天皇の大和征服と関連し、天皇に服従する場合には慈愛を施すが、対抗する者には軍士を出動させて、平定してしまうことであって、事実上征服戦争を意味した。侵略行為を‘コトムケ’という古語で神秘化することによって、天皇が繰り広げる征服戦争は天皇の恩恵を広く普及するための聖戦になる。

『初等国史』は壬辰倭乱を‘コトムケ’の論理で説明し、朝鮮で戦争が起きた事情を詳細に記述する。壬辰倭乱は東亜を一体とし、東亜のいろいろな国に皇室の恩沢が広く広がるようにするために、まずシナを皇威に服従させようとしたものであり、秀吉は先に朝鮮に行ってその意を広く知らしめて、邪魔する者があれば、それを平定して、中国に入ることを決心したのに、朝鮮はそのような意を知らなかったというのである。戦争の目標は‘四海一家’を成し遂げて、皇室の恩恵を広く繰り広げようとすることであり、朝鮮で戦争が起きた原因は朝鮮が秀吉の東亜一体の精神を理解できず、行軍を邪魔したためであるとした。皇威に服従する人々に対しては日本人と少しも異なることなく慈愛を施したともいう。秀吉の朝鮮侵略を八紘一宇の大理想を実現するための‘コトムケ’で説明し、壬辰倭乱は東アジアの平和という普遍的価値を実現するための聖戦として正当化すると同時に、戦争の責任はこれを理解できない朝鮮側に返してしまうのだ。総督府教科書は壬辰倭乱を大東亜共栄圏建設の歴史的事実として活用しながらも、朝鮮人児童のそれに対する歴史的記憶を再構成するのにも相当な注意を注いでいる。ところでその新しい記憶というのは、日本の偉大な精神を理解できなかった‘無知な’自身の姿だった。

一方、『初等科国史』には‘コトムケ’という用語が出てこない。国譲りの神話は君臣の分に従って国土を奉還したこととして記述され、神武天皇が大和に移る過程は陸海の精兵を率いて行き、時には天皇の威勢に服従する人々もいるが、主に敵兵と激戦を行なう話として記述された。壬辰倭乱もやはり‘コトムケ’で説明されない。朝鮮人児童には壬辰倭乱の正当性を説明する必要があったが、日本人にはそのような侵略行為が“国民の海外発展心”を見せてくれることで、日本国民としての自負心を持つようにする国力の表現だったためである。しかも朝鮮侵略中に日本軍が見せた立派な行動は朝鮮の人に深い感銘を与えたということによって、侵略行為は侵略でもなくて天皇の恩恵を広く施すためのものになる。彼らの侵略行為を美化して海外への進出（事実上侵略）を日本人の歴史的長所として積極的に薦めているのである。

以上を通してみる時、『初等国史』の場合、壬辰倭乱を‘コトムケ’という神秘で曖昧な用語で美化することによって侵略性を除去して天皇に対する服従の正当性を説明しようとした。『初等科国史』では壬辰倭乱のような海外進出（侵略）は日本人の海外発展心の表現として積極的に勧めなければならない歴史的事実だった。両者とも究極的に国民を太平洋戦争に動員するための修辞学だったが、総督府の教科書がいわゆる‘大東亜共栄圏の理想’を理解させ、それに対する服従の心理を引き出そうとしたとすれば、文部省の教科書は大東亜共栄圏の盟主としての征服と支配の心理を培うことを目的としたということができる。

3. モンゴル侵略に対する対応

その歴史的性格が同じではないけれど、韓・日両国が同じ歴史的経験をしたことはモンゴルの侵略である。

『初等国史』は2国のモンゴル侵略に対する対応を比較して見ることができるように記述している。日本に先立ち元の侵略を受けた高麗は前後30余年にかけて数多く攻撃されて、各地が荒廃し、結局屈服しないわけにはいかなかった。ところでその過程で高麗人の対応は“高麗の国王は江華島にうつり、国民も山の中や島島に逃げこんで難をさけました”と記述された。これに比べて、日本は実に“二十六年にわたる長期の戦”を耐え、“皇威を奉じて、すべての国民の心が一つに”“挙国一致の美風を発揮して”“元の大軍を立派に撃退して、国威を光るようにして立派に国土を守ることができた”と記述された。実際モンゴルの日本侵入は1274年と1281年に2度であり、その上‘神風’によってモンゴル軍が撤収しないわけにはいかなかった。しかし教科書ではフビライが死ぬ時まで日本征服計画を捨てなかったとし、戦争の期間をモンゴルが国書を送った1268年からフビライが死んだ1294年まで数えて‘26年にわたった長期戦’とした。そしてこれを‘前後30余年の間’数多く攻撃を受けたあげく元に屈服した高麗と平面的に比較している。それはモンゴル侵略に対する屈服と克服という結果がその対応方式によるものであることを強調するものである。すなわち高麗は上下が分裂して、それぞれ生きる道を探して逃げるのに忙しかったし、日本は天皇から国民まで挙国一致の美風を発揮した事実の結果だというのである。

『初等科国史』は元の高麗侵略については、“初めはなかなか屈しなかつた高麗も、つひになびいて、そのいふことを聞くやうになりまし”たとのみ記述し、日本侵入については国書を送ったことから詳しく記述した。モンゴルはジンギスカンがアジアの大部分とヨーロッパの一部を合わせたとても強大な国だったことを強調し、“敵は世界最強をほこる元であり、従つてわが国としては、かつてためしのない大きな国難であります”として、危機意識を高めさせる。そのような国難を日本武士が“身を捨て命を捨てて”戦い、“この奮戦が神に通じ”神風が吹いてはね除けることができたとした。これを通して、日本が神国であることが反復記述され、“国初以来最大の国難であり、前後三十余年にわたる長期の戦”だった大難をよく克服できたことは、時宗、武士、民草が各々自己の役割をつくして、国内が一体になったためだとした。そしてそれは皆天皇の威勢であり、神のご加護もそのような上下一体の国の特性のために現れたことであるとして、しめくくる。加えて、世界最強の国を撃退したという経験を通して、国民の意気が急速に高まったというモンゴル撃退の影響にまで言及する。すなわち『初等科国史』では元がアジアの大部分だけでなくヨーロッパまで占めた強大国であったことを強調し、それに対して、自分たちの先祖が上下一体の団結した力で天を感動させ、神風まで呼び起こしてはね除けることができた点を立体的に記述し､学習者に先祖に対する自負心を呼び起こしている。

以上に見られるように、モンゴルの侵略という事件について、総督府の『初等国史』では韓日両国間の対応の差を克明に対比させる記述を通して、それを習う朝鮮人学生たちに無力感と劣等感を持つようにさせる。それに比べて、文部省の『初等科国史』は元の強大さとそのような強大な元を防ぐことのできた日本の団結した力を対応させることによって、それを習う日本人学生たちは自身の先祖と国に対する無限の自負心を持つようになるのである。

3．結び：『初等国史』の植民地的特性

朝鮮では戦時総動員体制に対応する教育が日本より先に始まった。国民学校制度は1941年に同時に始まったが、朝鮮ではすでに1938年の3次朝鮮教育令による小学校制度で朝鮮人の戦争動員のための皇民化教育が施行されていた。‘国史’教育も日本に先立ち、国体の尊厳さと八紘一宇の理想による日本国運の進展を理解させることによって天皇が主導する戦争に喜んで参加するようにする教育が実施された。

‘国史’教科書の編纂および出版でも、1940年、1941年に出版された朝鮮総督府の『初等国史』は1943年に出版された文部省の『初等科国史』に先立ち、皇民化教育のための独特な体制を試みている。天皇を中心にする歴史を記述するために、人物中心の題目から脱皮して、時代区分をなくして天皇中心の一つの時代として記述した。これに比べて『初等科国史』は天皇中心の歴史を強調しながらも、時代区分はあらわれるようにした。『初等国史』のまた他の体制面の特徴である循環法体制による歴史の記述、各巻1課に各巻の主題を集約した導入単元の設置などは『初等科国史』には現れない。分量面でも『初等国史』がはるかに多い。このような点は植民地朝鮮の‘国史’教育においてより緻密な方法が試みられたことを示してくれる。

二つの教科書の内容を比較してみれば、『初等国史』は歴史的に内鮮一体の事実を示して、朝鮮人児童の日本に対する服従の正当性を確保することに力点をおいていて、『初等科国史』は‘海国日本’の歴史的事実を通して、日本人児童に海外進出（侵略）の正当性を認識させることに焦点を合わせている。その具体的な内容は次の通りである。

第一に、古代の両国関係について、『初等国史』では朝鮮の歴史をその始まりから徹底的に抹殺して、日本の神によって始まったと記述した。『初等科国史』では日本は遠い過去から‘海国日本’としての特性を持っていたとして、その歴史的証拠として任那を助けるための軍隊の派遣、神功皇后の新羅征伐、百済を救援するための軍事派遣などを記述した。

第二に、壬辰倭乱について『初等国史』は‘コトムケ’という古語を使って、侵略でなく、アジア地域に天皇の恩恵を施すための聖戦だと主張し、戦争の原因は日本の大東亜建設の理想に対する朝鮮側の無知にあったとした。『初等科国史』では‘コトムケ’のような用語は使わない。壬辰倭乱は大東亜建設の歴

史的試みであっただけでなく、正に日本国民の‘海外発展心’を示す歴史的教材として強調された。

第三に、韓・日両国の同じ歴史的経験だったモンゴルの侵略について、『初等国史』は二国の対応の差を克明に対比させる記述を通して、それを習う朝鮮人学生に劣等感を持つようにさせる。それに比べて、文部省の『初等科国史』は元の強大さとそのような強大な元を防ぐことのできた日本の団結した力を対応させることによって、それを習う日本人学生は自身の先祖と国に対する無限の自負心を持つようにさせる。

すなわち、総督府の『初等国史』によれば、朝鮮の歴史はいつも被支配者の歴史で、日本の歴史は支配者の歴史であった。教科書は朝鮮人学生に内鮮一体の正当性を歴史的に証明する中で朝鮮人の劣等感を誘発して、結局内鮮一体を成し遂げて、本当に偉大な皇国の一員になるためには、より一層熱心に努力しなければならないという結論に導く。朝鮮人児童が劣等感を脱ぎさり支配者側に立つためには、ひたすら‘皇国臣民’として日本帝国の一員になる方法しかないということである。

これに比べて、文部省の『初等科国史』は、日本の歴史は大東亜共栄圏建設のために海を越えて進む‘海国日本’の歴史であり、朝鮮はその中で天皇の恩恵に服従しなければならない征服対象地域だと教えた。これは日本人学生に日本帝国の主人として植民地国民に対する優越感と共に植民地支配の正当性を認識させるようにする。‘皇国臣民’としての日本人というのは大東亜共栄圏の盟主として大東亜共栄圏建設を主導する侵略と支配の主体であった。

要するに国史（‘国史’）教育は同じ‘皇国臣民’作りを標榜しながらも、日本人には帝国の主人としての支配者の位置を、朝鮮人には帝国の一員ながらも大和民族の下位に位置して、その命令に服従する位置を付与しようとしたのである。このために総督府の教科書が服従の心理を引き出そうとしたとすれば、文部省の教科書は征服・支配の心理を培うことを目的とした。このように同じ‘皇国臣民’作りの目標を打ち出しながらも、異なった意味を持った両教科書間の主体形成の差を通して、日帝植民地教育の‘植民地的特性’を確認することができる。

満洲の教科書

槻木瑞生

1．これまでの満洲教育史研究で見落としてきたもの

これまでの研究は、満洲あるいは満洲国ということばに囚われすぎてきたのだろうか。いろいろな議論があり、多くの論文が出されている割に、検討されてきた事柄には偏りがあるように感じている。またそこに提出された視点もワンパターンである。少なくともそこに生きた人々の生活に手をのばして生活の中の教育の意味を探らなければ、教育の歴史を研究する意味がないだろう。戦後も半世紀以上経過している。まずはこれまでの研究のありかたを、素朴と思われるかもしれないが、ごく当たり前の地点まで戻って考える。

例えばこれまでの研究では、満洲あるいは満洲国の問題を日中の国家関係史として捉えることが多かった。近年ではこれに朝鮮人の問題を加えて、日中韓の三国の国家関係史として考えるものも出てきた。しかし国家関係史の視点だけではこの地域の問題は解けない。そこには国家や民族ということばでは含みきれない、いろいろな地域や文化や生活がある。これまでの教育をめぐる日中間の争いに関する論議も、そうした多様な地域、村落や普段の文化、日常の生活などの課題とはかなりずれたところで論じられてきた。

満洲ということばについても、「満洲」と表現するのか、「満州」（中国東北地区）とするのか、あるいは「偽満」と表現するのか、人によって異なる。日本人と中国人の間では使い方やことばの示す領域にも相当な違いがある。それならば例えば、日本人の考える満洲とは何かという、ごく素朴な段階から考え直してみることが、まずは最初の仕事であろう。

満洲ということばが日本で使われるようになったのは、18 世紀末から 19 世

紀はじめである。日本人にとってこのことばは、漠然と日本海の対岸を中心とした大陸を示すものであった。あるときはシベリア、モンゴル、中国の東三省、華北、山東半島、朝鮮半島を含むなど広い地域を意味することばとして使われ、またあるときは関東州と満鉄附属地という、より狭い範囲を示すものとして使われてきた。だからその時々の使い方を確認しなければ、満洲あるいは満洲国の問題、そして日中戦争から戦争後につながる中国東北三省の課題を見抜くことは不可能であろう。

満洲ではエスニックとしても多様な対象がある。日本人と漢族、満族、朝鮮人に加えて、モンゴル人、ロシア人、タタール人(1)、ユダヤ人その他多くの人の動きも加えて考えなければならない。教育の問題としても日、中、韓の間の問題だけではない。モンゴル人やタタール人といっても一様ではないから、事情はもっと複雑である。

満洲に学校を設立したのは日本だけではない。イギリス、フランス、ロシア(ソ連、白系ロシア)、デンマーク、イタリー、アメリカ、カナダなど、さまざまなミッションが学校を設立し、それなりの教育をし、それを各国が支援している。その学校の教育内容や施設と、漢族をはじめとする現地の人々の生活との関係は実に複雑なものがある(2)。満洲については日中関係が大きい問題を持っていることは間違いないが、しかしこうした状況を考えると、単に日中関係を解き明かすだけでは何も見えてこない。

漢族といっても事情は同じではない。それを解き明かすためにはかつて使われた北満、東満、南満などの大雑把な地域分類では不十分で、少なくとも海倫、双城堡、延吉、山城鎮、凌源など、それぞれ満洲の中では特殊な事情を抱えた県を単位にして考えなければならない。日本の支配が県の段階までしか届いていなかったことを前提にすれば、これは当然のことである。さらに東北三省が大陸からの移民の地であったことに注目すれば、その背景にある文化や生活は一様ではない。これまでの研究ではどこから来た漢族でも、漢族としての生活は同じと見なしているように見える。発想が近代国家という枠に囚われているのではないだろうか。

これまで日中がせめぎあった関東州や満鉄附属地が問題の中心になってきた。しかしそれ以外の地域にも多くの課題がある。東清鉄道返還に絡む中ロ関係の下のロシア側学校、そしてそれに絡む日本側の対応、ハルピンにタタール人が作ったイスラム学校と日、中、ロとタタール人の関係、興安学院や興安実業学校、軍官学校に入学したモンゴル人と日、中、ロの問題、ロシア人学校、ユダヤ人学校など、どれもまだ手がついていない問題である。もう一つごく単純な例を言えば、満洲ということばは満洲族に由来するものであるのに、満洲国にあったその満洲族の学校について、これまで誰が語っただろうか。

在満朝鮮人の教育問題でも、間島という朝鮮半島北部から来た移民が中心になっていた地域が議論になっただけである。朝鮮半島北部の人々とは違う高度な水田耕作技術を持った、南部からの移民が住んだ地域については全く問題になっていない。ましてウラジオストック郊外の新韓村の問題は、間島と深いつながりがあり、朝鮮総督府が強い関心を持っていたのにもかかわらず、これまでの植民地研究では無視されてきた。

植民地の問題として考えるならば、満洲植民地教育の出発点はどこにあるのか。これまでの研究では台湾植民地の教育政策とのつながりが、わずかに後藤新平の名前などとともに知られている。しかし後藤新平を論ずればことが十分であるとは言えない。後藤の満洲在任期間は短いし、細かい教育の現場の問題まで承知して指示を出しているわけではない。後藤を論ずる前に、まずは教育の現場について考えなければならない。そうすると南満洲教育会の主要なメンバーを送り出し、その後の満洲教育政策の中心になった人々を教育した、東京師範学校ではどのような教育をしたのだろうか。その東京師範学校に対抗した広島師範学校の教育は、現地にどのような影響を持ったのだろうか。その人脈はどうなのか。こうした課題についても不明なことが多い。

戦後の教育史研究で重要な課題とされたのが「民間教育運動」である。その「民間教育運動」で大きな役割を果たしたのが「新教育」、「つづり方教育」、「郷土教育」、「生活教育」であるが、これに関与した人々の中には日中戦争期に大陸の教育と関係を持った人が多かった。しかしそうした人々が満洲でどのような活動をし、その教育はどのように受け入れられたのか。今日でも影響が残っているとすれば、それはどのようなものなのか。

こうしたこともこれからの課題である。

満洲の教育や教科書を問題とするときに、善とか悪とか、また封建的、帝国主義的、反動的などという政治用語を使った評価を与えることがある。しかしそれ以前の課題として、まずは事実を明確にしなければならない。事実に向き合うことをしない研究では、有効な成果を生むことはないだろう。

2. 日本側の教科書

a．満洲の教科書の状況

満洲国では康徳9年（1942）に「新学制」が制定されて、すべての学校が一つの制度の下に統制された。しかし「新学制」下に置かれた学校の大部分は、日本側が作ったものではない。そのために日本側が求めた教育を、実質的に実施できた学校はどれほどあっただろうか。筆者は多く見積もっても、全体の5%を越えないと推測している。そうした状況下で日本側は、日本側の作った教科書を広めようと努めていた。しかしそれはかなり困難を伴う作業であった。

満洲国成立までは南満洲教育会が、実質的に満洲の教育行政を取り仕切ってきた。教科書も南満洲教育会が作成し、関東州、附属地ではかなり使われていた。しかしその他にも、日本人の私立学校が自校の授業のために作った教科書や、内地の出版会社が作ったものも使われていた。そうした状況では「新学制」の制定とともに、それらの教科書を一度に満洲国文教部作成のものに取りかえることは難しい。まずは印刷が間に合わなかった。そのために日本側学校でさえも、日本側以外が作った教科書を使うことがあった。

日露戦争下の軍政署の教育活動は、日本が満洲に日本の教育を導入しようとした最初の試みの一つであった。だがこの時期は中国側も、各地に近代学校制度を創り始めていた。しかもその近代学校以外にも、既に満洲各地にはいろいろな私的、公的な教育機関や教育施設ができていた。日本側のいろいろな調査記録には「寺子屋的学校」あるいは施設と言われるものが出てくる。この「寺子屋的学校」の教育は、周辺の状況から考えると水準はかなり高いものであった。

そうした水準の高い地域に日本の教育を受け入れさせるには、さまざまな工夫が必要である。その一つが既に中国側で作られて使用されていた教科書を、日本側の学校でも使うことであった。また日本側の教科書にも、中国の伝統的な教育内容を盛り込んだ。例えば文教部が作成した「經學教科書」（康徳1年1934）もそのひとつである。また初期の南満洲教育会の教科書には、中国の教科書を参考にしたのではないかと思われるものもある。

日本側関係者がしばしば、ある種の軽蔑的意味を込めて「寺子屋」式教育と呼んだ私塾では、いわゆる「三字経」(3) と呼ばれた教科書を使っていた。ところで満洲国期にもこうした私塾から、日本側学校に途中入学する者がいた。しかし途中入学したのにもかかわらず、日本語の能力だけでなくその他の教科でも、相当の成績を上げている。こうした状況から考えると、「三字経」の類で行われていた教育の水準は、いわれるほど低くはなかったと推察される。むしろこれまで戦前、戦後の教育関係者が、日本の江戸時代の寺子屋や私塾についての評価を誤ったために、満洲の私塾の教育水準を低く見たのだろう。場合によっては日本側学校の教育の土台は、この「三字経」の類の教科書や教育で作られていたとも言える。これも満洲の教科書や教育のひとつの側面である。

満洲国には「天主村」と呼ばれるカトリック系の開拓村が相当数あった。満洲の信者たちは満洲国期にも、教義を伝えるパンフレットを数多く作っていたようである(4)。そうしたパンフレットには聖書の教えが中国語で書かれているが、こうした内容も満洲の人々の知識になり、また人々と文字との結びつきを養っていたのだろう。

b．日本語教育の教科書

関東州や満鉄附属地の初等学校では、日本語が正規の授業であって、その他の授業もすべて日本語で行われていたと伝えられている。しかし1932年版南満洲教育会編集の「公学堂歴史教科書　巻一」はすべてが中国語である。また関東州の中国人学校用の1929年版「普通学堂農業教科書　第三学年用」も中国語である。これに対して1927年版「公学堂理科教科書　巻一」はすべてが日本語である。さらに1935年に満洲国文教部が作った「初級小学校　自然教科書」は、第1冊から第4冊まですべてが中国語である。こうしてみると関東州や満鉄附属地でさえ日本語だけですべての授業をすることは困難で、場合によっては中国語で教育することもあったことが分かる。

関東州、附属地の日本の支配区域外へ一歩出ると、日本語で授業するようなケースはむしろ少ない。この地域では教科書も不足し、日本語教員も不足していた。その日本語教員も多くは朝鮮人の教員であったと言われている。法律には日本語が必須の教科と定められていても、それを実施するのは相当困難であった。そのために1931年には「第二種　初等日本語読本」のようなものが作られた。ここに言う「第二種」教科書とは、「日本語教授時数ノ少ナイ初等学校用」のものとなっている。具体的にはどの程度の時間数を「少ナイ」としているのか判然としないが、しかしこの教科書の緒言に、「本書ハ……従来ノ初等日本語読本ヨリハ稍程度ヲ低クシテアル」と書かれていることから、当時の日本語教育が順調には展開していないことを前提にして作成されたことが分かる。

高等教育機関へ入学する学生は日本語の使用能力が前提になっていた。そのために大部分の高等教育機関では、学生間の日常会話も日本語で行われていたという。しかし中等教育機関では、南満中学堂のような特別なものを除くと、中国語の教科書を使い、中国語で教育を行ったケースがかなりあったと推測される。ただこれについては現在のところ調査が十分とはいえない。

c.「国民読本」

満洲帝国政府民生部著の「国民学校　満語国民読本」、「国民学舎　国民義塾　満語国民読本」、「国民優級学校　満語国民読本」などの教科書がある。いずれも1938年に発行されたものである。

このうち「国民学校　満語国民読本　第一巻」の最初のページは「皇帝陛下」で、皇帝の写真へ全員が頭を下げている絵で始まる。以下、日常の生活について語る部分や生活のルールを説く部分があり、「兎と亀」の話などもある。そうした間に「満洲呀　日本呀　永久相親　一億一心　使我国運　万古長春」などの文章が挟まれる。

第二巻は「各個民族　同居満洲　相互協力　無苦無憂」ではじまる。ここでは五族協和を伝えたかったのであろう。その後には満洲の日常生活や、街や農村の姿が描かれる。そしてそこに「今天是我国受友邦大日本帝国承認的紀念日」などの文章が挟まれる。こうした構成は第一巻とほぼ同じである。

「国民読本」では第一に満洲国の国民としての自覚を持たせようとして、満洲国国民の理想の生活や道徳、文化などの課が並んでいる。第二には、満洲国と日本とのつながりを教えようとしている。この背景には満洲国の統治が一応安定したことがあって、これからの満洲国の方向を示そうとしたのであろう。これらの「国民読本」がどこまで使われたのか、どのように扱われたのか、それを示す資料は現在のところ全くない。ただ教科書を読むと満洲国政府の意図は明らかであろう。

d.「少数民族」(5) の教科書

「少数民族」にも日本側の教科書を使わせることを試みていた。日本側の支援を受けた朝鮮人の普通学校[6]では、通常は朝鮮総督府の教科書が使われた。また日本側と距離をおきたいと考えている学校では、独自の教科書を作ったり、伝統的な私塾で使われた書籍や教科書を使用したところもあった。しかしいわゆる「抗日学校」でも、朝鮮総督府や日本側が作った理科や算数の教科書を使っていたという話もある。その学校が近代主義的なものを目指していたとか、その学校が置かれていた状況によっていろいろな選択肢が考えられただろう。ただその状況が明らかになっている学校は現在でも少ない。

モンゴル人の興安実業女学校では日本語が必須科目となっていた[7]。その意味で日本側の日本語の教科書を使っていたことは間違いない。興安学院も同様である。しかしその一方でモンゴル語の教科書の作成も試みられていた。しかし内モンゴルでは中国語を生活語としているモンゴル人もいて、日本側が試みたモンゴル語の教科書がどのように受け取られたかは複雑なところである。

東省特別区の学校やハルビンのロシア人学校については、幾つかの論文はあるものの、現在では十分な情報が得られていない。北満のユダヤ人学校については全く情報がない。

e．蒙古聯合自治政府・察南自治政府の教科書

蒙古聯合自治政府と察南自治政府は日本の傀儡政権であった。ここではそこで使われた教科書についてごく簡単に紹介をしておく。

蒙古聯合自治政府には、成吉斯汗紀元735年（1940）発行の自治政府編纂「国民学校用　日本語教科書」などがある。日本語を教えようとしたのは傀儡政権としては当然のことであろう。しかし先ほど触れたようにかならずしもモンゴル語が生活語になっていないモンゴル人がいたことを配慮してか、「国民学校用　漢文教科書」が作られている。その第一課は「人　一人　二手」で始まり、中国語のテキストとして作成されたことが推察できる。しかし第39課に「蒙彊地方　真快楽　土地好　物産多　人人安居　好生活」の文章が入っているように、モンゴル人を蒙彊の「国民」として育てることをねらっていた。

その第7冊には、第16課「成吉思汗」とともに、「日本旅行記」（第8課）、「日本人與櫻花」（第9課）、「富士山」（第10課）などの課がある。第8課では

日本の首都東京を紹介する一方で、日本では教育が普及しているとして東京帝国大学正門の写真が掲げられている。

このほかに国民学校用と高級国民学校用の「修身教科書」が見つかっている。

察南自治政府のものとしては「国文教科書　初級小学校用」、「修身教科書　初級小学校用」、「修身教科書　高級小学校用」、「日本史教科書　高級小学校用」などがある。しかし蒙古聯合自治政府の教科書と察南自治政府の教科書は、わずかな課を除くと、絵も文章も全く同じである。

そのわずかな違いとは、蒙古の「漢文教科書　第一冊」には「蒙彊方土物産安居努協業」の課があるが、察南の「国文教科書　第一冊」にはそれがなく、代わりに「察南県土安居努協業」の課が入れられているという点である。また高級国民学校用の修身教科書では、「蒙古聯合自治政府成立宣言」か、または「察南自治政府成立一周年宣言」か、どちらが入っているかという違いだけである。ただこうした教科書を作成した日本側の意図はある程度わかるが、実際にどこまで使われたかは定かでない。

3．日本人用教科書

a．中国語教科書

日本人用中国語教科書にはいろいろなものが作られている。1924版南満洲教育会「中国文教科書」、1937年版「初等支那語教科書」、1938年版民生部「国民高等学校　満語読本」など多様である。ただ当時の生徒の思い出を聞くと「ほとんど十分な授業を受けたことがない。」と語る人が多く、中国語教育の効果は大きくはなかったようだ。

b．唱歌教科書

1932年版南満洲教育会教科書編輯部の「満洲唱歌集　伴奏附　尋常小学第一学年用」という教科書がある。その緒言には「本書は、満洲に於ける尋常小学第一学年児童に歌はしめるために編纂したものである。」とある。そして「本書の歌詞は、主として満蒙の景物を背景とし、児童の日常目撃するものから、趣味の教養、感情の陶冶に適切なものを選んだ。」と記してある。

歌詞には「ヤナギ」（柳）、「アンズ」（杏）、「ペチカ」、「カオリャン」（高粱）、「バクチク」（爆竹）など中国東北独特の事物が織り込まれている。歌としても「ウサギウマ」（ロバ）、「ロシャパン」（ロシヤ人のパン売り）など、当時の満洲の風俗を知らない人には、その意味やその「懐かしさ」が十分には分からないと思われる歌もある。

出版年代は分からないが「満洲唱歌集」がある。このはしがきには「この本は満洲の教科書編輯部で作った小学校用満洲唱歌集三冊六十篇の中から選んだものです。」とあり、掲載された中から十余曲がレコードとして発売されたという。その意味でここに収められた曲は多くの日本人に歌い込まれた曲であることが分かる。そこには「うさぎうま」、「赤い夕日」、「ペチカ」、「ばくちく」、「鴨緑江」、「あかしや」、「蒙古の砂漠」など、いかにも満洲らしい生活や風景が歌われている。こうした内容を見ると、これらの教科書には「郷土」としての満洲が出ていると言えるだろう。

1920年代から30年代に日本では「郷土教育」が強調され、その地域の特色や歴史を語る「郷土読本」が数多く作られた。満洲でも多くの「郷土読本」が作られた。例えば在満日本教育会では1935年に「我等の郷土」を編纂する。その「もくろく」には「一、大連市」、「二、旅順市」、「三、金州」、「四、普蘭店・貔子窩」、「五、関東州」があり、最後は「私どものかくご」となっている。最後の「かくご」では、「この郷土のますますよくなるやうにつとめなければなりません。」と締めくくっている。また撫順の永安小学校国語研究部では1933年にガリ版刷りの「永安読本」を出している。差し当たり筆者の手元にあるのは「巻三」だけであるが、そこには島崎藤村、坪内逍遥、菊池寛などの文章と並んで、「ろばのすず」（満洲補充読本より）、「少年通訳」（永安国語研究部作成）、「子羊」（満洲唱歌集より）などがある。このように満洲を語ったものが多く、永安国語研究部の作である「中尉の頓知」でも「満洲国が出来て間もないころのお話です……」という文章から始まる。このように本国としての日本とともに、郷土としての満洲を語ろうとしている。

c．唱歌教科書（中国人）

日本人用唱歌の教科書を見たついでに、中国人用のものも見ておこう。

教育研究所編纂「日華唱歌集　全」（1919）では、第一篇が日本の唱歌、第二篇に「支那語唱歌」、第三篇が儀式用唱歌となっている。第一篇には「モモタロウ」、「富士山」、「日本の国」などがあり、第二篇には「上学」（学校に行こう）、「孔夫子」、「訓農」などがあり、第三篇には「君が代」、「卒業式」などが収められている。

1938年には民生部が「日満語唱歌」を作る。これは初等教育学校を対象としたものであるが、その緒言の「一」に「本書為使能歌平易之歌曲、以資涵養国民精神、兼養其美感為要旨」と書かれている。この文章は単なる植民地教育を目指したというよりは、近代国民国家の教育の狙いに近いものと言えないだろうか。

緒言の「二」には「其材料係採就近生活事項者」とあることから分かるように、国家とともに日常生活に大きな狙いがおかれていた。ここで歌われる国家が日本であったり満洲国であったりするが、教育内容の構造としては日本人用のものとよく似ている。

このようにこれらの教科書から、東南アジアや南アジアの植民地とは性格が異なる、東アジア植民地独特のものが読み取れよう。

【注】

（1）オスマリノ・ラリサ「戦前の東アジアにおけるテュルク・タタール移民の歴史的変遷に関する覚書」『北東アジア研究』10　島根県立大学　2006.1
（2）外務省文化事業部『満洲及支那二於ケル欧米人ノ文化事業』昭和13年3月
（3）「千字文」、「弟子規」、「名賢集」、「荘農雑字」など多様なものがある。
（4）筆者が見ることのできたものに聖書公会「馬可　福音」があり、「加利利之海辺」が描かれている。槻木「満洲国の教育と教科書」『2005あいち・平和のための戦争展パンフレット』2005.8
（5）戦前、戦後の中国関係の資料には「少数民族」ということばがしばしば使われる。しかし何に比べて少数なのか、どのような人々を「少数民族」と呼ぶのか、その詳細は不明である。あるいはは学問的なことばではなく、政治の概念をそのまま借りてきたと思われることもある。現地で聞き取りをすると、「少数民族」ということばをそのまま使うことには相当慎重でなければならないと感ずる。ここでは的確な表現がないためにカッコをつけたが、他の表現があれば変更することにやぶさかではない。
（6）関東州では中国人が通う学校を普通学堂、公学堂と呼んでいたが、この普通学校は朝鮮人を収容する学校のことである。
（7）新保敦子「満洲国におけるモンゴル人女子青年教育」『東アジア研究　第50号』大阪経済法科大学アジア研究所　2008.3

シンポジウムのまとめ

佐藤由美

はじめに

本シンポジウム「植民地教科書と国定教科書――何を教え何を教えなかったか」は、2007年12月26日、午後1時より、玉川学園中学年校舎講堂にて開催された。日本植民地教育史研究会のメンバーが中心になって取り組んでいる科研プロジェクト「植民地・国定教科書比較」（平成18-20年度）の一環として企画され、その意味では昨年のシンポジウム「国定教科書比較研究の魅力と困難」を引き継ぐものであった。ただし、今回は国際シンポジウムとして、海外からもシンポジストをお招きし、日本植民地教育史研究会との共催で公開のかたちを取るに至った。また、普段から所蔵教科書の提供などでご協力いただいている玉川大学教育博物館が後援してくださった。年末の慌ただしい時期ではあったが、北は北海道釧路、西は広島から、40名以上の参加者を迎えて開催できたことをまず初めに記しておきたいと思う。

1．シンポジウムの趣旨

進行役の西尾達雄氏から開会が告げられ、科研プロジェクト代表の宮脇弘幸氏から、研究の経緯とシンポジウムの趣旨説明があった。その概要は以下のとおりである。

旧日本植民地・占領地の教科書研究は、教育制度の研究と比べ遅れている感があった。それは文献の制約からくるもので、植民地・占領地教科書は日本の統治が終わると、総督府関係者によって焼却処分されたり、散逸したケースが多く、長らく所在不明であったため「幻の教科書」と称され、体系の全貌も把握しづらかった。しかしながら、研究者の努力によって国会図書館、教育関係機関の図書館、個人所蔵のものなど、国内外の資料調査が進み、1993年3月には佐藤秀夫氏を代表とする日本語教育史研究会が『第二次大戦前・戦時期の日本語教育関係文献目録』を発行、そこには3,300冊の教科書情報が収録された。次いで2002年から04年には、長谷川恒雄氏を研究代表とする「第2次大戦期　興亜院の日本語教育に関する調査研究」の報告書の別冊として前田均編集『日本語教科書目録集成』(05年3月）が発行され、約12,400冊の教科書情報が収録された。それに続いたのが、本科研プロジェクトによる『玉川大学教育博物館所蔵　外地教科書目録』(07年3月）である。こうした研究の蓄積によって、私たちは漸く旧日本植民地・占領地教科書の全貌を把握することができるようになった。このような条件整備が行われた以上、次に取り組む必要があるのが教科書の内容分析である。科研プロジェクトでは、旧日本植民地・占領地教科書と国定教科書の比較を初等教育の全教科にわたって行うことを目指しており、教科別、地域別、時期別に担当者を決めて現在進行中である。

旧日本植民地・占領地の教科書については、それが同化・日本化・隷属化を行うものであったとする評価と部分的にでも近代化を促すものであったとする評価がある。これは深層部分、所謂ソフト面に注目したものか、表層部分、所謂ハード面に注目したものかの違いであろう。教育の媒介物である教科書は、日本統治下のそれぞれの地域の人々が民族的言葉を持って生きるための、民族的属性を誇りに持てる基礎教育を成し得たのだろうか。この疑問は教科書を繙けば一目瞭然であろう。日本の戦前の教育は「教育ニ関スル勅語」の旨趣に基づいた天皇制中心の国体を維持するためのイデオロギーに支配され、教科書にもそれが色濃く反映されていた。このような日本の教育理念を外地の教科書に盛り込み、植民地・占領地の人々に押し付けてはいなかったか。これも教科書を繙けばすぐにわかることである。本シンポジウムでは、以下の4名のシンポジストによるそれぞれの外地教科書の内容分析の発表を受けながら、その異同から何を読み取ることができるのかを共に検証していきたい。

2．シンポジストの紹介と発表の要旨

シンポジウムはⅡ部構成とし、Ⅰ部がシンポジストの報告（1人35分×4名）、Ⅱ部で補足説明や質疑応答等が行われた。発表題目は次のとおりである。

（1）上田崇仁：朝鮮総督府「国語読本」と国定「国語読本」を比較して見えるもの

（2）蔡錦堂：戦時期台湾の公学校国語教科書と日本の国定国語教科書との比較

（3）金京美：1940年代の朝鮮総督府歴史教科書と国定教科書の比較

（4）槻木瑞生：満洲帝国『新学制』下の教科書と日本の国定教科書

金京美氏は韓国語で発表され、白恩正さん、韓炫精さんが適宜、通訳をしてくださった。

4本の発表は、時期的にみるといずれも1930年代後半から40年代が対象となっており、地域でみると朝鮮、台湾、満洲と3地域にわたっていた。教科は国語と歴史が中心となった。国定教科書との比較という手法が共有され、それぞれの発表が「旧日本植民地・占領地の教科書と国定教科書の比較研究」という大きな幹の枝葉に位置づいていたように思う。他教科、他地域、他期の研究を進める者にとっても示唆するところが大きかったのではないだろうか。以下ではそれぞれのシンポジストを紹介しながら、発表の特徴的な部分について述べておくことにする。詳細は収録されている個々の論文を参照されたい。

（1）上田崇仁：
朝鮮総督府「国語読本」と国定「国語読本」を比較して見えるもの

上田崇仁氏は徳島大学留学生センターに勤務されている。半年間かけて留学生に日本語を教え大学院に送り出すのが日常だ。半年間で日本語を習得させるというのは至難の業というお話であったが、そんな語学教師の立場から、日本統治下の「国語」（＝日本語）教育を外国語教育と捉えて内容分析されたところに上田氏の視点の特色がある。例えば、「私たちは皇国臣民であります」という一文は、「ポチは子犬です」と同じ、即ち「名詞は名詞です」という文型であるという点に注目し、イデオロギーを排除して見る方法である。

上田氏はかつて博士学位論文「植民地朝鮮における言語政策と国語普及に関

する研究」（2000）で、朝鮮の国語教科書と国定教科書にはどんな異同があるのか、表題のみの比較を行った経験がある。この両教科書を比較して行う異同の調査は思いの外難しく、課のタイトル、本文の一字一句、挿絵とその位置、文化的思想的内容など比較項目が多岐にわたる。そこで表題のみにしぼって異同の調査をしたところ、一致率は第Ⅴ期には65.9パーセントにのぼり、文字教材の一致率が高くなっていることがわかった。

そこで上田氏は、非母語教育から母語教育へと変化していく過程で語学教育の要素が減少していったのではないかという仮説を立てた。ところが今回、国民学校期の教科書『ヨミカタ』冒頭にある挿絵頁を分析してみると、朝鮮の国語教科書は挿絵が16頁なのに対し、国定教科書は4頁、教師用書によればその目的も朝鮮が聴解力の修練であったのに対し、国定教科書では発音の矯正となっていることがわかった。もともと、第Ⅰ期の教科書は身体の部位から教え、第Ⅱ期は日常用語から、冒頭に挿絵のみの教材が配置されるのは第Ⅲ期以降の教科書だった。ここで上田氏は興味深い推論を展開された。挿絵が学校教育に関係したものに絞って採用されているところをみると、朝鮮語にない語彙、翻訳不可能な語彙から教えていったのではないかという指摘である。朝鮮語に置き換え不可能な語であれば、その語そのものを覚えるしかない。例えば「運動場」は朝鮮語一語では説明できない。私たちが現在、パワーポイントやプレゼンテーションを他の日本語にできないのと同じように、である。上田氏の留学生教育経験からも母国語に翻訳できる語の定着よりもできない語の定着の方がいいという。そうなると語学教育の要素は減ったのではなく、むしろ挿絵の導入によって学習動機を高め、より巧妙に効果を上げたのではないかという指摘であった。

また、シンポジウムのタイトルに即して次のような提案もなされた。それはシンポジウムの課題「何を教え、何を教えなかったのか」を国語科で検証する場合、何の文字から教えたのか、発音は何から教えたのか、歴史的仮名遣い、文型、語彙はどうであったのかといった具合に、様々な指標を立てる必要があり、語学教育の視点を見落としてはならないということである。この指摘は国語科に限らず、それぞれの教科の特性を考慮した比較項目を設定する必要性があるという指摘として受け取ってもいいのではないだろうか。

（2）蔡錦堂：
戦時期台湾の公学校国語教科書と日本の国定国語教科書との比較

蔡錦堂氏は台湾師範大学台湾史研究所（大学院）の教授である。かつて日本に留学され、「日本帝国主義下台湾の宗教政策」の研究で筑波大学より博士号を授与された。台湾で第Ⅰ期～第Ⅴ期の台湾総督府編纂国語教科書の復刻版を出版（台湾教育史研究会編、南天書局発行）されるなど、教科書研究にも造詣が深い。

今回の発表は、戦時期（1937-1945 第Ⅳ期・第Ⅴ期）の台湾国語教科書と国定教科書の比較から得られた知見を中心にしたものであった。第Ⅳ期の台湾国語教科書の特徴をみると、挿絵には台湾色があるものの、徐々に日本の国民精神の涵養、皇国臣民養成と戦争に関するものの割合が増え、第Ⅰ期と比較すれば3倍に増加している。国定教科書と比較した場合、戦争関係の単元が台湾国語教科書31に対し、国定教科書は23であり、南方関係の単元をみると台湾が15に対し、国定は7であった。第Ⅴ期にも共通して言えることだが、戦争や南方関係が国定教科書よりも台湾教科書に増えたのは、台湾が南進政策の重要な拠点であったためと推察できる。

しかしながら、単元を個別に見ていくと次のような疑問も浮かんでくる。例えば、国定教科書第Ⅳ期の単元「少彦名のみこと」は、台湾神社の祭神で開拓三神であるにもかかわらず、台湾の国語教科書には採用されていない。第Ⅳ期・第Ⅴ期の台湾教科書に、台湾関連の人物が主人公になっている「呉鳳」、「君が代少年」、「浜田彌兵衛」の3課がある。これらは国定教科書にも採用されたが、このうち戦争美談の代表的な単元「君が代少年」が第Ⅴ期の国定教科書に編入されるとき、地震で倒壊した家屋の下敷きになっても君が代を歌い、日本語を話した少年の名「詹徳坤」の姓がおち「徳坤」のみになるということが起きている。これはなぜなのか。さらに戦争が緊迫した第Ⅴ期でも、台湾を題材にした単元が然程減らなかったことも疑問である。今回は表題のみを取り上げた比較であったが、今後は教師用書や編纂趣意書を用いて、さらに一歩進んだ分析が必要になるということであった。

台湾総督府と朝鮮総督府編纂の国語教科書、日本内地の国定国語教科書、この3者の比較は、共通の「物差し」さえあれば可能なように思われる。上田氏も蔡氏も指摘されていたが、表題の異同の調査から一歩進んだ分析が求められている。上田氏が朝鮮国語教科書の挿絵の分析をされたが、台湾国語教科書の場合、挿絵はどのように用いられていたのかも気になるところである。

（3）金京美：
1940年代の朝鮮総督府歴史教科書と国定教科書の比較

金京美氏は大韓民国独立記念館教育開発チーム長で、博物館教育プログラムの開発と運営にあたっている。博士学位論文の「甲午改革前後の教育政策の展開過程に関する研究」（延世大学校）をはじめとして、これまで日本帝国主義下の学校教育に関する研究を進められてきた。今回の発表は1940年代に朝鮮と日本で使用された2冊の歴史教科書、朝鮮総督府編纂『初等国史』（1940年・41年）と文部省編纂『初等科国史』（1943年）の比較であったが、配布されたレジュメには1940年代の歴史教育政策や教科書の編纂発行過程などについても詳しく述べられ、その後、古代の両国関係、「壬辰倭乱」、「モンゴル侵略」の3単元の分析から、両教科書が全く違う目的で執筆・編纂されていたことを明らかにされた。ここでは当日、口頭発表された3単元の内容分析（比較）の部分に注目することにする。

『初等国史』の「古代の両国関係」に関する単元では、基本的に「古代日本が朝鮮半島を支配していた」という内容になっており、古代朝鮮の独自性の抹殺が行われているという。例えば、檀君神話を否定するだけでなく、中国から来た箕子が設立したと記述されていた古朝鮮が40年代になると消え、韓国の歴史は「日本天皇の先祖のアマテラスの弟である素戔嗚尊によって始まった」となっている。古朝鮮の存在が消えることにより、中国の朝鮮支配は楽浪郡まで後退し、さらに日本の支配下にあった任那を教科書で楽浪郡の前に持ってくることにより、日本の支配が先であったかのような印象を植え付けている。神功皇后の「新羅討伐」の話にしても日本の皇威が朝鮮半島まで及んでいたことの証として使われ、日本に先進文化を伝えた渡来人は「日本を慕って、日本に行った」人々であり、「天皇の恩恵下に楽しく住むようになり、そのまま留まって、朝廷から名前や仕事、土地を受けて、良い日本の国民になって行ったし、その中には朝廷に重用されて、その子孫が長らく官位を得た人もいる」と説明され、「学者、機織り、鍛冶に腕前がよい人が多く、各々国のために努力した」という下りになっている。こうしてみると、朝鮮の『初等国史』が普通学校生徒に「内鮮一体の正当性を受け入れ、‘植民地’国民として日本帝国に服従するようにするため」の意図で編纂されたのに対し、『初等科国史』は日本人の生徒たちに「海国日本としての自負心を持って海外進出（侵略）の主体になり、帝国の主人として植民地国民に対する優越感を持つようにするため」の役割を果たしていたと分析できるという。

「壬辰倭乱」（秀吉の朝鮮出兵）は、両教科書ともに「大東亜共栄圏建設の先駆的歴史」と位置づけられていた。ただし、朝鮮の『初等国史』では、「コトムケ」（＝「天皇に服従する場合には慈愛を施すが、対抗する者には軍士を出動させて、平定してしまう」）という「神秘で曖昧」な古語を用いて、征服をカムフラージュしたのに対し、国定の『初等科国史』では、その用語を用いずに、秀吉軍の侵略的行為を「海外での進出」と捉えるレトリックによって、大東亜共栄圏の拡大にそのまま繋げていったと分析される。

次いで、朝鮮（高麗）と日本が同じ歴史的経験をもつ「モンゴル侵略」についても、両教科書では全く異なる記述がなされていた。朝鮮の『初等国史』では、モンゴルの侵略に対する高麗と日本の対応が比較対照的に描かれ、高麗が「国王は江華島にうつり、国民も山の中や島島に逃げこんで難をさけました」と撤退したのに対し、日本は「立派に国土を守ることができた」ことになっている。しかも1274年と1281年の2度の「モンゴル侵略」が「26年にわたった長期の戦」と記されている。一方、『初等科国史』では、高麗の状況は「初めはなかなか屈しなかつた高麗も、つひになびいて、そのいふことを聞くやうになりました」とだけ記述され、日本については「敵は世界最強をほこる元であり、従つてわが国としては、かつてためしのない大きな国難であります」としたうえで、この国難に日本の武士は立ち向かい、神風が吹いて勝利したという文脈になっている。この描写の違いによって、朝鮮人生徒には「無力感と劣等感」を持たせ、日本人生徒には「先祖と国に対する無限の自負心」を持たせているという。

総じて「皇国臣民」の育成を同じように標榜しながらも、『初等国史』は朝鮮人生徒に被支配者（「帝国の一員ながらも大和民族の下位に位置して、その命令に服従する位置を付与」）の人間形成を、『初等科国史』は日本人生徒に支配者（「帝国の主人」）としての人間形成を行っていたことが明らかにされていた。

金京美氏の発表は、ある歴史的な事項が朝鮮ではどのように記述され教材化されたのか、国定教科書ではどうであったのか、内容に踏み込んだ比較研究になっており、大変興味深いものであった。時間の関係で割愛された部分もあったが、歴史教育政策や両教科書の編纂・発行過程についても丁寧な比較分析が行なわれている。内容の比較分析同様に、他教科でも重視しなければならない点であろう。

（4）槻木瑞生：満洲帝国『新学制』下の教科書と日本の国定教科書

槻木瑞生氏は同朋大学を定年退職された後、玉川大学教育博物館の外来研究員として満洲の教育研究を進められている。発表では、満洲で発行された教科書と国定教科書の比較が一筋縄ではいかないこと、それはどうしてなのかについて具体的な教科書を多数上げながら説明された。台湾、朝鮮と満洲ではいくつかの点で事情が異なっていた。それは「満洲」と呼ばれる地域が時代によって異なること、そこにはさまざまな人種、民族、言語、宗教、文化が混在し、さまざまに交流し合っており、各県レベルで事実をきちんと押さえていかなければその全体像は到底、摑めないことによる。例えば、瑞鈿義塾という1904年創設の私塾があり、それを私塾の嚆矢とする研究があるが、実際にはそれ以前から数多くの私塾があることがわかっているという。

地域を「満洲国」に限って、新学制以後、日本の教育支配がどの程度、進んでいたのかをみても、台湾や朝鮮のように個人のレベルにまで支配が届くことはなかった。仮に日本の教科書を使っていたことで支配が届いていたとするならば、3％は超えなかったと推察できる。日本の勢力下にあっても1年生から6年生まで日本の教科書だけを使うような学校は稀にしかない。理由としては教科書の印刷が間に合わなかったということがある。満洲国では代りに中国側の教科書が多く出回っていた。「中国側」というのも一様ではないが、なかでも中国上海の商務印書館が印刷・発行した教科書は、種類も多岐にわたっておりよく使用された。その他にも、ドイツ人やカナダ人の宣教師が村を構成し、そこで作られた教科書もあれば、個人やお金持ちが作った三字文などの伝統的な教科書もあった。その教科書はおもに私塾で使われていた。私塾というと前近代的なレベルの低い学校のように思い違いをする人がいるが、当時の満洲国には小学校の4年次に編入しても全く困らないほど、高いレベルの知識を授けていた私塾があった。抗日学校が日本の教科書の理科や算数を利用することもあった。満洲国の教科書はこのように煩雑な状況ということだ。

槻木氏は何度も中国を訪れ、アルコール度数50度以上の酒を酌み交わしながらの身体を張った聞き取りを続けておられる。今回は個人所蔵分も含めて教科書の表紙や目次を資料として提示されたが、教科書に限らず多くの史料も集められている。満洲国教育の後継者を探しているとのことだったが、私たちが教えられたのは、途方に暮れてしまうほど様々な要素が混在した満洲国の教育と教科書の状況だった。

科研プロジェクトは東南アジアの旧占領地や満洲国も視野に入れつつ計画されたものであったが、日本統治下で総督府編纂の教科書があった台湾・朝鮮とは全く異なる様相を呈していた満洲国の実態がわかる貴重な発表であった。

3．質疑応答と総合討論

Ⅱ部の質疑応答では発表者それぞれに個別の質問が寄せられた。おもな質問を挙げておくと、蔡錦堂氏に、台湾の国語教科書の場合、上田崇仁氏が朝鮮の場合で指摘したような挿絵の分量や場面にどのような特徴が見られるか、金京美氏に、国定国語教科書と朝鮮の国語教科書の相違点はわかったが、近代との関係で共通点はないだろうか、朝鮮の歴史教育は第5学年、第6学年が循環法で教えられたというが、日本と朝鮮、東南アジアを含む大東亜史（東アジア史）を作ろうとする意図があったのではないだろうか、槻木瑞生氏に、日本人に対する中国語教育の目的は何だったのか、「満洲の日本人」という新たなアイデンティティーを育てようという教育の意図があったのか等である。

総合討論の時間も個別の質問が相次いだ。Ⅳ期とⅤ期よりもⅢ期とⅣ期の間に大きな変化があったと思うのでそこを比較してみる方が大事なのではないか、唱歌教科書の場合、学年を上げて流用されている例があるが国語教科書ではどうか、満洲の朝鮮人が使用していたのは、朝鮮総督府編纂の教科書か、または別の教科書か等である。

最後にフロアの井上薫氏から教科書プロジェクトを代表してシンポジウムの総括と感想が述べられた。井上氏は農業教科書の内容分析を担当している。その立場から次のような発言があった。異民族支配をしている、またはしようとしているということが前提の教科書が異言語異文化を導入する際、それがどんなふうに行なわれたのかに興味を持って聞いていた。上田氏の発表では、日本語で翻訳できないような言葉から入るという話があったが、農業技術も伝統的なものと違うものを持っていくときに教育という方法を用いて支配者が入っていったはずで、農業教科書の分析の糸口になるのではないかと思った。槻木氏の発表と敢えて関連づけるなら、伝統的な学校文化があったはずのところに、その伝統とは異なる「近代的なもの」を持ち込むには、翻訳できないものとして持っていくしかないということと繋がっているのではないかとも考えた。蔡氏の発表では、戦時期の教科書に台湾に関するものが意外と多くのこっていると言われたが、例えばパイナップル、一見、地元のもの郷土のものと思われているものでも、実際は政策と密接なものもあったのではないか、農業教科書を分析する場合にもそういう視点を入れる必要があるだろう。金氏の発表では、同じ素材に操作を加えて、朝鮮人には劣等感を、日本人には優越感を植え付けようと、そういう人格形成をしようとしたということを知った。日本の歴史教育は8年かけてわかればいいというもの、朝鮮の場合、学校によって2年、4年、6年で完成させようとしたケースがあったわけで、それぞれの歴史教育にどんなことが求められたのかも興味深いと思った。今回のシンポジウムでは多くのヒントを得ることができたので、さら研究を深めていければと思っている。

尚、最後に挨拶をされた日本植民地教育史研究会代表の渡部宗助氏から、シンポジウムの趣旨に関連して2点の補足説明があった。今回は企画の段階で、焦点を絞った方がいいと判断し、1930年代後半から40年代に限定して発表を依頼したこと、シンポジウムのサブタイトルは正確には「何を教えようとし、何を教えようとしなかったか」が本意とするところであったということである。以上がシンポジウム当日の記録である。

おわりに——シンポジウムを終えて

今回のシンポジウムは、教科書研究を進めるうえで大変に有意義なものであったと思う。まずは、台湾・韓国・日本の研究者が一堂に会して研究交流を行うことができた。シンポジストとして発表された蔡錦堂氏、金京美氏はもちろんのこと、会場には台湾、韓国出身の留学生、研究者の姿もあった。日本で生まれ育った私たちが気づかない教科書のなかの台湾や朝鮮の伝統文化、またはその歪曲、抹消などは、台湾や韓国の研究者との交流を通じて初めて見えてくる貴重で得がたい研究経験となるであろう。

教科書の内容分析を進めるうえでのいくつもの課題が提示され、共有されたことも意義深い。整理すると、第1に、表題のみの比較研究、これは最も初歩的な比較として、どの教科でもまずは試行しなければならない手法であるが、それだけでは不充分であることが改めて確認できた。教師用書や編纂趣意書を探して、それぞれの単元が何をねらいとして設置されたものであるのかを明らかにする必要がある。第2に、国語教科書であれば、言語教育の視点を導入した分析が必要であるという点である。文字（平仮名、カタカナ、漢字の導入順）、分かち書き、仮名遣い、文型など、イデオロギーに左右されない言語教科書としての側面を分析しておく必要がある。他教科でもその教科の学問的な属性に伴う分析方法が検討されてよいのではないだろうか。第3に、文字だけでなく挿絵の分析も必要である。朝鮮の国語教科書であれば、敢えて朝鮮語1語には置き換えられない近代学校の文物を挿絵として採用し、日本語の定着を図った可能性があるという。それぞれの教科の教科書で挿絵はどのように機能しているのだろうか。第4に、台湾でいえば「呉鳳」や「君が代少年」、朝鮮で言えば「モンゴル襲来」のように同一の表題（単元）でありながら、国定と台湾または朝鮮ではねらいや文脈の全く異なる教材がある。これらは学年を跨いで採用されているケースもある。このような単元（教材）の内容的な異同を分析する必要があるのではないか。第5に国定教科書との比較という枠組みそのものに全くそぐわない教科書もあることがわかった。満洲で編纂・発行された教科書群はその最たる例であった。地域別、あるいは教科別の教科書編纂・発行の実態も調査すべきであろう。

さらに発展的に考えると、台湾、朝鮮、満洲、日本と横断的に見ていくことで、ひとつの地域だけを見ていたのでは気づかないことが浮かび上がってくることがある。例えば台湾では「内台一如」というが朝鮮では「内鮮一体」という、その他の地域ではどうなのか、台湾の国語教科書編纂をめぐって「加藤春城」という編纂者の名前が出てきたが、教科書編纂官が地域を移動することはなかったか、近代性という視点からみたとき、国定教科書と台湾、朝鮮、その他の地域の教科書に共通点は見出せないだろうか等など、興味・関心はさらにひろがっていく。シンポジウムで得た知見、ヒントを参考にそれぞれの教科書の内容分析がさらに深まることが期待される。

【付記】シンポジウムの司会は中田敏夫・佐藤由美が担当した。本稿は佐藤が執筆し、中田が校閲して作成したものである。

Ⅱ．研究論文

植民地朝鮮における教員の位置づけ再考

山下達也

はじめに

本稿の目的は、植民地朝鮮における初等学校教員の実態に迫ることにより、従来、植民地教育の「担い手」としてのみ説明・把握されてきた彼／彼女らの位置づけを再検討する点に存する。

本稿は、これまでの教育史研究において植民地における教員がどのような存在として捉えられてきたのか、という問いに端を発している。植民地朝鮮における教員を対象としたいくつかの論考によって、これまでに教員個人の出自や人事連携の実態、朝鮮語学習の状況や教育活動の一部が明らかにされてきた(1)。しかし、植民地教育において教員がいかなる存在であったかということに関して明言されたものは少なく、管見の限りでは、咲本和子が、「教員とは国家による公教育を最末端で実行する担い手であると言えるし、その点では朝鮮人にとって教員は日本帝国主義の具体的な担い手と見なすことができる」(2)とするほか、中内敏夫・川合章編『日本の教師６／教員養成の歴史と構造』では、「植民地における教員養成とは、このような植民地政策の忠良なにない手としての教員を同化政策の先鋒者として計画的に造出していく事業であった」(3)と説明されている。確かに教員は、朝鮮総督府と学校（あるいは児童）のインターフェースであり、その意味において植民地教育の「担い手」であったことには首肯できる。しかし、ここで筆者が問題としたいのは、植民地教育の「担い手」といったいわば媒体としての側面のみによって教員が位置づけられている点である。植民地朝鮮における教員には、養成プロセスや資格の種類、「内地」生活経験の有無、朝鮮滞在歴、民族、性などを異にする教員が混在していたため、その実態を一様に捉えることはできない(4)。特徴を異にする人々が混在していたがゆえに、教員集団が植民地教育政策の「担い手」として一部「巧妙に」機能していた側面を有する一方、差異や矛盾を内包した動的な集団を形成することで、むしろ植民地教育システムを内側から綻ばせる存在としての側面をも有していたと考えることができる。敷衍すると、「内地」からの招聘教員と朝鮮で養成された教員が一種の補完関係にあったことや、先導者・指導者としての「内地人」教員の登用、卒業校にもとづく教員の「適材適所」的配置など、教員内部の多様性が「活かされた」一方、民族や性の相違に起因する教員間の軋轢や教員の思想問題、その他教員をめぐる朝鮮総督府不測の諸事情が、支配の強化・円滑化に資するべく構想された植民地教育政策を停滞させる可能性を宿していたのではないだろうか。

そこで筆者は、朝鮮における教員の存在は、教育を支配強化のツールとした植民地政策の歯車であったと同時に、足枷としての側面をも有していたのではないか、ということを最終的な検討課題として設定する。そして、その端緒として位置づく本稿では、こうした朝鮮における教員のアンビヴァレントな特徴やその具体的な様相についていくつかの知見を得ることとしたい。

具体的に本稿では、以下の3点について論じる。第1は、抗日独立運動を起こしたり、学校における民族意識の育成および伝達を行なうなど、朝鮮総督府が植民地教育を推進するうえでのいわば「不安要素」となった教員をめぐる事情についてであり、第2は、教員不足や「素質」の問題について、第3は、教員招聘事業の停滞問題についてである。こうした点について検討することにより、これまで植民地教育の「担い手」という側面からのみ説明・把握されてきた教員の位置づけに一石投ずることこそ、本稿のねらいである。

なお、朝鮮人児童を対象とした初等学校は、1937年度までは普通学校、1938～1940年度までは小学校、1941～1945年度は国民学校（「内地人」児童を対象とした小学校についても同様）と称するべきであるが、研究対象時期がまたがっているため、本稿では、基本的にこれらを初等学校とし、必要に応じて3つの呼称を使用することとする。

1．教員の思想問題

ここでは、植民地朝鮮における教員の「治安維持法」違反状況や、いわゆる「不穏言動」の内容について見ていく。また、教員の養成段階である師範学校在学時における思想問題もあわせて検討することとする。すなわち、本節における課題は、教員が起こした思想事件を可能な限り跡づけるとともに、養成段階からの連続性という視点から、教員の思想問題の特徴を浮き彫りにすることである。

植民地朝鮮において「思想犯」という概念が明確・顕在化する過程においては、1925年の「治安維持法」の施行がひとつの大きな役割を果たしたといえる。周知のとおり、1925年以前においても「三・一独立運動」（1919年）をはじめ、独立思想や抗日運動は存在していた。それらに携わった人々の多くは、おもに「騒擾」や傷害、保安法違反、出版法違反として逮捕・送検されていたが[(5)]、1925年以降、抗日・独立運動に関わる者の多くは「治安維持法」違反とされ、「思想犯」が明確化する。

それでは、1925年以降、実際に「治安維持法」違反として検挙された教員はどれほど存在していたのだろうか。高等法院検事局の『朝鮮治安維持法違反調査（一）資料―大正十四年五月十二日施行日より昭和三年二月末日迄確定判決―』の序文には、「治安維持法」施行後4年間に被告人となった者の職業について、「無職ほゞ全体の半数を占め農業、教員、学生の者が多い」[(6)]と記されている。いくつかの資料により1925年以降の実際に検挙された教員数を明示すると、1926年が6名、1927年が13名、1928年が41名、1929年が16名、1930年が41名、1931年が50名、1932年が37名、1933年が38名、1934年が44名、1935年が19名、1936年が11名、1937年が10名、1938年（1～10月）が26名、1939年が44名、1941年が41名、1942年が45名、1943年（1～6月）が16名となる[(7)]。資料の制限もあり、各年の検挙された教員に占める初等学校教員の割合や、すべての事件の内実を詳らかにすることは困難である。そこで、なかんずく初等学校教員の思想事件が散見され、その概要および経過を明らかにし得る1941年の事例に着目したい。1941年は、初等学校が、「皇国ノ道ニ則リテ初等普通教育ヲ施シ国民ノ基礎的錬成ヲ為ス」[(8)]ことを目的とする国民学校となった年であり、その実施に際して、真崎長年学務局長が「任を教育に奉ずるものはその責務の重大なるを痛感し益々研鑽已むことなく不退転の意気を以て職域奉公の誠を致されんことを切望する」[(9)]と改めて教員の「責務」を強調した年でもある。さらに、同年12月に突入する戦時体制期へのプロセスで、教員がどのような思想問題を起こしていたのかということを窺い得る点でも注目に値する。朝鮮総督府警務局の「鮮内学校職員並学生生徒ノ思想事件検挙調（自昭和十五年十二月至昭和十六年九月）」によれば、1941年は9月までに少なくとも5件の初等学校教員による思想事件が摘発されている。ここでは、そのうち、朝鮮における教員の思想事件の特徴を窺い得る4件(10)について見ていきたい。

1941年1月29日、加北国民学校教員であった河本璟述（朝鮮人）は、「不穏教授事件」の被疑者として居昌警察署に検挙されているが、その概要は以下のとおりである。

> 昭和十四年以降検挙ニ至ル迄ノ間、教職ニアルヲ奇貨トシ教壇ヲ通ジ又ハ私宅ニ於テ、受持児童ニ対シテ朝鮮語使用奨励、日本歴史ノ虚構説、日韓併合反対、日支事変及反軍宣伝、志願兵制度反対等ニ関シ不穏ノ宣伝教授ヲ為シ……(11)

こうした活動が警務局に発覚した経緯は不明であるが、「教壇ヲ通ジ又ハ私宅ニ於テ」とあるように、河本は、学校内外において朝鮮人としての民族意識の伝播を図っていたことがわかる。同年7～8月に検挙された以下の事件も、教壇を通じて児童に抗日・独立思想を伝達していたという点において上記の「不穏教授事件」と共通している。それぞれの事件名、被疑者名（朝鮮人）、検挙官署、検挙日、措置（報告されている時点でのもの）、事件の概要は以下のとおりである(12)。

> 「国民学校訓導ノ不敬罪並治安維持法違反事件」柳川敬一
> 公州警察署　7月19日　懲役3年控訴中
> 担任児童ニ対シ「朝鮮ノ王様ノ子ガ日本ニ逃ゲテ陸軍ノナニカヤツテイルガ朝鮮ノ王様ハソンナ馬鹿デアル」云々ト李王殿下ニ対シ奉リ不敬言辞ヲ弄シタル他、朝鮮ヲ独立サセル為ニハドンナ苦シミガ来テモ最後迄頑張レ「勝利ハ信念ニアリ、汗ヲ流セ、涙ヲ流セ、血ヲ流セ」等ノ不穏事項ヲ自己写真裏面ニ記シ、之ヲ卒業生ニ交付シテ独立思想ヲ注入セリ

> 「国民学校訓導ノ教壇赤化事件」青木茂雄
> 淳昌警察署　7月30日　起訴公判請求
> 全州師範学校卒業シテ本校ニ着任以来教職ニ在ルヲ奇貨トシテ同校児

童ニ対シ、教壇ヲ通ジ或ハ実習時間其他総有機会ヲ捉ヘテ朝鮮独立ヲ仄カシ、共産社会制度ヲ謳歌シ又ハ厭戦乃至反戦的気分ヲ■醸スルガ如キ反時局的言動並ニ造言飛語ヲ為シタリ

「大邱師範学校出身訓導等ノ秘密結社事件」新井孝濬ほか23名
忠清南道警察部　8月10日　取調中
本校（大邱師範学校―山下註）尋常科本年度卒業生並ニ本校生ニ依リ、文学ニ依ル民族意識ノ昂揚鼓吹並ニ朝鮮人大衆ノ智識向上、実力養成朝鮮独立ヲ終局ノ目的トスル文芸部ナル秘密結社ヲ結成シ、爾来会員方ヲ輪番会合シテ朝鮮人大衆ノ救済或ハ実力養成ノ方法ニ就キ協議シ、其間「学生」ナル秘密出版ヲ為シ、或ハ卒業後ニ於テモ教壇ヲ通ジテ児童ニ意識ノ注入昂揚ニ努メツツアリタルモノナルガ　取調ノ結果、本年二月初旬在校生十八名ヲ以テスル「茶革団」ナル秘密結社ヲ組織シ、文芸部ト合流シ其ノ一細胞トシテ活動セリ

以上に見た4件（河本の「不穏教授事件」を含む）の思想事件には、抗日・独立思想の表出ないし、教員という立場を通じた民族意識の伝達・育成という共通性を見出すことができる。ここで取り上げた教員に関しては、その活動が発覚し、検挙されてはいるものの、民族意識を次世代に伝達するには、教室というある程度閉じられた空間において一定数の朝鮮人児童と直接し得る教員の立場が恰好のポジションであったといえよう。特に、この時期における初等学校児童のほとんどは植民地期の朝鮮に生まれ、植民地という環境の中において、間接的な経験によってのみ民族意識を理解せざるを得ない状況にあったのである。思想を形成するプロセスの中でも初等教育段階を重要な時期とした点において、朝鮮総督府と一部の朝鮮人教員の着眼点は共通していたといえる。このように、初等学校においては、植民地教育の円滑化のため、総督府は朝鮮人児童の教育に朝鮮人教員を「利用」していた一方で、朝鮮人教員の一部が、教員という立場を「利用」していたという実情が窺える。

さらにここで注目すべきは、上掲思想事件のうち、最後に示した「大邱師範学校出身訓導等ノ秘密結社事件」である。この事件では、「教壇ヲ通ジテ児童ニ意識ノ注入昂揚ニ努」めていた教員が、師範学校在学時から「朝鮮独立ヲ終局ノ目的トスル文芸部ナル秘密結社ヲ結成シ」て密かに民族意識昂揚の活動に

従事していたことがわかる。特に主犯として検挙された新井については、「師範学校在学当時ヨリ民族主義意識ヲ抱懐シ朝鮮ノ独立ヲ希望シ居リタルモノ」(13)とされ、大田地方法院の「予審終結決定」文によると、「表面朝鮮文芸ノ研究ヲ標榜シ裏面ニ於テハ民族意識ヲ昂揚シ実力ヲ養成団結シテ民族運動ヲ為シ窮極ニ於テ朝鮮ヲシテ帝国ノ羈絆ヨリ離脱独立セシムルコトヲ目的トシ秘密結社ヲ組織」(14)していたという。教員の養成機関たる師範学校は、いわゆる「内鮮共学」体制の下、制度的には逸早く「内鮮一体」を具現化しており(15)、生徒たちは、卒業後、朝鮮の初等教育を担う者として、師範学校では「特ニ徳性ノ涵養ニ力メ」(16)るものとされていた。しかし実際には、師範学校内に朝鮮人生徒の民族意識や抗日・独立思想を醸成する秘密組織およびその活動が潜在していた点は、教員の思想問題を検討するにうえで注目に値する。「大邱師範学校出身訓導等ノ秘密結社事件」の主犯たる新井が卒業した大邱師範学校では、1929年の開校以来、朝鮮人教員と朝鮮人生徒によって、民族運動が継続的に行なわれていた。大邱師範尋常科同門会による『大邱師範尋常科誌』や大邱師範の教員、卒業生らの証言によれば、大邱師範学校におけるおもな思想事件には、第1期生らによる「第一次読書会事件」、第3期生らによる「第二次読書会事件」、第6期生らによる「民謡集出版事件」、第7期生らによる「倭館抗日学生事件」、第9期生らによる「パンディップル（蛍の光）事件」がある(17)。大邱師範尋常科同門会の名簿によると、大邱師範の入学者の総数は1,724名であり、そのうち中退者は少なくとも195名（うち「内地人」2名）である。195名のうち、中退理由が明らかなものは79名で、もっとも多い中退理由は、思想問題や民族運動への参加（64名）、次いで疾病（9名）、転学（6名）となっている(18)。さらに、民族運動に参加した生徒の中からは獄死者も出ており、師範学校での思想活動が、自らの生命を賭して行なわれるほどのものであったことがわかる。1942年、大邱師範学校に14期生として入学した申鉉夏は、「入学してしばらくすると、日常生活の自然な流れの中で先輩たちの抗日運動の事実を聞かされるようになった。その時受けた衝撃は計り知れず、『まさかそんなことが……。それは命懸けではないか！』と恐怖と興奮に身の引き締まる思いがした」(19)と回想している。また申の、「次々に手渡されるハングルの読み物は、まさしく秘密の宝庫だった。それらの秘密を知るようになり、私の胸には、次第に民族意識がつのって行った」(20)という証言は、発覚した事件数からは一見、思想問題が鎮静化したと思われる1940年代の師範学校においても、朝鮮語の秘密読書活動が朝鮮人生徒の間で綿々と受け継がれていたことを示唆するものである。

こうした師範学校生徒による思想事件は、朝鮮全土、すべての師範学校において確認し得るものではない。いわんや表面化することなく潜在していた秘密組織の存在や活動については、その有無を推し測ることさえ容易ではない。しかし、大邱師範学校と、教員・生徒の構成、いわゆる「内鮮」の割合や教授内容とその変遷、寄宿舎生活をはじめとする学生生活に多くの共通点・類似性を有していた各道の地方師範学校においても、同様の活動が秘密裏に行なわれていた可能性が否めない[(21)]。

以上のように、総督府にとって朝鮮人教員は、同じ民族であるがゆえに朝鮮人児童の「同化」教育を「効果的」に推し進める存在になる一方で、いわゆる「不穏思想」の拡大を招くような「不安要素」ともなり得る存在であったといえる。一部の教員が、教壇を通じて朝鮮人児童の民族意識を育成・昂揚していたことは、教員という存在が植民地経営上の足枷となることさえあったことの証左である。さらに、教員の思想問題の萌芽は養成の段階にまで遡り、「特ニ徳性ノ涵養ニ力メ」るとされ、思想面には充分な注意が払われていたはずの師範学校は、むしろ民族意識醸成の温床ともいうべき場として機能していたことさえあった。このように、総督府にとっては植民地教育の推進に資する存在であったはずの教員が、養成の段階で植民地支配に抗する民族意識を培っていたということもひとつの実態であり、こうした一面は、朝鮮における植民地教育政策の綻びを物語るものであるとともに、教員集団が植民地政策に対して有していたアンビヴァレントな特徴を窺わせるものである。

2．教員不足と「素質」向上の問題

本節では、教員不足および植民地における教員としての「素質」の問題に着目する。

朝鮮における教育政策では、当初から初等教育の整備・普及が重要な課題として掲げられていた。1910年代から、初等教育を重視する総督府関係者の発言が散見されるが、ここでは、発言の内容が総督府の立場であることを明確に示した宇佐美勝夫初代内務部長官（在任期間は1910.10.1～1919.8.19）の発言を挙げることとする。

現在に於ては教育の中心換言すれは教化の中心は公立普通学校に存す此れを以て諸子の任務は専念此校の内容を充実し其教化を地方に瀰漫せしめ以て総督政治の本旨を全ふするに在り公立普通学校の経営は総督府の最も重きを置く所にして諸子の任や誠に重且大なるものあり[22]

これは、1912年4月に行なわれた「公立普通学校長講習会」における発言である。この発言からは、普通学校が朝鮮における「教育の中心」と位置づけられ、「総督府の最も重きを置く所」であったことがわかる。実際、朝鮮ではいわゆる「三面一校政策」、「一面一校政策」、「第二次朝鮮人初等教育普及拡充計画」等により、植民地期を通じて初等学校数は増加の一途を辿った。初等学校の増設に伴なって教員の需要は必然的に高まり、朝鮮では教員が不足するという事態が生じている。こうした教員不足の状況とその対策について、『朝鮮に於ける新施政』には以下のように記されている。

近時初等教育の普及に伴ひ、教員の需要、年と共に多きを加ふるも、在来の養成機関を以てしては、到底之に応するに足らさるのみならす、其の施設、何れも臨時的にして、組織完備せず、加之、内地教員の招聘困難なるを以て、在来期間を整理拡充すると共に、新に師範学校を創設するの計画を樹て、大正十年四月、主として内地人小学校教員を養成すへきもの一校を京城に設置したるか、同十一年四月新教育令に依り其の組織を変更し、内鮮人を併せ収容して、普通学校教員をも、養成することとなしたり。又大正十二年度に於ては、各道何れも、公立師範学校を新設し、優良なる教員養成を為すへく計画中なり。[23]

これによると、教員不足と「内地教員の招聘困難」という窮状を、教員養成制度の刷新、すなわち師範学校制度の構築および拡充によって打開することが計画されていたといえる。実際、「朝鮮教育令」の改変（1922年）を経て、朝鮮にも師範学校による教員養成体制が敷かれ、京城師範学校の開校を皮切りに、1923年までにすべての道に公立の師範学校が設立された。

しかし、各道に師範学校が設立されたとはいえ、それを以って朝鮮の教員不足が解消できたとは言い難い。1924年、総督府学務局編輯課長であった小田省吾は、「各地方に於ては段々普通学校を増設するに就て教員の不足を訴へつゝある関係上、各道に師範学校を設けて特科並に講習科を置いて之に依つて教員を急速に養成して補充を計つて居る次第であります。斯う云ふ風にして師範教育を認めて教員を養成して居るのでありますが。学校の増設に就ては中々教員が足らぬのであります」[24]と述べており、新設された師範学校制度の教員供給力では、必要数の教員を充分に確保することができなかったことがわかる。その後も、教員が不足する事態は継続し、大野謙一の『朝鮮教育問題管見』によれば、1934年以降は「遂に教員供給の大不足を訴ふることとな」[25]った。教員不足が解決を見ないまま、徴兵制や初等教育の義務化を控え、それまで以上に多数の教員を確保しなければならなかった1940年代には、「教員不足ハ鮮内教員養成機関ノミニ俟ツテハ到底自給自足ハ不可能」[26]と断言されるほど、総督府は教員不足に困窮していたのである。

ちなみに、朝鮮における教員は、師範学校での養成によってのみ確保されていたわけではない。その他のおもな教員確保事業としては、「内地」からの教員招聘と、教員試験による確保を挙げることができる。「内地」からの招聘とその停滞については次節で詳述するため、ここでは、教員試験による教員の確保状況について付言しておきたい。

朝鮮における教員試験は、1916年10月9日、「小学校及普通学校教員試験規則」（朝鮮総督府令第八十八号、以下「教員試験規則」）が定められたことにより、朝鮮における新たな教員確保形態として制度化された。最初に教員試験が行なわれたのは、1917年10月のことである。同年10月2日付の『朝鮮総督府官報』によれば、第1回初等学校教員試験は、10月9～15日の7日間にわたって実施さることとなっている[27]。以下の『第四十回帝国議会説明資料』からは、この第1回教員試験の実施に至る経緯およびその結果を窺うことができる。

> 本府ニ於テハ夙ニ小学校及普通学校教員養成機関ヲ設ケ年年多数ノ卒業者ヲ得ルモ尚之カ補充トシテ成ルヘク朝鮮事情ニ精通セル者ヲ採用スルノ必要アリ然ルニ相当学力ヲ有スル者ト雖尚教員資格ヲ有セサルモノハ任用ノ途ナキヲ以テ本規則（「小学校及普通学校教員試験規則」―山下註）ヲ発布シ本年（1917年―山下註）十月第一回試験ヲ行ヒタルニ受験出願者四百四十八人ニシテ合格者三十七名ヲ得タリ[28]

これによると、教員試験によって確保される教員は、朝鮮の教員養成機関によって確保される教員の「補充」として位置づけられていたこと、そして、1917年に行なわれた第1回教員試験では、出願者数が448名で、そのうち合格者は37名であったことがわかる。この合格者数の多少について評することは容易でないが、この時期も初等学校が増設中であったことや、未だ独立した教員養成機関である師範学校が存在していなかったことなどを勘案すると、少なくとも充分な数であったとは言い難い。しかし、試験によって確保される教員は漸次増加し、試験実施20年目の1937年には300名、翌1938年には492名の合格者を出し[(29)]、その後、1940年代に入っても、教員試験によって「新ニ教員トシテ採用シ得ベキ者ハ毎年四〇〇名内外」[(30)]という状況であった。また、朝鮮総督府の「昭和十八年度以降四ヶ年間ノ国民学校教員需給状況」によれば、終戦を迎える1945年には330名、翌1946年には400名を「検定合格等ニ依ル採用者」として確保する見込みであったことがわかる[(31)]。ただし、試験によって確保される教員数が増加していたとはいえ、朝鮮における教員不足の窮状は解決されず、むしろ深刻化する一方であったことは前述したとおりである。

以上見てきたように、初等学校は1910年以降、増加の一途をたどり、朝鮮総督府はこれに伴なう教員不足問題に常に直面していた。総督府は、師範学校体制の構築・拡充や教員試験といった策を講じたものの、最終的には、「到底自給自足ハ不可能」という窮状を「内地」に訴えるほど困窮していたのである。また、朝鮮総督府にとって、教員をめぐる問題は単に数が足りないという数量的な問題にとどまらず、その「素質」や「能力」の問題にまで至っている。前節で見たような思想問題についても、広義の「素質」問題に含まれようが、ここでは、「国語」の能力や、教授方法、資格といったもの、さらには単に「素質」、「素養」といった曖昧なかたちで語られるものの問題について以下検討したい。

まず、併合当初から問題視されていたのは、朝鮮人教員の「国語」力と教授方法であった。1912年12月の『朝鮮総督府月報』には、普通学校の朝鮮人教員について「国語の素養に乏しく教授の方法極めて拙にして教育上遺憾の点多し以て是本府は講習会を開設し主として力を国語の習熟に努め兼て新式の教授法を授け当該学校の内容を改善するの必要」[(32)]があると記されている。総督府や各地方によって開催される講習会のほか、こうした問題の解決を期されたのが師範学校制度の確立であった。1922年の「師範学校規程」には、「生徒教養ノ要旨」として、「国語ノ使用ヲ正確ニシ其ノ応用ヲ自在ナラシムコトヲ期シ常ニ之カ熟達ニ留意セムコトヲ要ス」[(33)]とある点からも、師範学校での教育によって、朝鮮人教員の「国語」力を向上させるというねらいを読み取ることができる。

では、朝鮮の師範学校においては、朝鮮人の「国語」能力向上をはじめ、教員としての「素質」が実際に培われていたのだろうか。以下の有吉忠吉政務総監（在任期間は1922.6.15～1924.7.4）の発言からは、1921年以降設置された師範学校における教育の実情は、そうした総督府の期待に応え得るものではなかったことがわかる。

> 朝鮮ニ於ケル教員養成機関ノ沿革ヲ考ヘマスト、初ハ全ク応急ノ施設ニ過ギマセンデ、其ノ内容形式共ニ遺憾ノ点ガ少クナカツタヤウデアリマス。近時教育制度ノ改正ニ伴ヒ、急激ナル初等普通教育ノ伸展ニ顧ミ、師範学校特設ノ必要ヲ認メ、現ニ各道ニ其ノ設置ヲ見ルニ至リマシタノハ、誠ニ適切ナル施設デハアリマスルケレドモ、尚草創ニ属シ、校舎ノ設備ハ勿論、其ノ内容ニ於テモ未ダ不充分ナルヲ免レマセヌ其ノ充実改善ニ関シ、各位ノ周密ナル考慮ト格段ナル努力ニ俟ツモノガ甚ダ多イコトヲ感ズルノデアリマス。[34]

草創期には、「校舎ノ設備ハ勿論、其ノ内容ニ於テモ未ダ不充分」という状態であった師範学校体制は、翌年の『朝鮮に於ける施設の一斑』においても「普通学校の増設に伴ひ、教師の需要著しく多数に上り、到底之に応じ得ない状態に在りますので、各道に於て修業年限三年の特科師範学校を設立して、其の急に応じて居る有様」[35]と評されているほか、1928年には、山梨半造総督（在任期間は1927.12.10～1929.8.17）によって「半島の師範教育の実情は遺憾ながら是れ亦改善を要するもの少なくない」[36]と言われている。すなわち、師範学校における教員養成の実情は、教員の「素質」や「能力」を改善するということよりも、数量的な不足を補うためのいわば応急措置としての性格が強かったといえる。さらに1929年には、「師範教育修了者の資格十分ならざるものあり、到底之を現状の儘趨移せしむるを得ない情勢に在る」[37]という状況に至り、「師範学校規程」の改変を経て師範学校の官立化が決定した。松浦鎮次郎学務局長（在任期間は1929.2.1～1929.10.4）は、師範学校を官立化する理由のひとつとして、「其の設備の点に於てまた其の教育の内容に於て優良なる施設を為し得る」[38]ことを挙げており、それまでの応急措置的な師範教育の「改善・充実」を図った。さらに、教員の「素質」向上に関して注目すべきは、師範学校の修業年限延長である。当初、「第二次朝鮮教育令」により、男子は普通科5年、演習科1年の計6年、女子は普通科4年、演習科1年の計5年とされていた師範学校の修業年限が、1933年、「朝鮮教育令中改正」により、演習科の修業年限が1年延長され、男子は普通科5年、演習科2年の計7年、女子は普通科4年、演習科2年の計6年となった。この「中改正」が行なわれる前に開かれた枢密院会議では、修業年限延長の理由が次のように述べられている。

初等学校ノ教員ヲ養成スルニハ国語ヲ常用スル者ニ対シテハ特ニ朝鮮語若ハ台湾語ヲ学習セシメ又国語ヲ常用セサル者ニ対シテハ特ニ国語ヲ修得セシムルノ要アルノミナラス其ノ他地域特殊ノ事情ニ考ヘ種々格別ナル訓練ヲ施スノ必要アリ之カ為ニハ現制ノ修業年限ヲ以テシテハ所期ノ効果ヲ挙クルコト甚タ困難ナルニ由リ……(39)

すなわち、修業年限延長の理由は、「内地人」には朝鮮語を学ばせ、朝鮮人には徹底して「国語」を修得させるため、そしてその他「種々格別ナル訓練ヲ施ス」ためであったことが窺える。

このように、総督府は講習会の開催や、師範学校制度の確立および「改善」を通じて教員の「素質」向上に努めたが(40)、結局は、1944年の時点でも、「急造・速成の初等教員に教科内容や教授法を体得せしめるための指導の組織を確立せねばならぬ」(41)状態であり、教員の「素質」は問題視され続けていた。

すなわち、朝鮮総督府は教員不足を打開するため、充分な数の教員を確保し続けなければならない一方で、彼／彼女らの植民地教員としての「素質」の確保・向上にも注意を払わなければならないという二重の課題に直面し続けていたのである。朝鮮において教員は、円滑な植民地経営に資するべく養成されてはいたものの、こうした教員をめぐる問題が桎梏となって総督府を困窮させていたこともひとつの実態である。

3．教員招聘の停滞問題

前節でも触れたように、朝鮮における教員不足を打開するひとつの手段とされたのは、「内地」からの教員招聘であった。ただし、単に不足分を補うということだけでなく、「内地人」教員の数を増やすという点にも、「内地」から教員を招聘する積極的な意義が存していたと考えられる。そこで、まずは朝鮮において植民地教育政策上、「内地人」の教員が必要とされていた点について確認しておきたい。

「内地人」教員が必要だった理由の第1は、朝鮮に居住する「内地人」、いわゆる在朝日本人の初等教育を担うべき存在として必要であったから、第2は、朝鮮人児童の教育を担う初等学校においても、「内地人」教員は「重要な」立場として位置づけられていたからである。2点目について敷衍すると、併合当初、初等学校校長のポストにはすべて「内地人」があてられた。1919年以降、制度的には朝鮮人教員にも校長への途が開かれることになったが、実際に校長に登用された朝鮮人教員は少数であったばかりでなく[42]、朝鮮人教員が校長に登用されたとしても、実際には、その地位は「内地人」校長と同様に認められることがないことさえあった[43]。さらに、校長でなくとも、「内地人」の教員は、同僚である朝鮮人教員の「指導・善導」や、社会教化の中心的な役割を有していた[44]。すなわち、植民地教育政策上、朝鮮の初等教育界には指導的な役割を果たすべき「内地人」教員の存在が必要だったのである。ただし、ここで注意したいのは、こうした「内地人」教員の内部には、もとより在朝日本人として朝鮮で生まれ育ち、朝鮮の師範学校で養成された「内地人」教員と、「内地」で生まれ育ち、就職の際に朝鮮に渡った教員とが混在していたことであり、また、1940年代に入ってより必要とされたのは後者であったということである。幣原坦が『朝鮮教育論』において、「朝鮮生れの子供がますます多くなり、従つて内地を知らない者の増加することは免るべからざる勢である」[45]と記しているように、1910年代から、在朝日本人の「内地」離れが問題化しており、実際、在朝日本人の中には「内地」に一度も行った経験のない「内地人」もいた。朝鮮における師範学校では、将来の初等学校教員にせめて一度でも「内地」の土を踏ましめんと、修学旅行で「内地」を訪問する機会が設けられてはいたものの、それさえ時局の影響で中止された時期もあり、朝鮮で養成された「内地人」教員の中には一度も「内地」へ行かずに教壇に立った者もいた。

朝鮮在住「内地人」の「内地」離れが問題視されていた中、「内地」で養成され、「内地」生活者としての知見を有した招聘教員は、朝鮮で養成された「内地人」教員に比して「内地」の実情に明るく、この点においては植民地である朝鮮で重用される存在であったといえよう。さらに、戦時体制期にかけ、「朝鮮人を立派な皇国臣民に造り上げるには、日本精神を充分体得させなければならない」[46]ということが強調されるに伴い、「内地」生活者としての知見を有する招聘教員への期待が高まるのは必然であった。実際、朝鮮でも「内地人」の教員が養成されていながらも、1942年の「教職員の共栄圏派遣に就いて」と題した論考には、「内地から優秀な教育者が進出する事が肝要」[47]であると主張されている。さらに、同年の「教育職員外国及外地派遣連絡協議会説明資料」にみられる「国民学校教員需給計画ノ内容」の以下の説明からは、「皇民化教育」の台頭に伴なう招聘教員への期待の昂揚を読み取ることができる。

国民学校内地人教員ノ朝鮮人教員ニ対スル比率ハ著シク低下ノ傾向ニ在ルヲ以テ国民学校制度ノ実施ニ伴フ皇国臣民教育ノ強化徹底ヲ期スルタメニハ内地ニ於テ教育ヲ受ケタル優秀ナル内地人教員ノ増加ヲ計ルノ要アルモノトス[48]

これによると、「内地ニ於テ教育ヲ受ケタル優秀ナル内地人教員」すなわち招聘教員の増員が必要とされており、その目的が、教員不足という窮状打開のためというよりも、初等学校における「皇民化」教育の強化・徹底の嚮導役を確保するためという点にあったことがわかる。

不足を補充するものとしてのみならず、「内地」生活者としての知見を有し、「内地」の実情に明るいという一種の利点を有した招聘教員は、朝鮮人児童、朝鮮人教員、そして朝鮮で養成された「内地人」教員に対しても「内地」の象徴的存在となり得る人材であったため、総督府がその招聘に積極的であったことには首肯できる。しかし、前節でも触れたように、1920年代には、「内地教員の招聘困難」という状況であった。さらに、招聘教員の必要性が増した1940年代には教員招聘の停滞がますます深刻化していたようである。例えば、1941年度、朝鮮から「内地」に要求された初等学校教員数は1,131名であったのに対し、実際に配当されたのは463名[49]、1942年度は要求数2,448名に対し、配当数516名[50]、1943年度は要求数1,000名に対し、配当数100名（見込）であった[51]。このように、実際に「内地」から渡って来た教員数（見込み数も含む）は、いずれも総督府が要求した人数の半数にも達しないのが実情であった。朝鮮総督府は、1943年、要求数の約5分の1程度しか教員を招聘することができなかった前年度の結果を踏まえたうえで、「朝鮮ニ於ケル国策的見地ヨリ教職員ノ素質ヲ向上シ皇国臣民教育ノ徹底ヲ期センガ為之ガ給源ヲ是非内地ヨリ仰ガントスルモノナリ」[52]と、教員招聘の意義と必要性を唱えつつ、教員の配当を懇願している。「国策的見地ヨリ」、「皇国臣民教育ノ徹底ヲ期センガ為」といった文言のもとに「内地人」教員の招聘・確保を図ろうとしていた点にこそ、教員を通じた植民地教育政策の戦略があったのである。しかし、実際の招聘教員数を見れば、そうした総督府の教員政策が困難を極めていたことは明らかである。すなわち、こうした招聘事業の滞りは、朝鮮の教員不足問題を深刻化させる一因でもあったが、ここでより重要なのは、「内地」からの招聘事業が滞ることによって「内地人」教員の割合が低下するということであった。これは、単に量的な「内鮮人」の均衡が保てなくなるということを意味するだけでなく、いわば「先導者」たる「内地人」教員の不在という植民地教育政策上の問題につながり得るという点で総督府にとっては深刻な懸念事項となっていたのである。

おわりに

本稿では、従来、植民地教育の「担い手」としてのみ把握されてきた教員の位置づけについて再検討することを課題とし、教員や教員をめぐる諸問題が、植民地教育政策に矛盾と停滞をもたらしていた側面の解明に重点を置いて論じてきた。

まず着目したのは、植民地朝鮮における教員の思想問題である。初等学校教員の思想事件の特徴は、朝鮮人教員が学校の教室や私宅にて朝鮮人児童に民族意識の伝達・育成を図るなど、教員の立場を「利用」していた点にある。思想を形成するプロセスの中でも初等教育段階を重要な時期とした点においては、朝鮮総督府と一部の朝鮮人教員の着眼点は共通していた。また、思想事件で検挙された教員の一部は、師範学校在学時、すなわち教員として養成される過程において、民族意識や独立思想を培っていたことも明らかとなった。独立した教員養成機関として、「特ニ徳性ノ涵養ニ力メ」ることとされていた師範学校においては、朝鮮人教員や朝鮮人生徒による秘密組織が存在し、独自の民族意識育成・昂揚活動が展開されることも少なくなかった。朝鮮総督府は、師範学校において植民地教育の円滑化に資するべき「優良な」教員の養成に努めたが、皮肉にも、実際にはむしろ朝鮮人生徒の民族・抗日思想を育む場として機能することさえあったのである。こうした教員の思想事件や師範学校の実態を明らかにすると、朝鮮における教員は単に植民地教育の「担い手」としてのみ捉えられるべき存在ではないことがわかる。

さらに、朝鮮における教員をめぐっては、その量と「質」の確保に綻びが生じていたことも明らかとなった。初等学校が植民地期を通じて増加の一途を辿ったことにより、教員の需要も増え続けた。朝鮮では、おもに師範学校体制の構築・拡充や教員試験、「内地」からの招聘などによって教員を確保・供給していたが、教員不足の窮状を打開することはできず、総督府は教員の確保に関しては常に困窮していた。また、教員が確保できないこととも関連して、植民地教員の「素質」の問題も存在していた。例えば、朝鮮人教員の「国語」力や教授法が問題視され、講習会の開催や師範学校制度の「改善」によってその向上が図られた。しかし、常に教員が不足しているという状況において確保・維持し得る「質」には限界があり、教員の「素質」に関する憂慮も1940年代まで継続していた。このように、朝鮮総督府は植民地期を通じて教員不足問題の解決と「質」の向上といった二重の課題を抱え込んでいたといえる。

また、総督府が教員の量や「質」の確保に困窮していたこととも関連するが、学校で「中心的」な役割を果たすべき「内地人」教員の招聘事業が、総督府の計画通りに遂行されていなかったことも、植民地教育政策上の「痛手」となっていた。特に、「皇民化」教育が強化・徹底される過程においては、「内地」の実情に明るい招聘教員の存在意義が顕在化し、その必要性が高まったが、実際の教員招聘数は、総督府が要求した数の半数にも達しない程度であった。そのため、総督府は「内地」に向けて教員の配当を強く懇願しているものの、充分に確保することができなかったことも明らかとなった。

以上、本稿では、教員をめぐる諸問題についてそれぞれ個別に検討したが、現実には、そうした問題が複合的に存在していたのである。こうした状況を踏まえたうえで、敢えて植民地朝鮮における教員集団を総体として捉えるならば、確かに、植民地教育の「担い手」として位置づけられる一方で、総督府の植民地教育政策に不安と停滞をもたらすことさえあった、いわば「リスクファクター」としての側面からも位置づけ得ることを認めざるを得ない。ただし、こうした二面的な特徴は、教員集団のどこを切り取っても悉皆確認できるというようなものではない。むしろ、民族や性といった属性や、個々の学校・教員に焦点を絞って見れば、いずれか一方の特徴が色濃いというケースが多いかもしれないし、そうした中身について詳しく検証していくことが重要であることもいうまでもない。ただ、本稿で課題としたのは、あくまで「植民地朝鮮における教員」と概括される際に与えられてきた位置づけの再考であったことをここで改めて確認しておきたい。

本稿では、朝鮮における教員および総督府の教員政策の実情についていくつかの知見を得ることが出来た。これらは、教員という存在を位置づける際に重要な手がかりとなり得るものであった点において、本稿は教員の位置づけを再考する研究の端緒を開いたといえる。しかし、時期的な問題や実証性という点に課題を残していることも認めざるを得ず、よりミクロな視点での緻密な検証が必要となる。この点が今後の課題となることを最後に付言しておきたい。

本稿は、平成20～21年度科学研究費補助金/特別研究員奨励費（研究代表者：山下達也「植民地教員の存在様態に関する研究」、課題番号20・01886）によって行なわれた研究成果の一部である。

【註】

(1) 代表的なものに、稲葉継雄の『旧韓国～朝鮮の日本人教員』（九州大学出版会、2001年）や山田寛人の『植民地朝鮮における朝鮮語奨励政策　朝鮮語を学んだ日本人』（不二出版、2004年）がある。

(2) 咲本和子「「皇民化」政策期の在朝日本人―京城女子師範学校を中心に―」、『国際関係学研究』、No.25、津田塾大学、1998年、81頁。

(3) 中内敏夫・川合章編『日本の教師6／教員養成の歴史と構造』、明治図書、1974年、221頁。引用部分は「Ⅲ－五．植民地における教員養成」（執筆者は山田昇）。

(4) こうした問題意識のもと、筆者はこれまでに、教員内部の多様性を描くことで、その実相を把握する試みを行なってきた。具体的には、朝鮮内部で養成された教員と、「内地」から招聘された教員（拙稿「植民地朝鮮における「内地人」教員の多様性―招聘教員と朝鮮で養成された教員の特徴とその関係―」、『日本の教育史学』第50集、教育史学会、2007年、97-109頁）、また、朝鮮の師範学校の頂点にあった京城師範学校卒業者とその他の師範学校卒業者（拙稿「植民地朝鮮における初等学校教員の養成と配置」、『国際教育文化研究』第6巻、2006年、137-148頁）、養成段階における「内地」生活経験の有無（拙稿「植民地朝鮮の師範学校における「内地人」生徒―官立大邱師範学校を中心に―」、『歴史学研究』第819号、2006年10月、23-31頁）、教員試験を経た教員（拙稿「植民地朝鮮における初等学校教員の確保形態―教員試験を中心に―」、『飛梅論集』、九州大学大学院人間環境学府、第8号、2008年、117-130頁）、教員の性差（拙稿「植民地朝鮮の教員社会における性差」、『国際教育文化研究』、国際教育文化研究会、第8号、2008年、47-58頁。）等に着目してきた。

(5) そのほか、1919年4月15日に施行された「政治ニ関スル犯罪処罰ノ件」（朝鮮制令七号）によって取り締まられることもあり、同朝鮮制令が「治安立法の前史」に位置づけられることもある。（荻野富士夫編『治安維持法関係資料集』第1巻、1996年、21-22頁。）

(6) 高等法院検事局『朝鮮治安維持法違反調査（一）資料—大正十四年五月十二日施行日より昭和三年二月末日迄確定判決—』、1929年、2頁。

(7) 1926～1933年の人数については、拓務省管理局「朝鮮ニ於ケル治安維持法違反者職業調」（同『朝鮮ニ於ケル思想犯罪調査資料』1935年3月、「桜田文庫」所収、謄写刷、国立国会図書館憲政資料室所蔵）を、1934～1938年（1～10月）の人数については、高等法院検事局「最近に於ける思想犯罪に関する調査」（高等法院検事局思想部『思想彙報』、第17号、1937年12月）を、1939年の人数については、高等法院検事局「最近に於ける思想犯罪に関する調査」、前掲『思想彙報』、第24号、1940年9月）を、1941～1943年（1～6月）の人数については、高等法院検事局「最近に於ける思想犯罪に関する調査」、前掲『思想彙報』続刊、1943年10月）を参照した。

(8)「国民学校令」、第1条、1941年。

(9) 学務局長（真崎長年）談「国民学校制度実施に際して」、『文教の朝鮮』、朝鮮教育会、1941年4月号、6頁。

(10) 1941年1～9月に確認できる5件のうち、本稿でとりあげなかった1件の事件は、検挙された教員が「内地人」が朝鮮人かが不明である。検挙者が「内地人」であったか朝鮮人であったかということは、思想事件の位置づけや意味を検討するうえで重要な問題であると考えられるため、ここではとりあげなかった。

(11) 朝鮮総督府警務局「鮮内学校職員並学生生徒ノ思想事件検挙調（自昭和十五年十二月至昭和十六年九月）」、朝鮮総督府『昭和十六年十二月第七十九回帝国議会説明資料』、1941年。

(12) 出典はいずれも前掲「鮮内学校職員並学生生徒ノ思想事件検挙調」。

(13) 大田地方法院「昭和十六年予第二十号 予審終結決定」、1943年。

(14) 同上。

(15) しかし実際は、朝鮮における師範学校の牙城たる京城師範学校においては、生徒の大多数が「内地人」であり、一方、それ以外の各道に設置された地方師範学校の生徒の大多数は朝鮮人という、不均衡な「内鮮共学」であった点を指摘しておかねばならない。こうした師範学校における不均衡な「内鮮共学」の実態については、拙稿「植民地朝鮮における「内地人」教員の多様性—招聘教員と朝鮮で養成された教員の特徴とその関係—」（前掲）で言及している。

(16)「朝鮮教育令」、第13条、1922年。

(17) 片桐芳雄「官立大邱師範学校・覚え書き」（『教育学年報』、第9巻、世織書房、2002年、433-456頁）は、大邱師範学校における民族運動・事件の概要を明らかにしている。

(18) 大邱師範尋常科同門会『大邱師範尋常科誌』（韓国語文献）、1991年、365-486頁。

(19) 申鉉夏『恨の海峡』、石風社、1996年、94頁。

(20) 同上、95頁。

(21) 少なくとも、大邱師範学校で最初に朝鮮人教員・生徒が思想問題で検挙された1932

年には、平壌師範学校においても、18名の朝鮮人生徒が思想事件で検挙されている。（拓務省管理局「朝鮮ニ於テ昭和七、八年中検挙シタル赤化学校」、『改正治安維持法参考資料』1934年、「山岡萬之助関係文書」所収、学習院大学法経図書室所蔵、謄写刷。）また、その2年前の1930年には、全州公立師範学校に「親愛する白衣同法よ！男女学生大衆よ！猛烈に闘へ云々」と記した紙10枚が発見されるという事件が起きている。（朝鮮総督府警務局極秘文書『光州抗日学生事件資料』（復刻版、1979年、風媒社）322頁。）

(22) 朝鮮総督府内務部学務局『朝鮮教育要覧』、1915年、26頁。

(23) 朝鮮総督府『朝鮮に於ける新施政』、1920年、46-47頁。

(24) 小田省吾「朝鮮教育に就て」、朝鮮総督府『朝鮮』、1924年6月号、51頁。

(25) 大野謙一『朝鮮教育問題管見』、朝鮮教育会、1936年、268頁。

(26)「外地派遣教員ノ件（秘）朝鮮総督府学務局長　内務省管理局長宛」、拓務省『本邦ニ於ケル教育制度並状況関係雑件　外地派遣教員割当関係』、1942年、広瀬順皓監修『外務省茗荷谷研修所旧蔵　戦中期植民地行政史料　教育・文化・宗教篇』所収、ゆまに書房、2003年12月。

(27) 朝鮮総督府『朝鮮総督府官報』、1917年10月2日。

(28) 朝鮮総督府『第四十回帝国議会説明資料』1917年、96頁。

(29) 朝鮮総督府「公立国民学校教員供給状況調」、拓務省『本邦ニ於ケル教育制度並状況関係雑件　朝鮮関係』、1942年、前掲『外務省茗荷谷研修所旧蔵記録　戦中期植民地行政史料　教育・文化・宗教編』所収。

(30) 朝鮮総督府学務局学務課「教育職員外国及外地派遣連絡協議会説明資料」1943年3月。拓務省『本邦ニ於ケル教育制度並状況関係雑件　外地派遣教育割合関係』、前掲『外務省茗荷谷研修所旧蔵記録　戦中期植民地行政史料　教育・文化・宗教編』所収。

(31) 朝鮮総督府「昭和十八年度以降四ヶ年間ノ国民学校教員需給状況」、拓務省『本邦ニ於ケル教育制度並状況関係雑件　外地派遣教育割合関係』、前掲『外務省茗荷谷研修所旧蔵記録　戦中期植民地行政史料　教育・文化・宗教編』所収。

(32) 朝鮮総督府『朝鮮総督府月報』、第2巻第12号、1912年12月、98頁。

(33)「師範学校規程」、第五条、1922年。

(34) 有吉忠一「公立師範学校長会同ニ際シテ政務総監訓示」、1924年2月4日、朝鮮総督官房文書課『諭告・訓示・演述総覧（二）』、1941年、449頁。

(35) 朝鮮総督府『朝鮮に於ける施設の一斑』、1925年、14頁。

(36) 山梨半造「臨時教育審議委員会に於ける総督挨拶要旨」、1928年6月28日、朝鮮総督府『朝鮮施政に関する諭告、訓示並びに演述集（一）』、1937年、397頁。

(37) 松浦学務局長「朝鮮教育令の改正に就て」、『文教の朝鮮』、1929年5月号、26頁。

(38)『文教の朝鮮』、第45号、1929年5月、27-28頁。

(39) JACAR（アジア歴史資料センター）Ref.A03033418300、枢密院審査報告・1933年・朝鮮教育令中改正ノ件外一件、（国立公文書館）。

(40) 一部、教員試験を通じて「質」の向上を図っていたこともあった。この点に関しては、拙稿「植民地朝鮮における初等学校教員の確保形態―教員試験を中心に―」

（前掲）を参照されたい。

(41) 尾高朝雄「朝鮮教学論」、『文教の朝鮮』、1944年6月号、18頁。

(42) 古川昭によれば、朝鮮人教員は、「日本人訓導にまさる忠誠心を顕示して評価をえなければ、到底校長の地位を手にすることはできなかった」という（古川昭「公立普通学校の朝鮮人校長登用問題」、『アジア教育史研究』、第5号、アジア教育史学会、1996年、38頁）。

(43) 元在朝日本人たちへのインタビュー調査により、こうした点についての証言を得た。詳細については拙稿「植民地朝鮮における「内地人」教員の役割」（前掲）を参照されたい。

(44) こうした「内地人」教員の役割についても、上掲「植民地朝鮮における「内地人」教員の役割」にて詳しく論じている。

(45) 幣原坦『朝鮮教育論』、六盟館、1919年、304-305頁。

(46) 朝鮮総督府学務局学務課『朝鮮教育の概観』、1939年、9頁。

(47) 清水虎雄「教職員の共栄圏派遣に就いて」『帝国教育』、第761号、1942年3月、23頁。

(48) 朝鮮総督府「教育職員外国及外地派遣連絡協議会説明資料」、拓務省「本邦ニ於ケル教育制度並状況関係雑件　外地派遣教員割当関係」1942年、前掲『戦中期植民地行政史料　教育・文化・宗教篇』所収。

(49)「昭和十六年度外地派遣教員調」、拓務省「本邦ニ於ケル教育制度並状況関係雑件　外地派遣教員割当関係」1942年、前掲『戦中期植民地行政史料　教育・文化・宗教篇』所収。

(50)「昭和十七年度外地派遣国民学校教員配当予定表」、拓務省「本邦ニ於ケル教育制度並状況関係雑件　外地派遣教員割当関係」1942年、前掲『戦中期植民地行政史料　教育・文化・宗教篇』所収。

(51)「昭和十八年度国民学校及中等学校教員配当調」、拓務省「本邦ニ於ケル教育制度並状況関係雑件　外地派遣教員割当関係」1942年、前掲『戦中期植民地行政史料　教育・文化・宗教篇』所収。

(52) 朝鮮総督府学務局「朝鮮における学校教育に関する調書　参考資料」、1943年、朝鮮総督府「本邦ニ於ケル教育制度並状況関係雑件　外地一般関係　義務教育関係参考資料」所収。

Ⅲ．研究資料

翻訳『韓国の小学校歴史教科書——初等学校国定社会・社会科探究』

三橋広夫

本書は、2000年より順次施行されている第7次教育課程（日本の学習指導要領にあたる）に基づいた初等学校（小学校にあたる）6年生社会科教科書の翻訳である。

原著・初等学校『社会6-1』の古代・原始部分

韓国の教育課程

本書の内容に入る前に、韓国の教育課程がどのように変わってきたかを述べてみたい。

教科中心に設定されていた第1次教育課程（1954年告示）が、1963年の第2次教育課程で経験中心のものに変わり、1973年に告示された第3次教育課程では、「国籍のある教育」の名の下に国史を必修教科として教科書を国定にした。中学校・高等学校では社会科から国史科を独立させた。ここで重視されたのは、植民地史観の克服と民族的自負心の矜持の二つだった。これは、前年の10月に「維新体制」を宣言して独裁性をさらに強化した朴正煕政権の教育政策でもあった。その後、民主化が進むと教育課程も改訂され、第6次教育課程（1992年告示）を経て、第7次教育課程（1997年告示）では、「生徒中心の教育課程」がうたわれている。

その間に、国民の運動によって従来の国民学校（日本の植民地支配下からその名称が変わっていなかった）から初等学校に名称が変更されたのが、1995

年のことであった。7次教育課程は、韓国の教育を選択と多様化を軸とした教育へと大きく変えた。そして、その変化は、「国民教育憲章」「教育法」の廃止および「教育基本法」「初等・中等教育法」の制定と相まっていた。

反共ナショナリズムを国民に注入することを目的としていた「国民教育憲章」とその精神を法的に支える「教育法」は、教科書以外の教材を使って授業をした教師を裁判で有罪とするなど、教育への国家権力の干渉が行われる法的根拠となっていた。それが廃止され、代わって「教育基本法」「初等・中等教育法」が制定され、子ども・保護者、教員の権利が明記されるとともに、教員と地域・父母の代表で構成される学校運営委員会が設置され、教育の民主化が進められるはずであった。

ところが、実際は、英才教育、科学技術教育、情報化教育の振興とともに、グローバル化を強く意識した教育が推し進められ、選択と多様化は強い競争原理として働き、塾・予備校が乱立し、子どもたちはさらに呻吟することとなった。

なぜ翻訳したか

こうした背景で出版されている韓国の初等学校6年生社会科教科書を翻訳したのには、三つの理由がある。一つは、第6次教育課程下の教科書の翻訳である『わかりやすい韓国の歴史——国定韓国小学校社会科教科書』(明石書店、1998、以下『旧版』)の「あとがき」にあるように、「これまでとかく教科書の一部だけを取りあげて、それがすべてであるかのような錯覚を起こさせる韓国教科書の議論があったが、全訳本の完成により、国民だれもが自らの目をもって教科書を吟味し、そのうえで議論すること」を可能とするためである。二つは、現行の教科書を翻訳し、『旧版』のそれと比較することによって、韓国の歴史教育がどちらの方向に向かっているかが明らかになるからである。三つは、韓国教科書の翻訳が日本で出版されるとなれば、教科書執筆者も自国民だけでなく、世界に向かって発言しているという実感を持ってくれるのではないかという期待もある。もちろん、これは韓国の教科書執筆者だけでなく、日本の教科書執筆者にも当てはまることである。

『旧版』との最も大きな違いは、原始・古代から現代に至るまでを1冊にまとめていることがあげられる。『旧版』は古朝鮮の建国から1945年までの韓国史を扱い、1945年以降については『社会6-2』、すなわち政治・経済・社会の分野で併せて記述されていた。そのため、『社会6-1』の翻訳である『旧版』には、1945年の解放以後の歴史の部分は翻訳されていない。今回の翻訳では、教科書が現代まで記述しているため、韓国の小学生がどのような歴史を学んでいるか、その全体像をつかめるようになったといえる。そして、副読本『社会科探究』も合わせて翻訳した。これは、ほぼ教科書と同様な性質の著作物であり、実際の授業でも2冊をともに学んでいる。それをいっしょに翻訳できたことは、韓国初等学校の歴史教育の実状を探る、よい材料を提供できたと思う。

人物中心の前近代史

では、内容に入っていこう。まず、『旧版』と構成の比較をしておこう。

『旧版』	現行
1　わが民族と国家の発展	1　わが民族と国家の成立
(1)歴史が長い私たちの国	(1)ひとつにまとまった民族
1　檀君王倹	①はじめてたてられた国古朝鮮
2　広開土大王と文武王	②力を競って成長した三国
3　王建	③三国を統一した新羅、高句麗を受け継いだ渤海
4　李成桂	(2)民族を再び統一した高麗
(2)国を守った先祖たち	①高麗の建国で変わった政治
1　乙支文徳	②逆境にうち勝って花咲いた高麗文化
2　姜邯賛	(3)儒教を政治の根本とした朝鮮
3　李舜臣	①政治改革で新しい国を
(3)歴史を輝かせた先祖たち	②文化の発達と民衆の生活のようす
1　世宗大王と蒋英実	③二度の戦乱の克服
2　許浚と朴趾源	
3　崔茂宣と李珥	
(4)わが民族の海外進出	
1　王仁と曇徴	
2　新羅坊と碧瀾渡	
3　朝鮮通信使	
2　近代化の努力	2　近代社会へ進む道
(1)外国文化との出会い	(1)新しい社会への動き

1 ベルテプレとハメル	①社会変化のための庶民の努力
2 異様船	②豊かに暮らす民衆、富強な国に
3 修交と通商	③幸福を祈り、平等な世の中を願って
(2)新しい社会への動き	(2)外勢の侵略とわが民族の対応
1 開化運動	①斥和碑を建てた理由
3 独立新聞と独立協会	②朝鮮、どこへ行くべきか
4 近代教育	③大韓帝国を宣布した意味は
(3)近代文化の発達	
1 衣食住生活の変化	
2 宗教生活と文学	
3 電話と列車	
4 種痘法と広恵院	
3 国権回復のための努力	3 大韓民国の発展
(1)光復のための努力	(1)国を取りもどす努力
1 義兵戦争	①銃とペンをとって戦った先祖たち
2 民族の受難	②大韓独立万歳、韓国光復軍万歳
3 三・一運動	(2)大韓民国の樹立と発展
(2)大韓民国臨時政府と独立戦争	①分断を踏みしめて成立した大韓民国
1 大韓民国臨時政府	②民主市民が勝利した日々
2 韓人愛国団と光復軍	③漢江の奇跡から統一に
3 青山里大捷	
(3)民族の実力養成と文化守護運動	
1 学校の民族運動	
2 国産品愛用運動	
3朝鮮語学会のハングル普及	
4わが歴史と文化を守った人びと	

ここで明らかなように、『旧版』の前近代史は人物中心に記述され、特に檀君の存在が事実であるかのように書かれている。同じように現行でも檀君は登場するが、「檀君建国物語」とあくまでも『三国遺事』に出てくる「物語」として記述されている。訳者としては、さらにこれを推し進めて、古朝鮮の単元ではなく、高麗の単元で、一然（イリョン）がなぜ『三国遺事』に檀君を登場させたのか、という記述となれば、韓国の子どもたちの歴史認識をより豊かにすることができるのではないか、と考えている。

そして、「王仁（ワンイン）と曇徴（タムジン）」「朝鮮通信使」の単元では、日本に文化を伝えたことが強調され、文化施恵論的な論調が展開されていたが、現行教科書ではそれが消えている。「朝鮮通信使」が「選択学習」の1項目となってしまったことはとても残念だが、「もし今自分が日本や他の国に通信使としていくとすれば、わが国の何を伝え、その国の何を受け入れてくるか話し合ってみよう」という課題設定は、納得のいくものとなっている。

ただ、通史的になって、人物が後景に押しやられると、子どもたちにとっては難しい内容となることは否めない。さらに2011年より施行される「改訂第7次教育課程」では、歴史の学習がこれまでの6年生から5年生に移行することを考えると、このままの通史の内容では学習にかなり無理があるように思われる。

『旧版』の人物は、ひたすら支配者たちが並んでいた。「歴史が長い私たちの国」では5人の王が登場する。国を守り、歴史を輝かせ、海外進出をしたのは、聡明な王たちであり、王に仕える学者たちであった。教科書からはそうしたメッセージを発していた。しかし、現行教科書では「ひとつにまとまった民族」とか「民族を再び統一した高麗」などのように民族を強調するきらいはあるものの、民衆にも目を向けていることが指摘できる。例えば、朝鮮時代の農民の「1年間の農作業」が一覧表になったり、両班と常民の生活にもふれ、「近代社会へ進む道」では、「社会変化のための庶民の努力」が取り上げられている。

民衆の動きを取り上げる近現代史

『旧版』では、欧米諸国との接触から近代を叙述していたが、現行教科書は朝鮮時代の庶民の生活や実学の発達、そして韓国近代史で欠くことのできない東学の起こりから叙述しているところにその特徴がある。

東学については、近代に起こった宗教の一つとして簡単に叙述されていた『旧版』とはちがって、朝鮮後期の民間信仰の起こりの延長線上に東学を位置づけ、教理についてもかなり詳しく説明している。そして、そうした民衆の支えによって、日清戦争時のさまざまな活動に結びつく、としているのである。

また、『旧版』にあった「民族の受難」という項目がなくなり、日本の植民地支配のありようはほとんどふれられず、もっぱら韓国人の独立運動が記述され、大韓民国臨時政府の正統性を強調している。それは、日本の支配から現在までを「大韓民国の発展」という章のなかで記述していることからもわかる。

現行教科書の特徴が最もよく現れるのは、「民主市民が勝利した日々」であろう。「大韓民国がうちたてられて以後の、わが国の民主政治の成長過程について調べてみよう」として、1960年の4・19革命から始まって、1980年の5・18民主化運動、1987年の「6月民主抗争（「抗争」は、日本語では「闘争」の意味—訳者）」が一連の流れとして記述されている。当時の写真などを紹介してその雰囲気を伝えてもいる。そして「6・29民主化宣言の内容をみて、わが国の政治がどのように変わったか比べてみよう」という作業を提起している。

教科書の最後の課題（単元の整理学習）では、「4・19革命、5・18民主化運動、6月民主抗争を比べ、共通してなしとげようとしたことは何か調べてみよう」と提起し、「なぜおきたか、どのようなことがおきたか、共通してなしとげようとしたこと」を調べて、空欄に書き入れるようになっている。

これらは、最近「教科書フォーラム」という右派勢力によって攻撃の対象となっている事項でもある。例えば4・19革命は「4・19学生運動」に、5・18民主化運動は「経済発展からの疎外と金大中（キムデジュン）逮捕に触発された事件」にするよう主張している（ただし彼らが2008年に発刊した『代案教科書韓国近現代史』ではそう記述していない）。

これから発行される教科書は、国定から検定に変わる。しかし、李明博（イミョンバク）政権下で検定が厳しく、それも「教科書フォーラム」のような主張に沿って行われることが予想されるなかで、韓国の教師たちも日本の家永裁判に学びつつ、よりよい授業をめざして奮闘している。

台湾総督府編修官加藤春城の「自伝畧叙」

陳 虹 彣

はじめに

加藤春城（1889—1953）は、台湾での教科書編纂に長く携わった教育者・教育官僚である。彼は1906（明治39）年に台湾国語学校師範部甲科に入学し、1908（明治41）年に卒業してから国語学校、附属公学校、一般公学校、中学校などで教諭を勤め、教育現場での教職経験を積みながら、台湾総督府の編修書記や台湾教育会会誌の編輯事務なども勤めた。その後、昭和期から台湾総督府編修官に任命され、1938（昭和13）年に編修課長に就任し、27年間にわたって台湾の教科書編纂に従事していた。彼は編修課長としての在任期間中、第4期の『公学校用国語読本』・第5期の『国民学校コクゴ／初等科国語』をはじめ、台湾の各教育機関用の「国語」教科書編纂に数多く携わってきた。

筆者が2005年に発表した「台湾総督府編修官加藤春城と国語教科書」は、加藤の経歴の一部と、彼が台湾の第4期と第5期国語教科書に与えた影響について検討を行なったものであった(1)。今回、筆者は加藤のご家族のご協力と許可を得て、本人が亡くなる4年前の1949（昭和24）年に記した「自伝畧叙」（以下「自伝」と略称）を公表することとなった。この「自伝」では、これまで論じられなかった加藤が台湾へ渡るまでの経緯、及び1943（昭和18）年3月の退官後の行方が記されている。本稿においては、「自伝」の全文を掲載し、その中に記載されている重要な内容について検証を行ないたいと思う。

一、加藤春城の「自伝畧叙」

（一）作成経緯

加藤の「自伝」は縦書きの400字詰原稿用紙15枚から成り、ご家族の方によって1から15までのページ数が付けられている。作成当時加藤はすでに病気で手足が不自由な状態であったため、加藤の口述を妻が記録・整理してから、次女が原稿用紙に清書したという[(2)]。

ご息女の話によれば、戦後1946年に故郷広島に引き上げた加藤は台湾での功績があるだけに名士扱いされ、地元の選挙に出てほしいとのオファーもしばしばあったとのことであった。実際に加藤が出馬することはなかったが、自分の半生を振り返る意味を含め、選挙絡みの目的で記されたのが、生前に公表されることのなかった「自伝」である[(3)]。

「自伝」には主に加藤の一生の重要な出来事が時間軸に沿って記されている。特に台湾に残された資料には記述されていない、出生地広島での経歴と台湾へ渡るまでの経緯が詳しく記されているだけでなく、退官後の行方についても詳しく書かれていることが特徴といえるだろう。まずは「自伝」の本文をみていくこととしよう。

（二）「自伝畧叙」本文

私の出生は戸籍には明治十九年八月十五日となっているが、これは届出が遅れた為で、実際はその前年の十一月十六日である。しかし、書き分けるのは煩わしいから、以下すべて戸籍通りにしておく。

私は六才で井原簡易小学校に入学、九才で卒業した。在学中に学制の変更があったので、卒業証書には、尋常小学校四ヶ年課程卒業となっている。尋常小学校卒業後、すぐに佐久間延之先生の私立遷喬館にはいった。ここの学科は漢文が主で、其他に地理、歴史、数学、物理などもあった。明治三十二年三月、同館を卒業した。同級生は多い時には十六、七名もいたが、卒業したのは五、六名に過ぎなかったように記憶する。私は卒業後も半年余り通ったから、在塾期間の永かったことは、前後を通じて私が第一であった。腕白時代だったので、先生にお世話をかけたことは一通りでなかった。しかるに先生の御存命中、何等謝恩のことをなし得なかったのは、今となってますます残念である。

塾を退いた後は、家にいて農業の手伝いなどをしながら、早稲田の法律科講義録をとって勉強していた。これが三十四年四月頃までつづいた。当時私の志望は、機会があったら東京に出て法律を専修し、弁護士の試験を受けることであった。ところが五月広島の林野整理局に務めていた兄のところへ行った時、兄から、もっと普通学を勉強しなければと諭されて、ついその気になり、其まゝ兄のところにいて、数学や英語の勉強をはじめた。二ヶ月余りたって、意外にもこの兄が急病で亡くなった。これは私の家にとっても、私自身にとっても、大きな打撃であった。兄の不幸にあった為、私が都会に出て勉強するには、先ず自活の道を立てなければならなくなった。そこで手取り早い方法として、教職を選んだ。

これが縁となって、一生を教育界に過ごすこととなったのである。まっしぐらに法律を勉強していたら、もっと波瀾のある生涯を送ったかもしれないし、或は大きな失敗を演じていたかもしれない。これは神より外にはしるよしもない。

明治三十四年十月広島県教育会講習部の、其年四月から始っていた組に、補欠として入学した。其頃又別に尋常小学校正教員の検定試験も受けた。三十五年三月講習部卒業、尋常小学校准訓導の免許状を受け、直ちに安佐郡三篠尋常小学校に奉職した。前年十月受験した尋正(4)の学科試験には全科合格、五月始、体操と教育の実地試験を師範学校で受けた。数日前からの発熱を押して出頭したところ、体操の試験中遂に倒れ、欠席と同様な取扱いを受けた。宿に帰って医師の来診を求めたところ、肋膜炎と診断されたので、直ちに帰郷した。学校は退職して専心療養につとめ、八月末ようやく全快した。十一月小越尋常小学校に奉職したが、田舎は勉学に不便であると思い、四ヶ月で退職、三十六年二月広島市に出た。

市から通勤出来る安芸郡仁保島村向洋尋常小学校へ奉職する予定であったが、仲介者の手違いから、同郡坂村横浜尋常小学校へ廻された。余義なく同地に赴任、そこから毎土曜日、広島に出て、其晩と日曜日とに、師範学校の長屋、田中、敷田の諸先生、広島中学の古賀先生、高師附属中学の大島先生等の私宅に通い、国語、化学、数学、英語、物理の指導を受けた。これら諸先生への紹介は概ね長屋先生であった。先生は親しく二年余りも国語を教えて下さった上に、こんな世話までして下さった。誠に大恩のある先生であった。何分短い時間に多くの先生方のところへ通うのであるが、当時の私の勉強法は独習しておいて不審の点を尋ねるという式であった。其頃の勉強目標は教員検定であったが、尋正の試験はもはや時間の問題であると思い、こんどは小学校本科正教員の試験を受けることに主力をそゝいだ。同年と翌三十七年の二回受験して、教育、国語、漢文、数学、化学、地理、歴史七科目の合格証明書を受けた、三十七年には又尋正の実地試験も受けて合格、七月免許状を下附され、訓導に任命された。

三十八年五月横浜尋常小学校を退職、広島市本川尋常小学校に奉職した。此頃から主として英語の勉強につとめた。古賀先生も大変力を入れて下され、殆ど毎日のように通って教えを受けた。翌年三月先生が退職して郷里長崎に帰られる頃には、君はもはや中学卒業以上の力があるといっておられた。この先生は後に、対外史料の研究で知名の学者になられた。同年九月荒神町尋常小学校に転勤、十二月退職した。これは明年は徴兵適齢であるから、合格して入営することにでもなれば勉学が頓挫する。是非ともそれまでに専門学校入学試験検定を受け、徴兵猶予のある学校に入学しなければならぬと思い、専ら其準備につとめるためであった。ところが試験に先立って徴兵検査の期日が来たので、四月末帰郷して検査を受け、その結果乙種合格補充兵となった。其頃家では父がすでに教職を退き、家計が困難を極めていたので、一たん帰って見ると、又すぐに飛び出すにしのびなかった。そこでいくらかでも家計の手伝をしたいと思い、五月南部高等小学校に奉職した。九月台湾総督府国語学校師範部甲科入学試験を受けた。十月向原高等小学校に転勤、間もなく国語学校入学許可の通知があったので、十二月向原を退職した。

同月二十五日門司出帆渡台の途につき、二十九日基隆に上港、其日台北の国語学校学寮にはいった。師範部甲科というのは、其頃中学卒業及び同等以上の学力ある者を収容、一年三ヶ月教育して、台湾初等教育の幹部教員にするという制度であった。一切官費で、毎日の小遣までくれた。其上徴兵猶予の特典があり、卒業生は六週間現役ですむので、割合に優秀な学生が集った。同期生は三十名であったが、中学校を卒業しない者は私一人で、其他はすべて各府県の公立中学卒業生であった。

四十一年三月首席で同校卒業、台湾公学校教諭免許状を授与され、直ちに同校附属公学校に奉職した。公学校というのは、台湾人の子弟を収容する小学校のことで、附属公学校は台湾人初等教育の研究や教育実習生の指導をするのが、その任務であった。同校に六年勤続、大正三年三月台北市内大稲埕公学校首席教諭に転勤した。この学校は当時、建築の規模の大きいことからいっても、職員や児童数の多いことからいっても、全島第一であった。

二年半の後大正五年十月台湾総督府編修書記に任ぜられ、学務部編修課勤務となり、教科書の編輯に従うこととなった。同時に台湾教育会の機関誌、台湾教育の編輯をも担当した。台湾教育会のためには、台湾教育の編輯を主宰したばかりでなく、在官中引つづき幹事や理事として同会の機務に参画した。大正六年妻をめとり、翌年九月長女が生れた。大正八年五月教科書印刷の用務を帯びて東京に出張、三ヶ月滞在した。其後内地で教科書を印刷するのが私の仕事の一つのようになり、殆ど毎年のように東京、大阪に出張した。仕事の性質上、いつも滞在が長期に亘ったので、在官中内地出張の期間を累計すると、三ヶ年以上にも及んだであろう。大正九年長男が生れた。十年五月文部省中等教員国語科、漢文科の予備試験を台北で、十一月本試験を東京で受けて合格、十二月両科の免許状を下附された。大正十一年七月長男を失う。

大正十二年四月摂政宮殿下台湾へ行啓の時、奉迎委員を命ぜられ、運動会や教育展覧会の事務に当り、なお教育会から特に派遣されて各地御巡啓の御模様を記録した。五月台北第一中学校教務を嘱託され、七月まで漢文科の教授を担当した。これは同校へ転勤の前提であったが、条件が意に満たなかったので中止した。十三年五月次女が生まれた。十五年九月台湾教員検定委員会臨時委員を命ぜられた。其後出張不在の時を除く外は、毎年この委員となり、国語科、漢文科を担当した。十五年十月北白川宮大妃殿下台湾へ御成りの際、記録係として終始側近に従い御動静を記録した。殿下が台北第一高等女学校に御成りの時、台北市内各高等女学校生徒の合唱した奉迎歌は私が作製した。其後も幾度か各宮殿下が台湾へ御成りになったが、其都度、台北市の依嘱を受けて、学校生徒や一般市民の、奉迎旗行列、提灯行列の行進歌を作った。今の皇太子殿下と義宮様のご誕生の時の祝賀の歌も作製した。其後、台湾各地の小学校、公学校、中等学校から依頼され、校歌を作ったことも四十あまりある。市や街や庄の歌も数篇作った。廈門、汕頭、広東の日本人小学校、台湾籍民学校の校歌も全部私が作ったものである。

十五年十月台北第一高等女学校教諭に任ぜられ、十二月台湾総督府編修官兼任となり、高等官七等従七位に叙せられた。昭和二年三月編修官専任となり、七級俸を下賜された。女学校の授業を受持ったのは本務として半年ばかりと、その前後に嘱託として手伝ったのを合わせて一年程であった。四月文官普通試験臨時委員を命ぜられた。其後も毎年のようにこの委員を命ぜられ、国語、漢文、地理、歴史を担当した。十一月三女が生れた。四年六月次男が生れた。七年十月父を失う。十一年一月全島視学講習会講師を命ぜられた。講習会講師としては、この講習会ばかりでなく、教員講習会、国民精神文化講習会或は国語講習会講師講習会等の講師を命ぜられたこと、前後十数回に及んでいる。四月朝鮮及び満州へ出張を命ぜられ、一ヶ月余に亘って各地を視察した。

十三年四月編修課長を命ぜられ、六月高等官三等、七月台湾総督府視学官兼任、八月従五位に叙せられた。十四年六月文部省主催の国語対策協議会に出席した。この会議は外地や中国占領地に於ける日本語教科書に関する問題を討議する為であった。私は台湾に於ける国語普及の状況や国語教科書の編輯について報告し意見を述べた。十六年六月にも同様の会議が開かれ再び出席した。十四年四月広東特務機関より教科書の編輯を依嘱され、十二月から翌年一月にかけ広東へ出張、往復とも汕頭に寄港した。十五年四月日本語教科法指導の為、厦門に出張。昭和十五年七月台湾教育制度審議会幹事を命ぜられた。これは台湾教育令を改正し、内台人の差別教育を全く撤廃して、台湾人にも義務教育を施そうとする制度の審議をする、重要な会議であった。十六年六月勲四等に叙せられた。十七年八月日本語教科書原稿審査の為、海南島政務機関より招聘され、同地に出張。この頃はすでに海上の交通が危険だったので、飛行機で往復した。翌年内地への往復も同様であった。十七年九月一級俸下賜、十八年三月依願退官。四月特旨により正五位に叙せられた。

教科書の編輯に従事すること実に二十七年。同じ場所で同じ仕事を、かように永く続けた者は、総督府官吏中にも殆ど他に類例がなかった。この間に作った教科書には、私が直接原稿を書いたものもあり、他人の書いた原稿を整理したものもあるが、小学校、公学校、補習学校、実業学校、高等女学校、中学校、師範学校等各種の学校各学科目に亘り、其数は四五百にも上ったであろう。この外台湾教育会の為に、学校生徒の補習用や社会教育的な読物を作ったのも相当数に上っている。又マニラ日本人会の依頼を受けて、ヒリッピンの地理、歴史、ヒリッピン読本などを編纂したり、戦争中台湾南方協会の依嘱を受けて、南方読本を編輯したこともある。其他文筆上で本務とは直接関係のないことで苦労したことがある。大正八年賀来長官の時、地方官会議の訓辞を整理したのを始として、歴代の総督、長官、局長等の諭告、訓辞、祝詞、弔詞等から、新聞原稿、本の序文のようなものに至るまで書かされ、其数は数えきれない程であった。時としては総督が上京の際天皇陛下に奏上される政務概況の草案や、総督が新任の際施政方針の訓辞草案など整理させられたこともあった。これ等は関係者の外は誰も知らないことであって、椽（ママ）の下の力持のような仕事であったが、私にとっては文筆の上ばかりでなく、色々の意味でよい修業になった。

退官後直ちに台湾総督府嘱託となった。従来内地で相当量印刷していた教科書が、其頃資材や交通の関係から、印刷が殆んど不可能となったので、教科書の印刷や配給をする為台北に特種の会社を創設する必要を生じ、其仕事が私の嘱託としての任務であった。そこで府内の一室を創設事務所として、内台の有力業者、其他関係者を集めて設立の仕事を進めた。昭和十八年十二月資本金三百万円、全額拂込の台湾書籍印刷株式会社が成立、私は常務取締役に選任され、会社経営の中心となった。五月頃から着手した六千坪の敷地に、千三百坪余の工場も、着々と工事が捗り、印刷機械も東京、大阪から続々到着、一方台北で買収した四ケ所の印刷工場では、すでに教科書の印刷をはじめ、全島の学校用教科書は、この会社が一手に配給することになった。

十九年、二十年と戦争が苛烈となるに従い、内台の交通はますます困難となり、機械、資材の輸送に支障を来たし、会社の事業は相当困難になったが、それでも、総督府から引続いだ、用紙其の他の資材が相当豊富であった為、他の事業に比しはるかに有利であった。第一期から五分の配当をつづけたのは、この種の会社としてはめずらしいと云われたものである。終戦後中国政府の管理を受けるようになっても、従前通りの仕事をつづけていたが、二十一年三月中国政府に接収され、四月郷里に引揚げた。

回顧すれば在台四十年、終始教育関係の仕事に従事し、牛の歩みに似た地味な活動ではあったが、幸に一度のつまずきもなく、向上の一路を辿って来て、いよいよ最後の仕上げをしようというところで、すべては水泡に帰してしまった。思えば一場の夢である。

昭和二十四年十二月一日記しるる（ママ）。

こ、だくの悔はあれども定まれる
　わが足跡と思いなぐさむ　　　　　　　春城

二、自伝内容の検証

時間軸に沿って記されている「自伝」は大きく「少年時代」、「渡台後から入府まで」、「編修官時代」、「台湾書籍印刷会社時代」の四つの部分に分けることが出来る。特に加藤が台湾へ渡るまでの経緯及び1943（昭和18）年3月退官後の行方は、「自伝」によって初めて明らかとなった[5]。以下は、この二つの時期における新事実の検証と説明を行う。

（一）少年時代——変則的小学校教員養成ルートによる教員資格の取得

加藤が台湾へ渡るまでの経歴について、台湾総督府国語学校の学籍簿には数行で簡単にまとめられているが、原稿用紙15枚の「自伝」中、この時期に関する記述は6枚弱にも及ぶ。

「自伝」によれば、最初弁護士になりたかった加藤は、兄の死をうけ、自活するために教職の道を選んだ。梶山雅史[6]の研究によると、「明治期の小学校教員養成は、師範学校における直接養成ルートと師範学校以外に試験検定によって教員免許資格を付与する教員検定ルートの二方式が存在し、両方式によって正資格教員の供給が行われた」。しかも、その教員供給の数の「圧倒的多数は試験検定によるものであった」。すなわち、正規の師範学校教育のシステムを通さずに、各地方の教育会講習会や準備教育を経て、小学校の教員資格を取得するのは変則的小学校教員養成ルートであった。

当時の加藤は私学の教育を受けていたが、正式な教員資格を取るには、梶山の言う「変則的小学校教員養成ルート」によって教員資格を取得するしかなかった。彼は1899（明治32）年に井原村の私立遷喬館を卒業した後、広島県私立教育会講習部で1年の講習を受け、1902（明治35）年に尋常部小学准教員免許状を取得したのである。さらに、加藤は師範学校や中学校の教員たちのもとで勉強を重ね、1904（明治37）年に尋常小学本科正教員免許状を取得した。そして、1906（明治39）年末に台湾総督府国語学校師範部甲科に入学するまで日本本土で小学校教職に奉職していた[7]。

1、私立遷喬館で受けた教育

加藤は尋常小学校を卒業してから、直ちに佐久間延之の私立遷喬館に入学し、5年間在学した。このことについては、国語学校の学籍簿にも詳しく記されている。加藤の地元井原の郷土誌『ふるさと井原の探訪』によれば、井原には明治5年学制令が公布されるまでに、すでに進徳館と育英館の2館の塾があり、「教育熱の高い風土は、こうした教育施設によって培われて来た」のである[(8)]。だが、明治20年代ごろには、教育の普及が急速に進み、この2館の分教室では地方の需要に応じられなくなっていた。「こうした風潮の中、小学校教育だけでは飽き足らず、更に高い教育を求める気風が育ち、これに答える施設が、近隣の町村に無い所から、明神の佐久間延之氏が自費で遷喬館を建設し、明治二四年から三三年迄一〇年間私塾を開設せられた」という[(9)]。この郷土誌に記されたところによると、遷喬館で教育を受けた人々の中からは、各界において優秀な人材が輩出されており、加藤もそのなかの一人であった[(10)]。よって、遷喬館への入学は、地方の教育熱と当時まだ教職に在った父親の寿郎一の配慮と考えられよう。兄弟の多い加藤家の生活は裕福ではなかった。それにもかかわらず、加藤が5年間私塾に通うことができたのは、教育の重要性を理解する親の支えがあったからであろう。

加藤は遷喬館での5年間の教育で漢文の基礎能力を身につけ、ほかに地理、歴史、数学、物理などの基礎学科知識を学んだ。もともと漢文化の影響を受けていた台湾の国語学校の入学試験では、受験生の漢文能力が最も重要視されていたため、この時期に漢文を身につけたことは、加藤の後日の活躍に大きな影響を与えることとなった。

2、広島県私立教育会講習部での尋常小学校准訓導免許の取得

梶山[(11)]によると、「地方教育史に密着してみれば、府県教育会のなかには、無資格教員から准教員へ、さらに正教員への種々の講習会開設、さらに師範学校への予備校的準備教育のみならず現職教員の再教育も担った」ものもあった。「自伝」によれば、1901（明治34）年に広島県私立教育会講習部に入り、尋常小学校准訓導免許を取得した加藤は、まさにその実例であった。そして、この私立教育会での様々な講師達との出会いも、加藤の人生を変える重要なきっかけとなった。次に、この広島県私立教育会講習部について説明しよう。

『広島県教育会五十年史』（以下『五十年史』と称す）[(12)]の記述によれば、広島県私立教育会（後「広島県教育会」と改称）の創立は1887（明治20）年である。この会は、1887（明治20）年4月に「地方の教員中、小学校教員学力検定試験志願のために広島に来る者の多きを好機とし、広島尋常師範学校に集

会して、教育会設立を協議し、満場一致の賛成を得た事に創まる」とのことであった。創立当時入会資格は自由であったが、基本的には広島尋常師範学校や関連教員が中心となって立ち上げた教育組織である。広島私立教育会は創立早々に教員養成機関を設置し、「講習部」と名づけた。この「講習部は、中途その名称乃至組織の変更こそあれ、昭和六年三月まで継続経営せられ、五千名に近い小学校教員を養成し」、広島県下教育界に送り出した「広島教員講習所」(13)の前身である。

創設の経緯については、以下のように『五十年史』に述べられている。「本会創立当時の本県では、尋常師範学校の設置あるに拘らず、尚小学校教員の数著しく不足を感じ、各地方に於ては雇員を以て辛うじて之が補充をなし、その雇員に対し時々講習会を開いて之に資格を与へる等の彌縫策を講じてゐる状態にあつたが、本会はこの時勢に鑑みる所あり、明治二十二年九月三十日尋常師範学校に開かれた常議員会席上、会として私立講習部なるものを設置し、小学簡易科教員を養成しやうとの議を上程し」、「翌二十三年七月に至り、講習部規則並びに細則は、其の筋の認可を得たのである(14)」。この講習部は1891（明治24）年5月8日に「広島県尋常師範学校内に設けられて、いよいよ始業することとなつた。当初の部長格は、本会会長即ち師範学校長大河内輝剛氏で、講師としては、師範学校教諭矢ヶ崎庄三郎・吉村彰・冨樫東十郎・秋山貫一・中丸壽郎の諸氏を囑託した」とのことであった(15)。

「広島県私立教育会講習部規則」第7条によれば、「本部ハ広島県尋常師範学校ト協議シ該校教員若クハ本会会員ニ講師ヲ囑託ス」とされている(16)。講習部の当初の設立目的は「小学簡易科教員タラント欲スル者ヲ養成スル（規則・第一）」ことであったが、1892（明治25）年に一部の規則改正により、従来本部設置の目的を小学簡易科教員の養成にあるとしていた第1条が、「本部ハ尋常小学校本科准教員（下線、筆者）タラント欲スル者ヲ養成スルガタメ之ヲ設置スルモノトス」と変り、第3条の講習期間も「四ヶ月乃至六ヶ月」に延長されたのであった(17)。この講習部を合格卒業できれば、尋常小学校本科准教員の資格が与えられるのである。つまり、この講習部は当時広島県の教員不足に対応し、広島尋常師範学校の主導でいわば変則的教員養成のために作られた機関なのである。

『五十年史』によれば、「本部修了者には尋常小学校本科准教員の免許を授与することとなつたが、翌二十六年度募集の本県尋常師範学校生徒は尋准免許状所有者若しくは之と同等以上の学力を有する者から選挙されることとなつたので、師範入学志願者のその資格を得ようためにに本講習部への入学者が多くなる筈」であり、「漸次星霜を経るに従ひ、講習部は実に師範学校予備校の観を呈するに至つた」のである。

さて、加藤は、1901（明治34）年に家庭の事情で教職の道を決めたときの講習部の様子をさらに詳しく見ていくことにしよう。

当初の講習部規則によれば、講習部へ入学するのに、年齢は18以上、体質強壮、品行方正、そして試験による学力の検定などが基本的な条件である。講習生は「読書、算術、作文、習字、図書、教育、体操」の7科を講習し、試験及第の者には講習科修業証書を授与することとなっている。そして、1年講習期間を終えると、会長が在学期間の成績や表現を審査し、尋常小学校本科准教員免許状の授与を判断し、合格者には准教員の免許状が授与される(18)。1年間の講習期間と師範学校の教員が主に授業を担当する点から見れば、この広島県私立教育会講習部が育成した准教員のレベルは相当高いものである。

1901（明治34）年加藤が補欠で入学したときに、講習部の在学期間は9カ月間から1年へと改定され、そして講習部学費や生活費用は基本的に自費負担の全寮制となっているが、きちんと講習部を卒業すれば、直ちに准教員の免許状を取得することができ、家庭を支える即戦力になれるのであった。なお、講習部規則の細則第3条によると、講習生の入部試験について、小学高等科卒業証書を有する者の入部試験は免除されるが、そのほかの者は読書、作文、習字、算術などの学科試験を受けることになる。

遷喬館で5年間漢文・地理、歴史、数学、物理などの基礎学科知識を学んだ加藤にとっては、受かることはそれ程難しいことではなかったであろう。加藤は広島県私立教育会の講習部で1年の講習を経て、1902（明治35）年3月に卒業し、尋常小学校准訓導の免許状を受け、直ちに安佐郡三篠尋常小学校に奉職することとなった。せっかく「師範学校予備校」とされる教育会講習部を卒業したが、家庭の事情を考えると、進学する余裕はなかったのである。

加藤と広島師範学校との縁はここまでではなかった。「自伝」によれば、1903（明治36）年に加藤は尋常小学校正教員試験を受けるために広島市へ転居したときから、師範学校や広島中学、高師附属中学などの教員たちの私宅に通い、独学で1904（明治37）年7月に尋常小学校正教員資格を取得したのであった。

その後の1906（明治39）年に、加藤は兵役の問題と家計の問題を考え、9月に台湾国語学校師範部甲科の入学試験を受けて合格し、同年年末に台湾に到着した。加藤が渡台の道を選んだのは、当時台湾国語学校はすべて官費であること、及び徴兵猶予の特典があったことの二つが主要な理由であると、「自伝」にも述べられている。

（二）編修課長昇進の背景

1938（昭和13）年4月に、加藤は三屋静の後任の編修課長となり、「六月高等官三等、七月台湾総督府視学官兼任、八月従五位に叙せられた」。課長への昇進と同時に、台湾教育会出版部部長を兼任することとなり、1943（昭和18）年の依願免官まではその職にあった。加藤が編修課に入ってから、編修官を経て編修課長へ昇進するまでに、合計20年近くの歳月が必要であった。

加藤以前の歴代の編修課長の出身と略歴を見ると、高学歴の持ち主であり、内地や台湾において豊富な教育経歴を持つ人物であることがわかる。その中で加藤は、唯一内地における中学校以上の学歴を持たずに、総督府の国語学校の学歴と台湾での30年近くの努力を基礎に、ついには編修課長にまでなった人物である。「もし、役人としての父が何か不満を持っていたとしたら、私だけの感じかも知れないが、「自分に学歴がない為、東京から来た人たちに先を越される」といった思いがあったかも知れない」とご子息が語っていた(19)。筆者が調べたところ、加藤が編修官に昇進してから2回編修課長の更迭があった。1回目は昭和4（1929）年の編修課独立による浮田辰平の編修課長就任、2回目は昭和6（1931）年の三屋の課長就任であった。この二人は共に東京師範学校出身という学歴を持ち、日本・外地を経てから台湾総督府の編修課長や視学官に昇進した人物である。中でも、三屋は加藤と同じ国語学校卒業の先輩にあたる存在であり、プライベートでも家族ぐるみの付き合いがあった(20)。三屋の場合は加藤と同じ台湾国語学校の学歴と台湾での教職歴を持っているが、東京高等師範という学歴や南支・英領香港などの外地での経歴を比べれば、差は一目瞭然であった(21)。

岡本真希子の研究によれば、1936（昭和11）年以降の台湾総督府での人事は戦時下の植民地行政拡大と官僚不足のため、「生え抜き官吏の登用」と「占領地への転出」が特徴であるが、総督府の部局長・課長クラスの人事では高学歴の在来官吏が中心となっている[22]。1941年7月時点の台湾総督府局・部長および課長のリストを見てみると、殆ど東大出身者の官僚の中で、総督府国語学校師範部甲科出身の加藤は明らかにエリート官僚でない少数派であった[23]。

しかし、台湾在住30年にも及ぶ加藤は、台湾総督府編修書記と『台湾教育』の編輯を勤める期間、教科書の編纂以外に、職務上の必要で、総督府の教育行政の高層官僚と密接なコンタクトを取るようになり、台湾教育の動向と情報について誰よりも詳しい存在となった。植民地官僚としても、「古参右翼」だと評される程の模範的な存在だったのである[24]。このように、職務上の実績や人格上の「美点」が評価され、編修課長に抜擢されたのであろう。

（三）編纂課長としての仕事

1938（昭和13）年3月に、加藤は編修課長に昇進した。「自伝」によれば、加藤は1939年と1941年の2回の国語対策協議会に出席・発言したことや、台湾以外の外地（フィリピン）や中国占領地（広東、汕頭、厦門、海南島等）の日本語教育や教科書編纂にも携わっていたことが記述されている[25]。広東や汕頭などでの仕事については、第1回国語対策協議会の議事録にも記録されている。

もともと、加藤の教科書作りには、植民地台湾では内地と共通の教科書を使うのはまだ無理だという認識があった。このような認識を基に、台湾の風土に合わせた教材基準を設定した上で、教科書の編纂様式、手法や品質をなるべく内地のレベルに追いつかせたいという立場が守られていた。

だが、明言はされていないものの、「自伝」ではその編修課長就任以後の社会状況の変化や、編修課長としての仕事内容の変化などを見て取ることができる。特に1941（昭和16）年以降、大東亜共栄圏の実現にとって、南進の基地とされる台湾での40数年間の統治経験や国語教育の実績の重要性はさらに高まっていた。編修官としての加藤が持つ台湾での教科書編纂実績、特に国語／日本語教科書に関する経験も、南方占領地やほかの統治地での教科書編纂にとって不可欠なものとなった。

その後、1942（昭和17）年大東亜共栄圏の理念が全面的に打ち出された時期に、加藤（当時編修課長）は台湾の教科書編纂者として、広東や海南島など南支統治地の日本語教科書編纂経験を基に、大東亜共栄圏下の南方占領地に於ける日本語教科書について意見を述べている[26]。その中で、加藤は台湾での経験はこれから南方占領地での国語教育推進に重要な役割を担っていると強調し、自分なりの外地での教科書編纂理念、特に「国語」教科書に対する考えをさらに具体化させたのであった。

(四) 退官と台湾書籍印刷会社の創設

海南島での日本語教科書編纂の仕事を終えた後の1943(昭和18)年3月に、加藤は突然「一身上の都合」という理由で編修官の職を去った。その直筆の退官届は日本の国立公文書館に残されている。退官後の加藤の消息は公の文書に残されることはほとんどなかったが、「自伝」を入手したことにより、加藤が退官した理由、そして「台湾書籍印刷株式会社」の設立に至るまでの過程と原因及び終戦までの経緯が初めて明らかとなった。

1、印刷会社を立ち上げる背景とその理由

台湾書籍印刷会社を立ち上げることについて、「自伝」の中において加藤は「退官後直ちに台湾総督府嘱託となった。従来内地で相当量印刷していた教科書が、其頃資材や交通の関係から、印刷が殆んど不可能となったので、教科書の印刷や配給をする為台北に特種の会社を創設する必要を生じ、其仕事が私の嘱託としての任務であった」としか述べていない。この記述の背景には、前にも述べていた加藤が編修書記の時期から教科書印刷事務に関わっていた出張や実務経験があげられる。従来台湾の教科書は本土で教科書を印刷する場合、輸送に時間がかかる上に、出張にあたる人件費や交通費などが大きな出費であった。台湾は自主的に教科書を編輯・審査できるのに、教科書の印刷だけは遠く離れている内地の印刷会社に頼らなければならなかった。台湾での印刷技術と対応力の不足という問題が存在していた。

当時、台湾には小中型の印刷工場はあるが、教科書を印刷するのに必要な製版の技術がなく、オフセットなどの進歩的な機械や、教科書向けのきれいで大量かつ迅速的に印刷できる設備も不足していた。通常、第1版の教科書の印刷は完成した原稿を内地の印刷会社へ持ち込み、製版と印刷を済ませてから、出来上がった教科書と印刷版を海運で台湾へ持ち帰り、第二版以降の印刷から台湾当地の印刷工場に任せることとなっている。さらに、1937(昭和12)年か

ら台湾総督府が発行した第4期の公学校国語教科書から、内地のサクラ読本と同じように巻1から巻5までの挿絵を色刷りにしたため、さらに高度な技術が要されていた。当時、内地の有名な職人に製版を依頼するために、加藤が内地へ出張した記事も残っている(27)。結局、その巻1と巻2の第1版印刷はサクラ読本と同じ凸版印刷に頼むこととなった(28)。その後、巻1、巻2の第2版、第3版や、巻3以降の第1版は共同印刷に頼むようになったが、台湾現地の印刷工場に第2版以降の色刷り国語教科書を任せたのは1939（昭和14）年からであった。

もう一つ重要な理由は、「自伝」にも記されているように、戦争の激化による海上の交通や内地の用紙制限などの影響で、内地での印刷はほとんど不可能となっていたからであった。

『台湾教育』最終号の497号の「編修課便り」を見ると、1943（昭和18）年末、戦争の激化に伴い海上の交通はかなり危険な状態になっていること、編修課の印刷業務はその情勢の悪化に大きな影響を受けていることがわかる(29)。製版だけを内地に頼み、印刷・製本は台湾で行なうというやり方を試みたのだが、完成した製版を海運途中に失ったりするトラブルもあった(30)。編修課の印刷業務が情勢の悪化によって深刻な影響を受けていることがわかる(31)。よって、台湾において教科書需要を主体とする大型の印刷会社を設ける必要が生じたのである。

2、台湾書籍印刷株式会社の設立経緯

台湾書籍印刷株式会社の設立記録に関しては、加藤の「自伝」に書かれている記述以外、ほかの資料はほとんど見当たらなかった。その後、2006年10月に、加藤のご子息から筆者宛に一通の手紙があり共同印刷の代表取締役大橋光吉に関する情報が寄せられてきた(32)。引き続き調査してみたところ、台湾書籍印刷株式会社と当時の共同印刷との関連が初めて明らかとなった。加藤の「自伝」と同じように、大橋の伝記の年表には、昭和18年（69歳）の12月15日に「台湾書籍印刷株式会社（資本金三百万円）創立」と記されている(33)。『共同印刷百年史』（以下『百年史』と略す）によれば、昭和の戦時期における、共同印刷による海外での事業進出は、満州図書株式会社、満州共同印刷株式会社、新民印書館、株式会社華中印書局、そして「台湾書籍印刷株式会社」などの海外子会社の設立をあげることができる。台湾書籍印刷株式会社に関する営

業報告書は残されていないが、『百年史』では「日本と台湾との交通が、戦局の逼迫につれて困難となってきたため、現地において教科書を主体に印刷の需要に応じようとしたものである」と述べられている[34]。

台湾書籍印刷株式会社の設立資本金300万の出資分配に関しては、終戦後引揚げた加藤が持って帰ってきた台湾行政長官公署が発行した「私人財産清冊」から一部の情報が明らかとなった。この財産清冊に記載されているのは、台湾行政長官公署に接収された加藤個人が持っている預金や株券などの資産と、彼が保管している他人名義の台湾書籍印刷株式会社の株券のリストである。この財産清冊は加藤が保管していた他人名義の財産はすべて台湾行政長官公署によって接収された証拠ともなる。その詳細は表の通りである[35]。

これにより、共同印刷社長の大橋は台湾書籍印刷株式会社の半数以上の株を持っていたことがわかる。共同印刷は主な出資者である以外、印刷技術・印刷機械の提供者でもあった。また、総督府編修課に在職していた時に月給約300円の加藤自身を含め、内地の印刷関係者や資本家からの出資もあり、上述した「自伝」の内容によれば、台湾本島の印刷関係者や有力業者からの出資もあったという。さらに、総督府の教科書印刷を中心業務とする会社であるため、総督府から敷地の貸付と資材の提供もあり、戦時下においては相当有利な条件が確保されていたことも明らかであった[36]。

終戦後、「台湾書籍印刷株式会社」は、中華民国台湾省行政長官公署によっ

表 「台湾書籍印刷株式会社」一部資本金分配表

所有人名義	財産名称	財産内容及び証明書類	購入時期及びその来由	価額概算
加藤春城	株券	百株券三枚（五〇〇〇円全額払込） 番号三二、三三、三四号	1943年12月16日 株金払込	15,000円
大橋光吉	同上	千株券三二枚（五〇、〇〇〇円全額払込） 番号一から三二号	同上	1,600,000円
同上	同上	百株券三枚（五〇〇〇円全額払込） 番号一、二、三号	同上	15,000円
古川一郎	同上	百株券五枚（五〇〇〇円全額払込） 番号四、五、六、七、八号	同上	25,000円
山本定助	同上	百株券二枚（五〇〇〇円全額払込） 番号九、一〇号	同上	10,000円
木村泰治	同上	百株券二枚（五〇〇〇円全額払込） 番号一一、一二号	同上	10,000円
堀越〇之助	同上	千株券六枚（五〇、〇〇〇円全額払込） 番号三三から三八号	同上	60,000円
合計				1,975,000円

て接収され、公署教育処の管轄で「教科書総批発所」となり、戦後台湾の小中学校の教科書印刷や配給業務を担っていた。1946（昭和21）年6月にその名称はさらに「台湾書店」に変更され、2004（平成16）年まで経営を続けていた。終戦後「中国政府」こと台湾省行政長官公署の管理を受けるようになってから、正式に接収された1946（昭和21）年3月まで、加藤は従前通りにこの会社で教科書印刷の仕事をつづけていたという。

おわりに――資料の価値と今後の課題

「自伝畧叙」によって明らかとなる加藤春城の一生は、そこには彼が関わっていた台湾の教科書の編纂だけでなく、当時の日本・台湾教育界の模様が反映されており、わけても日本教員養成史・植民地教育史上重要な実例といえるものである。ただし、戦後選挙絡みという執筆背景から、この「自伝」には主に一生の重要な出来事が時間軸に沿って記録されているものとなっているため、加藤の個人的な感情や気持ちが述べられることは殆どなかった。このような欠点を持ちつつも、この史料が植民地教育史の研究上において重要なものであることは間違いない。

本稿の主な目的は「自伝」本文の公開、加藤の経歴についての検証や彼が携わっていた一部の仕事内容を明らかにすることである。加藤が台湾以外の占領地や外地で携わっていた教科書の編纂や、作成した奉迎歌、校歌、進行歌などの記述内容についての検証にはまだ至らない所があり、あくまでも現時点での調査結果を示したものであることをお断りしておきたい。この「自伝」を公表することにより、台湾の植民地教育史に関する様々な課題やこれからの植民地教育史研究の手がかりになることを期待したい。

【註】

（1）陳虹彣、「台湾総督府編修官加藤春城と国語教科書」『植民地教育史研究年報』第8号（2006.5）、pp.62-80。前作において、加藤春城の台湾総督府編修官・編修課長としての経歴や業績はすでに明らかにされているが、渡台までの経歴や1943（昭和18）年3月に突然の依願退官後の行方は不明のままであった。

（2）2007年10月14日午後、加藤春城の次女の自宅近所のコミュニティホールにて行なった聞き取り調査。

(3) 同上、聞き取り調査。

(4) 尋常小学校正教員の略。

(5) 加藤が渡台してから編修官になるまでの経歴は前掲陳（pp.62-80）を、台湾教育会との関連については「日本植民地統治下の台湾教育会に関する歴史的研究」『近代日本の中央・地方教育史研究』（梶山雅史編著、学術出版会、2007年9月、pp.377-405）と「日本統治下台湾における国語講習所用国語教科書の研究―台湾教育会の『新国語教本』に着目して―」（『東北大学大学院教育学研究科研究年報』第54集第2号、2006年6月、pp.63-89）を参照。

(6) 梶山雅史「変則的小学校教員養成ルート―教育会の教員養成事業―」『日本教育史往来』No.144（2003.6）、pp.5-6。

(7) 自伝のように詳しい転勤記録は残されていなかったが、加藤が広島県私立教育会講習部などを経て教員資格を取得したことや、1906（明治39）年まで日本本土で奉職していたことは、台湾国立台北師範学院（旧国語学校）所蔵の明治時期「生徒学籍簿」にも記録が残されている。

(8)『ふるさと井原の探訪』2004、p.117。

(9) 同上、p.117。

(10) 同上、p.117。資料によれば、遷喬館で学び、後に広島県師範学校へ進み、教育界で活躍した人に、蜂須賀永之助、山県源九郎、沼崎清九郎があり、県政で活躍した佐々木魯九郎があり村政で貢献した佐高健一がいる。その他加藤春城・中川四郎・酒井三郎次・加藤源一・中村完之助・酒井寿吉等広く各地で活躍した人材は多い。

(11) 同前掲梶山、pp.5-6。

(12) 松井善一編『広島県教育会五十年史』広島県教育会（1941.12）、p.6。
1914（大正3）年に講習部は「私立広島教員講習所」と改名し、後に「私立」の二字を削除した。同上、p.146。

(13) 同上、pp.35-45。

(14) 同上、p.36。

(15) 同上、p.36。

(16) 同上、p.38。

(17) 同上、p.36-38。

(18) 2006年7月9日午後、ご子息のご自宅にて行なった聞き取り調査記録による。

(19) 三屋静は1898（明治31）年7月国語師範部土語科入学。1908（明治41）年3月東京高等師範学校本科国語漢文科卒業。加藤家と三屋家は家族ぐるみの付き合いであったと、加藤のご子息が証言した（同上2006年7月9日の聞き取り調査による）。

(20) 台湾新民報社編、『台湾人士鑑 改訂』（1937）、台湾新民報社。

(21) 岡本真希子、『植民地官僚の政治史――朝鮮・台湾総督府と帝国日本』（2008年2月）、三元社、pp.366-379。

(22) 同上、pp.473-477（表7-22）。

(23)「台湾の国民学校教科書に就いて」、『東亜共栄圏と台湾』第1冊産業・人物編所収（1942.3）、台湾大観編纂局編、pp.35-37。

⑷「自伝畧叙」、p.11
⑸ 加藤、「日本語教科書に就いて」、『台湾教育』484号（1942.11）、pp.61-64。
⑹『台湾日日新報』1936年11月12日。
⑺ 玉川大学教育博物館に所蔵しているすべての第4期の国語教科書の奥付により、筆者が各巻の各版の印刷事項をまとめた資料による。
⑻ 台湾教育会「編修課便り」『台湾教育』第497号（1943.12）、p.65。
⑼ 同上、p.65。「〇初等科国語二、四は台北で昨今漸く印刷が終つた。この製版が海の厄に逢つて、東京で再製したりしてゐたので少し手間どつた」との記述による。
⑾ 同上、p.65。
⑿ 加藤のご子息から陳虹彣あて、2006.10.20日付の手紙。
⒀ 浜田徳太郎『大橋光吉翁伝』共同印刷株式会社（1958.1）、p.197。
⒁ 共同印刷株式会社社史編纂委員会、『共同印刷百年史』、共同印刷株式会社（1997.6）、pp.196-199
⒂ 台湾行政長官官署「私人財産清冊」台北市第一八一〇七号、中華民国三十五年三月二十三日。
⒃ 古田一郎は共同印刷の印刷者であり、木村泰治は統治初期から台湾で活動していた資本家である。

戦前文部省・台湾総督府・朝鮮総督府発行教科書の発行年比較

白柳弘幸

教科書比較研究の開始

平成18年度～平成20年度科学研究費補助金「日本植民地・占領地の教科書に関する総合的比較研究――国定教科書との異同の観点を中心に」（研究代表者　宮城学院女子大学学芸学部教授　宮脇弘幸）の共同研究が行なわれることになり、日本植民地教育史研究会会員有志三十余名が参加することになった。研究対象は、戦前文部省(1)・台湾総督府・朝鮮総督府等が発行した児童用・初等教育課程の教科書である。

共同研究の開始年、3機関が発行した教科書の初版発行年の一覧表化を試み、研究会例会で発表した。一覧化することで、これから始まる教科書研究推進に役立つのではないかと思ったからである。本表作成の基本資料は玉川大学教育博物館（以下、教育博物館）所蔵の約12000冊の外地教科書であった。しかし、教育博物館の所蔵する外地教科書ですべてが網羅されているわけではないため『日本語教科書目録集成(2)』や『東書文庫所蔵　教科書用図書目録(3)』等、他機関所蔵の外地教科書目録も利用した。ところが、これらの諸目録を用いても使用した学年がわからない、発行そのものが不明の教科書もあった。朝鮮での学制は、同時期に4年制と6年制が複線的に行われていたため、教科書もそれぞれの編成用に編纂され、類似の教科書名が見られることで、発行事情解明の複雑化に拍車をかけた。原本未確認や使用学年が不明の教科書については、表中に「？」マークを入れた。外地教科書は希少性の高い史料のため、原本が確認されていないから発行されていないとは言い切れないのである。今後の教科書研究による解明につなげたい。

教科書発行状況解明の事例の一つとして、台湾での理科教科書発行を例にして述べる。台湾総督府発行による理科教科書は、台湾人児童用として1917（大正6）年に『公学校　理科帖』、1924（大正13）年に『公学校理科書』、日本人児童用として1932（昭和7）年に『尋常小学理科書』が、それぞれ発行された。以後、1940（昭和15）年に『初等理科書』、1943（昭和18）年に『初等理科』が発行されている。昭和15年以降については、公学校、尋常小学の区別のない教科書名となった。そのため台湾人児童用と日本人児童用との区別無く同じ教科書を使用したのではないかと予想したが、確たる証拠が見つからなかった。理科教科書使用状況について国内と台湾で聞き取り調査も行った。しかしながら、この時期の教科書を使用した当時の児童、教員ともに自分の使用した教科書についての記憶はあっても、それが共用されていたかは知らないというのが殆どの方からの答えであった。その後、「理科では従来、小公学校用のものが別個に作られてゐたが、これを統一して豊富な内容を盛り新鮮な様式を備へる小公学校共通の理科教科書をつくる[4]」と書かれた記事を見つけた。こうした表中の不明箇所について、情報を提供していただければ幸いである。

戦前文部省発行の国定教科書については、教育博物館にほぼ所蔵されているが、一般的によく用いられている講談社発行『日本教科書体系』の発行年月日データを使用した。しかし、修身教科書と地理教科書の一部において、教育博物館所蔵の教科書と発行年月日との齟齬が見られた。そのため、一部教科書については教育博物館所蔵教科書のデータ等[5]を使用している。

発行年比較から

従来、国定1期教科書、国定2期教科書というと国語を基準にして他教科の教科書発行をも一括する傾向があったのではないか。しかし、3機関とも必ずしも国語の発行時期に、他教科も発行しているわけではない。本表からは、従来の国定と台湾、国定と朝鮮という比較のみではなく、台湾と朝鮮という外地間同士の比較や、3機関の比較をすることで、これまで気づかなかった発行事情が見える。

例えば台湾と朝鮮での国語教科書の発行年を比較すると、ともに5回発行され内3回の発行年が重なる。重なったのは偶然であったのか。偶然も3回となると偶然とも考えられない。両総督府関係者がしめし合わせていたのか、それとも競合していたのかなどの疑問も生じる。教科書編纂に携わる者たちの間で、何らかの調整があったのかも知れない。調整とすれば何のためであったのかなど、本表から教科書発行に関する疑問や問題点の発見につながることが出てくるものと思われる。外地教科書研究の基礎的資料として活用していただければと思う。

なお、本稿は、平成18年度～平成20年度科学研究費補助金「日本植民地・占領地の教科書に関する総合的比較研究－国定教科書との異同の観点を中心に」（研究代表者　宮城学院女子大学学芸学部教授　宮脇弘幸）による研究成果の一部である。

【注】

⑴ 国定教科書発行者であった時期をさす。

⑵ 当書は、平成14年度～平成16年度　科学研究費補助金「第2次大戦期　興亜院の日本語教育に関する調査研究」（研究代表者　慶應義塾大学国際センター長谷川恒雄）、研究成果報告書別冊。天理大学助教授・前田均の編集。

⑶ 東京書籍株式会社附設教科書図書館「東書文庫」編『東書文庫所蔵　教科用図書目録』第2集　東京書籍　昭和56年。

⑷「大阪朝日　台湾版」昭和12年1月12日　第19844号　5面。

⑸ 例えば、中村紀久二『国定修身教科書』（復刻）大空社　1990年。

戦前文部省・台湾総督府・朝鮮総督府発行教科書　発行年比較表

		1900	1	2	3	4	5	6	7	8	9	10	11	12	13	14	15	16	17	18	19	20	21
		M33	M34	M35	M36	M37	M38	M39	M40	M41	M42	M43	M44	T1	T2	T3	T4	T5	T6	T7	T8	T9	T10
国定・国語	巻1				M36.8						M42.9								T6.11				
	巻2				M36.11							M43.3							T6.11				
	巻3				M36.9						M42.8								T6.12				
	巻4				M36.11		尋常小学読本　①					M43.4		尋常小学読本　②					T6.12				
	巻5				M36.9						M42.10										T8.8		
	巻6				M36.12							M43.5										T9.3	
	巻7				M36.9						M42.10											T9.10	
	巻8					M37.1						M43.6											T10.4
	巻9				*※4年制、高等科教科書発行あり*						M42.12												
	巻10											M43.7											
	巻11											M43.1											
	巻12											M43.7											
国定・修身	1年				M36.12児童用「掛図」							M43.3							T6.12				
	2年				M36.10							M43.3								T7.12			
	3年				M36.11		尋常小学修身書　①					M43.9			尋常小学修身書　②						T8.9		
	4年				M36.11							M43.11										T9.10	
	5年				*※4年制、高等科児童用は発行*								M44.9										T10.11
	6年													M45.3									
国定・算数	1年	*M33.12 尋常小学算術書　①*										*M43.2教師用*								*T7.2教師用*			
	2年	*M33.12*			*教師用*								*〃*								*〃*		
	3年	*M33.12*				*〃*						M43.3									T8.3		
	4年	*M33.12*				*〃*						M43.3			尋常小学算術書　②						T8.11		尋常
	5年			*※4年制、高等科児童用は発行*								M43.2										T9.10	
	6年											M43.3											T10.10
国定・理科	1年																						
	2年																						
	3年																						
	4年																		T6.12				
	5年							M39.11	尋常小学理科書　①							T3.4				T7.11	尋常小学理科書		
	6年							M39.12									T4.2 尋常小学理科書 ②					T9.1	
国歴	5年				*M36.10*		*小学日本歴史①*				M42.9 尋常小学日本歴史②（②改訂版M44.10）											T9.10 尋常	
	6年				*M36.10　※高等科で使用*							M43.9（②改訂版M44.11）											T10.12
国地理	4年																						
	5年				*M36.10　小学地理　①*							M43.1		尋常小学地理　②						T7.2		尋常小学地	
	6年				*M36.10　※高等科で使用*							M43.11									T8.2		
国定・図画	1年					1年用は未発行																	
	2年					M37.11 尋常小学毛筆画手本と																	
	3年					M37.11　尋常小学鉛筆画手本						M43.4	尋常小学新定画帖・尋常小学毛筆画帖・尋常小学鉛筆画帖										
	4年					M37.11　①						M43.3		同一学年に3冊・M42.12～M43.2に同時発行・発行年月にばらつきあり									
	5年					※4年制						M43.3		3書ともに5年と6年は男子用・女子用に分かれる									
	6年											M43.5											
国定・唱歌	1年												M44.5										
	2年					※唱歌教科書はも各期ともに							M44.6										
	3年					正式な国定教科書ではなく、								M45.3							尋常小学唱歌		
	4年					「国定期文部省著作唱歌教科書」と言う								T1.12									
	5年														T2.5								
	6年															T3.6							
国裁縫	4年																						
	5年															*T3.4　高等小学理科　家事教科書*							
	6年																						

＊斜字体　義務教育４年制時期の高等科教科書・児童用生徒用教科書発行がない時期の教師用図書

23	24	25	26	27	28	29	30	31	32	33	34	35	36	37	38	39	40	41	42	43	44	45	
T12	T13	T14	S1	S2	S3	S4	S5	S6	S7	S8	S9	S10	S11	S12	S13	S14	S15	S16	S17	S18	S19	S20	
									S7.12									S16.2 コトバノオケイコ/ヨミカタ					1年
									S8.7									S16.8		⑤			1年
											S9.2							S16.3 ことばのおけいこ/よみかた					2年
尋常小学　国語読本　③											S9.8							S16.8					2年
												S10.2 小学国語読本 尋常科用							S17.2 初等科国語				3年
												S10.7		④					S17.7				3年
													S11.1						S17.2				4年
													S11.8						S17.7				4年
														S12.2					S17.12				5年
														S12.7						S18.7			5年
2															S13.2				S17.12				6年
T12.6															S13.8					S18.7			6年
										S8.12								S16.1 ヨイコドモ					1年
											S9.11							S16.2		⑤			2年
尋常小学修身書 ③													S11.1 尋常小学修身書 ④						S17.2 初等科修身				3年
														S12.2					S17.2				4年
															S13.3					S18.1			5年
2																S14.2				S18.1			6年
		T14.1教師用									S9.12 尋常小学 算術 ④							S16.2 カズノホン ⑤					1年
			〃										S11.2 ※各上・下の２冊組の					S16.3 ※各上・下の２冊組					2年
			T15.1											S12.2		上巻発行月日			S17.2 初等科算数				3年
術書 ③			T15.12			尋常小学算術書 ③改訂版									S13.2				S17.2				4年
				S2.1												S14.3				S18.2			5年
				S2.11													S15.2			S18.3			6年
																		S16.5 自然の観察一・二					1年
																		S16.5 自然の観察三・四					2年
																			S17.4 「同」五				3年
		T14.2																	S17.3 初等科理科 ⑤				4年
			T15.2		尋常小学理科書④														S17.12				5年
				S2.2																S18.1			6年
史 ③											S9.2 尋常小学国史 ④						S15.2小学国史			S18.2 初等科国史			5年
												S10.1						S16.3 ⑤		S18.3 ⑥			6年
																			S17.3「郷土の観察」				4年
③		T14.1				S4.3 尋常小学地理書 ⑤									S13.3 尋常小学地理書⑥					S18.2初等科地理			5年
		T14.1 尋常小学地理書④					S5.3									S14.3				S18.2 ⑦			6年
									S7.3									S16.2 エノホン ④					1年
									S7.4			尋常小学図画 ③						S16.2					2年
										S8.3									S17.2 初等科図画・初等科工作				3年
										S8.3									S17.2 4.5.6年は男女別				4年
											S9.1 ※5.6年は男女別									S18.2			5年
											S9.3									S18.1			6年
									S7.3									S16.2 ウタノホン ③					1年
									S7.4		新訂尋常小学唱歌 ②							S16.3 うたのほん					2年
									S7.4		新訂尋常小学唱歌　伴奏付								S17.2 初等科音楽				3年
									S7.12			S7.5〜S8.2に発行される							S17.2				4年
									S7.12										S17.12				5年
									S7.12										S17.12				6年
																			S17.2 初等科裁縫				4年
										S8.4 高等小学　家事教科書										S18.2			5年
																				S18.2			6年

		1900	1	2	3	4	5	6	7	8	9	10	11	12	13	14	15	16	17	18	19	20	21
		M33	M34	M35	M36	M37	M38	M39	M40	M41	M42	M43	M44	T1	T2	T3	T4	T5	T6	T7	T8	T9	T10
台湾・国語	巻1		M34.3												T2.2								
	巻2		M34												T2.6								
	巻3		M34												T2.2								
	巻4		M34												T2.6								
	巻5		M34				台湾教科用書　国民読本　①								T2.6				公学校用国民読本　②				
	巻6		M34												T2.6								
	巻7			M35											T2.2								
	巻8			M35											T2.6								
	巻9			M35											T2.6								
	巻10				M36											T3.2							
	巻11				M36											T3.2							
	巻12				M36											T3.3							
台湾・修身	1年	*※使用学年不明*										*M43.公学校修身書教授資料一*				T3.2							
	2年		*M29台湾適用作法教授書*									*M43.公学校修身書教授資料二*				T3.2							
	3年		*M32教育勅論述語*									*M43.公学校修身書教授資料三*				T3.2					公学校修身書　①		
	4年		*M33祝祭日略儀*									*※上記のうち巻二のみ確認*				T3.2							
	5年															T3.2							
	6年																				T8.9		
台湾・算数	1年							*M39　公学校算術科教材巻一*											*T6？　公学校算術書巻一教師用*				
	2年							*M39　公学校算術科教材巻二*											*T6　公学校算術書巻二教師用*				
	3年								*M40　公学校算術科教材巻三*						T2								
	4年					*M37公学校算術教授細目（学年？）*									T2				公学校算術書　①				
	5年								?							T3.8							
	6年								*M40　公学校算術科教材巻六*							T3.8							
台史	5年	*M33大日本史略下巻*																					
	6年	*M33大日本史略上巻*																					
台地	5年																					T9.2 公学校	
	6年																						T10.3
台湾・理科	1年						※台湾人児童用																
	2年		*※使用学年不明*										*※使用学年不明*										
	3年		*M33天変地異*										*M45公学校理科教授細目及要領*										
	4年		*M33訓蒙窮理図解*																				
	5年																		T6.3 公学校用　理科帖				
	6年																		T6.9				
台湾・図画	1年																*T4 手工教授書第一編*						*T10　公*
	2年															*T3 手工教授書第二編*							*T10 公*
	3年																*T4 手工教授書第三編*						T10.3
	4年																*T4 手工教授書第四編*						T10.3
	5年																*T4 手工教授書第五編*						T10.3
	6年																*T4 手工教授書第六編*						T10.3
台湾・唱歌	1年																						
	2年						*※使用学年不明*										*※使用学年不明*						
	3年						*M38唱歌教授細目*										*T4 公学校唱歌集*						
	4年																						
	5年																						
	6年																						
台湾農業	5年														*T2　農業教授書三四学年用二冊*								
	6年															*T3　農業教授書五学年用*							
	5年														*※使用学年不明*								
	6年														*T2国語教育農業読本*								
台湾・家事	4年																	*T5 家事教授書　巻一*					
	5年																	*T5 家事教授書　巻二*					
	6年																	*T5 家事教授書　巻三*					
	4年																						
	5年																						
	6年																						
台商業	5年								*※使用学年不明*									*T5 商業教授書第五学年*					
	6年								*M40　公学校商業事項教授資料*										*T6 商業教授書第五学年*				
	全																						

23	24	25	26	27	28	29	30	31	32	33	34	35	36	37	38	39	40	41	42	43	44	45	
T12	T13	T14	S1	S2	S3	S4	S5	S6	S7	S8	S9	S10	S11	S12	S13	S14	S15	S16	S17	S18	S19	S20	
T12.3														S12.2					S17.3				1年
T12.4														S12.3 公学校用国語読本					S17.7 コクゴ⑤				1年
T12.3															S13.2		④		S17.3 こくご				2年
T12.2															S13.3				S17.7				2年
T12.2						公学校用国語読本 ③										S14.3				S18.3 初等科国語			3年
T12.4																S14.3				S18.8			3年
	T13.2																S15.3			S18.3			4年
	T13.4																S15.6			S19.3			4年
		T14.2																S16.3			S19.3		5年
		T14.8																S16.8			S19.10		5年
			T15.2																S17.3		S19.3		6年
			T15.8																S17.8		S19.10		6年
					S3.2								公学校修身書②の2→				S15.3		S17.3 ヨイコドモ				1年
					S3.3											S16.3→			S17.3		③		2年
						S4.2				公学校修身書　②										S18.3 初等科修身			3年
						S4.3														S18.3			4年
							S5.3													S18.12(教師用)			5年
							S5.3													S18.12(教師用)			6年
															S13.3 カズノホン								1年
															S13.3		※一・二(1年)・三・四(2年)の２冊組						2年
	T13.3															S14.3 初等科算数							3年
	T13.3						公学校算術書②									S14.3							4年
		T14.2														S14.3							5年
			T15.3													S14.3							6年
T12.1 公学校用日本歴史　①　(S10から「公学校国史」へ)												S10　②		S12 公学校国史③									5年
T12.3									公学校国史→			S10			S13								6年
書	T13.3　公学校地理書②							S6.3 公学校地理書③										S16.3 公学校地理書④					5年
	T13.3							S6.3											S17.3				6年
																			S17.3自然の観察一・二				1年
																			S17.3 自然の観察三・四				2年
																				S18.3　同　五			3年
	T13.3																S15.3			S18.3 初等科理科			4年
	T13.3		公学校理科書　①											初等理科書→				S16.3 ②			S19.12 ③		5年
	T13.3												※初等科理科書から兼用？						S17.3		S19.11		6年
図画帖　教師用一												S10.3											1年
画帖　教師用二												S10.3											2年
												S10.3			初等図画②								3年
			公学校図画帖　児童用①										S11.3										4年
													S11.3										5年
													S11.3										6年
											S9.3								S17.3 ウタノホン				1年
											S9.3		公学校唱歌①						S17.3 うたのほん				2年
											S9.3									S18.3 初等科音楽			3年
												S10.3		S10.3「式日唱歌」						S18.3　②			4年
												S10.3			※使用学年不明					？			5年
												S10.3								？			6年
							S5.3 公学校農業書											※S19.3、第二種初等科農業					5年
							S5.3		S7、改訂版？										(原住民用)				6年
														S12.3 公学校女子農業書									5年
														S12.3									6年
														S12.7　教師用指導書発行						S18.3 初等科家事			4年
														S12.3　公学校家事書　①						？			5年
														S12.11						？			6年
													S11.3　公学校裁縫手芸教授書										4年
													S11.3										5年
																							6年
							S5.3 公学校商業書																5年
							S5.3																6年
											S9.3 公学校簿記　全												全

		1900	1	2	3	4	5	6	7	8	9	10	11	12	13	14	15	16	17	18	19	20	21
		M33	M34	M35	M36	M37	M38	M39	M40	M41	M42	M43	M44	T1	T2	T3	T4	T5	T6	T7	T8	T9	T10
朝鮮・国語	巻1								*M40.2 日語読本*				M44.3	T1.12									
	巻2								*M40.2*		*(旧学部期)*		M44.3		T2.1								
	巻3								*M40.2*				M44.3		T2.2								
	巻4								*M40.2*				M44.3		T2.2			普通学校　国語読本　①					
	巻5										*M42.3*		M44.3			T3.2							
	巻6										*M42.3*		M44.3			T3.12							
	巻7										*M42.3*		M44.3	［訂正］普通学校			T4.3						
	巻8										*M42.3*		M44.3	学徒用国語読本			T4.10						
	巻9																						
	巻10																						
	巻11																						
	巻12																						
朝鮮・修身	1年																						
	2年																						
	3年																						
	4年																						
	5年																						
	6年																						
朝鮮修身	1年												M44.3		T2.6								
	2年												M44.3		T2.10						普通学校修身書　生徒		
	3年												M44.3	普通学校		T3.10							
	4年												M44.3	学徒用修身書①			T4.3						
朝鮮・算術	1年											*巻一？*			T2.3								
	1年								*普通学校教員用　算術書*						*普通学校　算術書 教師用*								
	2年											*(巻二) M44.4*				T3.8				T7.11			
	2年																				普通学校　算術書		
	3年											*(巻三) M44.4*				T3.8					T8.3	生徒用	
	3年																						
	4年											*(巻四) M44.4*						T5.3				T9.1	
	4年																						
朝鮮・算術	1年																						
	1年																						
	2年																						
	2年																						
	3年																						
	3年																						
	4年																						
	4年																						
	5年																						
	5年																						
	6年																						
	6年																						
朝鮮国史	5年																						
	6年																						
	5年																						
	6年																						
朝地理	4年																					※日本地理教科	
	5年															T3.3（稿本）日本地理教科書　学年？							T10.2
	6年																						（訂正再版

23	24	25	26	27	28	29	30	31	32	33	34	35	36	37	38	39	40	41	42	43	44	45	
T12	T13	T14	S1	S2	S3	S4	S5	S6	S7	S8	S9	S10	S11	S12	S13	S14	S15	S16	S17	S18	S19	S20	
T12.1							S5.2									S14.3 初等国語			S17.3 ヨミカタ				1年
T12.9							S5.9									S14.9 読本			S17.8				1年
2								S6.3									S15.5 ④		S17.3		⑤		2年
T12.9		普通学校　国語読本②						S6.9			普通学校　国語読本　③						S15.9		S17.9				2年
T12.1									S7.1									S16.3		S18.？初等国語			3年
T12.9									S7.9									S16.9		S18.9			3年
	T13.1									S8.3										S18.9			4年
	T13.8									S8.11							S15より、			S18.3			4年
											S9.3		※4年制国語読本も					小学国語読本			S19.2		5年
											S9.10			並行して発行					を使用		S19.10		5年
												S10.3									S19.2		6年
												S10.9									S19.9		6年
0							S5.2									S14.3			S17.3 ヨイコドモ				1年
2	普通学校修身書　児童用③						S5.2		普通学校　修身書④							S14.3			S17.3		⑦		2年
T12.6								S6.3								S14.3 初等修身⑥				S18.3初等修身			3年
	T13.1								S7.1						S13.2			S16.3		S18.3			4年
	T13.1									S8.1					S13.2	初等修身書⑤					S19.1		5年
	T13.2										S9.3				S13.2						S19.2		6年
																							1年
																							2年
										S8.2 四年制　普通学校　修身書													3年
											S9.3												4年
T12.2 普通学校算術書 教師用														S12.3									1年
														S12.10 普通学校 算術 児童用 （1～2年）									1年
T12.11		*普通学校算術書 教師用*												S12.3		初等算術　児童用　（1～4年）							2年
														S12.10					※同時期発行				2年
T12.1															S13.3								3年
					普通学校　算術書　児童用										S13.9								3年
T12.1																S14.2	※5～6年用・初等算術の発行あり						4年
																S14.9	使用学年の調査必要						4年
																			S17.3 カズノホン				1年
																			S17.8		⑥		1年
																			S17.3				2年
																			S17.3				2年
																			S17.11 初等科算数				3年
																				S18.8			3年
																	S15.3		S17.11				4年
																		S16.8		S18.9			4年
																	S15.1	文部省著作			S19.1		5年
																	S15.9	尋常小学算術書			S19.9		5年
																	S15.4	を使用			S19.1		6年
																	S15.10				S19.9		6年
2	普通学校国史								S7.8 普通学校国史				S12 普通学校国史				S15.3 初等国史						5年
2				※S2、巻1・2ともに改訂版						S8.3			？					S16.3					6年
						※S12、普通学校国史発行後、同目次の初等国史発行　↑									S13.4　国史地理								5年
						改訂版を発行期に入れるか否かの検討が必要									S13.12								6年
地理補充教材を発行期に入れるか検討の必要																			*S17「環境の観察」教師用*				4年
T12.2 普通学校地理補充教材　全　児童用　学年？									S7.3 初等地理書					S12.3 初等地理			S15.4 初等地理				S19.3 初等		5年
										S8.4				S12.3			S15.4				S19.3 地理		6年

		1900	1	2	3	4	5	6	7	8	9	10	11	12	13	14	15	16	17	18	19	20	21
		M33	M34	M35	M36	M37	M38	M39	M40	M41	M42	M43	M44	T1	T2	T3	T4	T5	T6	T7	T8	T9	T10
朝	1年																						
鮮	2年																					普通学校理科	
・	3年					［訂正］普通学校　学徒用　理科書　巻一→							M44.3		T2.2　普通学校理科書　生徒用①								T10
理	4年												M44.3		T2.2						T8.6		
科	5年																						
	6年																						
朝理	4年		(朝鮮・理科・4年制)																				
朝	1年									M43 新編教育唱歌　第一輯												T9.3	
鮮	2年														※使用学年不明							T9.3	
・	3年															T3.3 新編唱歌集　全						T9.3	
唱	4年																T4.1 羅馬字新編唱歌集					T9.3	
歌	5年																						
	6年																						
朝	1年												?										?
鮮	2年												M44.3			普通学校学徒用　図画臨本①							T10.2
・	3年												M44.3										T10.2
図	4年												M44.3										T10.2
画	5年																						T10.2
	6年																						T10.2
朝	3年															T3.3　普通学校農業書①							
鮮	4年															T3.3							
・	5年																		T6.3 尋常小学農業書(日本人用)				
農	6年																		T6.3				
朝	4年																						
職	5年																						
業	6年																						
朝	4年																						
裁	5年																						
縫	6年																						
朝	4年																						
家	5年																						
事	6年																						
朝	体																		T6.7 小学校・普通学校　体操教授書				
鮮	操																						

		1900	1	2	3	4	5	6	7	8	9	10	11	12	13	14	15	16	17	18	19	20	21
		M33	M34	M35	M36	M37	M38	M39	M40	M41	M42	M43	M44	T1	T2	T3	T4	T5	T6	T7	T8	T9	T10
国	1年				M36.12児童用「掛図」							M43.3							T6.12				
定	2年				M36.10							M43.3								T7.12			
・	3年				M36.11		尋常小学修身書　①					M43.9			尋常小学修身書　②						T8.9		
修	4年				M36.11							M43.11										T9.10	
身	5年				※4年制、高等科児童用は発行								M44.9										T10.11
	6年													M45.3									
台	1年	※使用学年不明										M43.公学校修身書教授資料一				T3.2							
湾	2年		M29台湾適用作法教授書									M43.公学校修身書教授資料二				T3.2							
・	3年		M32教育勅諭述語									M43.公学校修身書教授資料三				T3.2					公学校修身書　①		
修	4年		M33祝祭日略儀									※上記のうち巻二のみ確認				T3.2							
身	5年															T3.2							
	6年																				T8.9		
朝	1年																						
鮮	2年																						
・	3年																						
修	4年																						
身	5年																						
	6年																						
朝	1年												M44.3		T2.6								
鮮	2年												M44.3		T2.10					普通学校修身書　生徒			
修	3年												M44.3	普通学校		T3.10							
身	4年												M44.3	学徒用修身書①			T4.3						

23	24	25	26	27	28	29	30	31	32	33	34	35	36	37	38	39	40	41	42	43	44	45	
T12	T13	T14	S1	S2	S3	S4	S5	S6	S7	S8	S9	S10	S11	S12	S13	S14	S15	S16	S17	S18	S19	S20	
																			S17.9自然の観察1年上・下				1年
児童用②																			*S17自然の観察2年上下*				2年
																			S17自然の観察3年				3年
2								S6.3						S12.3						S18.3 初等理科			4年
	T13.2 普通学校理科書③								S7.4 初等理科書④					S12.3		初等理科④の2					S19.1		5年
		T14.2								S8.4				S12.3							S19.3		6年
T12.2 普通学校理科書　全　4学年　児童用											S9.3 四年制　初等理科書　全												4年
					S3											S14.3			S17.1 ウタノホン				1年
学校唱歌書　①					S3		普通学校補充唱歌集②						※S14.3			S14.3			S17		④		2年
					S3								「みくにのうた」				S15 初等唱歌			S18.3 初等音楽			3年
					S3								学年？				S15.3		③	S18.3			4年
					S3													S16			S19		5年
					S3													S16			S19.3		6年
は発行			T15												S13.2	1～4年は			S17.8 モンブショウエノホン				1年
学校図画帖			T15					普通学校図画帖　生徒用③						S12.3		初等図画			S17.9　1～4年				2年
生徒用②			T15.1												S13.2		④			S18.3　初等工作と			3年
			T15.1												S13.2		5～6年は			S18.3　初等図画			4年
			T15.1　(←※T15.1初等図画帖・第5学年）も発行あり													S14.1 尋常小学図画					S19.3		5年
			T15.1													S14.1					S19.3		6年
																							3年
																							4年
T12.1　初等農業書(日朝兼用)																							5年
	T13.4																						6年
																				S18.3初等職業			4年
																					S19.3		5年
																					？		6年
																				S18.2初等裁縫			4年
																					S19.2		5年
																					？		6年
																		S16.3　初等家事教師用					4年
																		S16.3　初等家事教師用					5年
																		S16.3　初等家事教師用					6年
	T13.4			*S2 小学校・普通学校　新編体操教授書*																			
		小学校・普通学校　体操教授書　全																					

23	24	25	26	27	28	29	30	31	32	33	34	35	36	37	38	39	40	41	42	43	44	45	
T12	T13	T14	S1	S2	S3	S4	S5	S6	S7	S8	S9	S10	S11	S12	S13	S14	S15	S16	S17	S18	S19	S20	
										S8.12								S16.1　ヨイコドモ					1年
											S9.11							S16.2		⑤			2年
尋常小学修身書　③													S11.1 尋常小学修身書　④						S17.2　初等科修身				3年
														S12.2					S17.2				4年
															S13.3					S18.1			5年
2																S14.2				S18.1			6年
					S3.2								公学校修身書②の2→				S15.3		S17.3 ヨイコドモ				1年
					S3.3											S16.3→			S17.3		③		2年
						S4.2				公学校修身書　②										S18.3 初等科修身			3年
						S4.3														S18.3			4年
							S5.3													S18.12(教師用)			5年
							S5.3													S18.12(教師用)			6年
0							S5.2									S14.3			S17.3　ヨイコドモ				1年
2　普通学校修身書　児童用③							S5.2		普通学校　修身書④							S14.3			S17.3		⑦		2年
T12.6								S6.3								S14.3 初等修身⑥				S18.3初等修身			3年
	T13.1								S7.1						S13.2			S16.3		S18.3			4年
	T13.1									S8.1					S13.2	初等修身書⑤					S19.1		5年
	T13.2										S9.3				S13.2						S19.2		6年
																							1年
																							2年
										S8.2 四年制　普通学校　修身書													3年
											S9.3												4年

		1900	1	2	3	4	5	6	7	8	9	10	11	12	13	14	15	16	17	18	19	20	21
		M33	M34	M35	M36	M37	M38	M39	M40	M41	M42	M43	M44	T1	T2	T3	T4	T5	T6	T7	T8	T9	T10
国定・国語	巻1				M36.8						M42.9								T6.11				
	巻2				M36.11							M43.3							T6.11				
	巻3				M36.9						M42.8								T6.12				
	巻4				M36.11		尋常小学読本　①					M43.4			尋常小学読本　②				T6.12				
	巻5				M36.9						M42.10										T8.8		
	巻6				M36.12							M43.5										T9.3	
	巻7				M36.9						M42.10											T9.10	
	巻8					M37.1						M43.6											T10.4
	巻9				※4年制、高等科教科書発行あり						M42.12												
	巻10											M43.7											
	巻11											M43.1											
	巻12											M43.7											
台湾・国語	巻1		M34.3												T2.2								
	巻2		M34												T2.6								
	巻3		M34												T2.2								
	巻4		M34												T2.6								
	巻5		M34				台湾教科用書　国民読本　①								T2.6				公学校用国民読本　②				
	巻6		M34												T2.6								
	巻7			M35											T2.2								
	巻8			M35											T2.6								
	巻9			M35											T2.6								
	巻10				M36											T3.2							
	巻11				M36											T3.2							
	巻12				M36											T3.3							
朝鮮・国語	巻1								*M40.2 日語読本*				M44.3	T1.12									
	巻2								*M40.2*	*(旧学部期)*			M44.3		T2.1								
	巻3								*M40.2*				M44.3		T2.2								
	巻4								*M40.2*				M44.3		T2.2			普通学校　国語読本　①					
	巻5										*M42.3*		M44.3			T3.2							
	巻6										*M42.3*		M44.3			T3.12							
	巻7										*M42.3*		M44.3	［訂正］普通学校			T4.3						
	巻8										*M42.3*		M44.3	学徒用国語読本			T4.10						
	巻9																						
	巻10																						
	巻11																						
	巻12																						

23	24	25	26	27	28	29	30	31	32	33	34	35	36	37	38	39	40	41	42	43	44	45	
T12	T13	T14	S1	S2	S3	S4	S5	S6	S7	S8	S9	S10	S11	S12	S13	S14	S15	S16	S17	S18	S19	S20	
									S7.12									S16.2	コトバノオケイコ/ヨミカタ				1年
									S8.7									S16.8		⑤			1年
											S9.2							S16.3	ことばのおけいこ/よみかた				2年
尋常小学　国語読本　③											S9.8							S16.8					2年
												S10.2	小学国語読本 尋常科用						S17.2	初等科国語			3年
												S10.7		④					S17.7				3年
													S11.1						S17.2				4年
													S11.8						S17.7				4年
														S12.2					S17.12				5年
														S12.7						S18.7			5年
															S13.2				S17.12				6年
T12.6															S13.8					S18.7			6年
T12.3														S12.2					S17.3				1年
T12.4														S12.3	公学校用国語読本				S17.7	コクゴ⑤			1年
T12.3															S13.2		④		S17.3	こくご			2年
T12.2															S13.3				S17.7				2年
T12.2							公学校用国語読本 ③									S14.3				S18.3	初等科国語		3年
T12.4																S14.3				S18.8			3年
	T13.2																S15.3			S18.3			4年
	T13.4																S15.6			S19.3			4年
		T14.2																S16.3			S19.3		5年
		T14.8																S16.8			S19.10		5年
			T15.2																S17.3		S19.3		6年
			T15.8																S17.8		S19.10		6年
T12.1							S5.2									S14.3	初等国語		S17.3	ヨミカタ			1年
T12.9							S5.9									S14.9	読本		S17.8				1年
								S6.3									S15.5 ④		S17.3		⑤		2年
T12.9		普通学校　国語読本②						S6.9			普通学校　国語読本　③						S15.9		S17.9				2年
T12.1									S7.1									S16.3		S18.？初等国語			3年
T12.9									S7.9									S16.9		S18.9			3年
	T13.1									S8.3										S18.9			4年
	T13.8									S8.11								S15より、		S18.3			4年
											S9.3		※4年制国語読本も					小学国語読本			S19.2		5年
											S9.10			並行して発行					を使用		S19.10		5年
												S10.3									S19.2		6年
												S10.9									S19.9		6年

年：1900 1 2 3 4 5 6 7 8 9 10 11 12 13 14 15 16 17 18 19 20 21
（M33 M34 M35 M36 M37 M38 M39 M40 M41 M42 M43 M44 T1 T2 T3 T4 T5 T6 T7 T8 T9 T10）

科目	学年	記載
国定・算数	1年	M33.12 尋常小学算術書 ① / M43.2教師用 / T7.2教師用
	2年	M33.12 教師用（児童用未刊） / 〃 / 〃
	3年	M33.12 〃 / M43.3 / T8.3
	4年	M33.12 〃 / M43.3 尋常小学算術書 ② / T8.11 尋常小
	5年	※4年制、高等科児童用は発行 / M43.2 / T9.10
	6年	M43.3 / T10.10
台湾・算数	1年	M39 公学校算術科教材巻一 / T6？ 公学校算術書巻一教師用
	2年	M39 公学校算術科教材巻二 / T6 公学校算術書巻二教師用
	3年	M40 公学校算術科教材巻三 / T2
	4年	M37公学校算術教授細目（学年？） / T2 公学校算術書 ①
	5年	？ / T3.8
	6年	M40 公学校算術科教材巻六 / T3.8
朝鮮・算術	1年	巻一？ / T2.3
	1年	普通学校教員用 算術書 / 普通学校 算術書 教師用
	2年	（巻二）M44.4 / T3.8 / T7.11
	2年	普通学校 算術書
	3年	（巻三）M44.4 / T3.8 / T8.3 生徒用
	3年	
	4年	（巻四）M44.4 / T5.3 / T9.1
	4年	
朝鮮・算術	1年	
	1年	
	2年	
	2年	
	3年	
	3年	
	4年	
	4年	
	5年	
	5年	
	6年	
	6年	

年：1900 1 2 3 4 5 6 7 8 9 10 11 12 13 14 15 16 17 18 19 20 21
（M33 M34 M35 M36 M37 M38 M39 M40 M41 M42 M43 M44 T1 T2 T3 T4 T5 T6 T7 T8 T9 T10）

科目	学年	記載
国定・理科	1年	
	2年	
	3年	
	4年	T6.12
	5年	M39.11 尋常小学理科書 ① / T3.4 / T7.11 尋常小学理科書
	6年	M39.12 / T4.2 尋常小学理科書 ② / T9.1
台湾・理科	1年	※台湾人児童用
	2年	※使用学年不明 / ※使用学年不明
	3年	M33天変地異 / M45公学校理科教授細目及要領
	4年	M33訓蒙窮理図解
	5年	T6.3 公学校用 理科帖
	6年	T6.9
台・理	4年	※日本人児童用
	5年	
	6年	
朝鮮・理科	1年	
	2年	普通学校理科
	3年	［訂正］普通学校 学徒用 理科書 巻一→ M44.3 / T2.2 普通学校理科書 生徒用① / T10
	4年	M44.3 / T2.2 / T8.6
	5年	
	6年	
朝理	4年	（朝鮮・理科・4年制）

23	24	25	26	27	28	29	30	31	32	33	34	35	36	37	38	39	40	41	42	43	44	45
T12	T13	T14	S1	S2	S3	S4	S5	S6	S7	S8	S9	S10	S11	S12	S13	S14	S15	S16	S17	S18	S19	S20

記載事項（左から右へ）	学年
T14.1教師用　S9.12 尋常小学 算術 ④　S16.2 カズノホン ⑤	1年
〃　S11.2 ※各上・下の２冊組の　S16.3 ※各上・下の２冊組	2年
算術書 ③　T15.1　S12.2 上巻発行月日　S17.2 初等科算数	3年
T15.12 尋常小学算術書 ③改訂版　S13.2　S17.2	4年
S2.1　S14.3　S18.2	5年
S2.11　S15.2　S18.3	6年
S13.3 カズノホン	1年
S13.3 ※一・二(1年)・三・四(2年)の２冊組	2年
T13.3　S14.3 初等科算数	3年
T13.3 公学校算術書②　S14.3	4年
T14.2　S14.3	5年
T15.3　S14.3	6年
T12.2 普通学校算術書 教師用　S12.3	1年
S12.10 普通学校 算術 児童用 （1～2年）	1年
T12.11 普通学校算術書 教師用　S12.3 初等算術 児童用 （1～4年）	2年
S12.10 ※同時期発行	2年
T12.1　S13.3	3年
普通学校 算術書 児童用　S13.9	3年
T12.1　S14.2 ※5～6年用・初等算術の発行あり	4年
S14.9 使用学年の調査必要	4年
S17.3 カズノホン	1年
S17.8 ⑥	1年
S17.3	2年
S17.3	2年
S17.11 初等科算数	3年
S18.8	3年
S15.3　S17.11	4年
S16.8　S18.9	4年
S15.1 文部省著作　S19.1	5年
S15.9 尋常小学算術書　S19.9	5年
S15.4 を使用　S19.1	6年
S15.10　S19.9	6年

23	24	25	26	27	28	29	30	31	32	33	34	35	36	37	38	39	40	41	42	43	44	45
T12	T13	T14	S1	S2	S3	S4	S5	S6	S7	S8	S9	S10	S11	S12	S13	S14	S15	S16	S17	S18	S19	S20

記載事項（左から右へ）	学年
S16.5 自然の観察一・二	1年
S16.5 自然の観察三・四	2年
S17.4 「 同 」五	3年
T14.2　S17.3 初等科理科 ⑤	4年
T15.2 尋常小学理科書④　S17.12	5年
S2.2　S18.1	6年
S17.3自然の観察一・二	1年
S17.3 自然の観察三・四	2年
S18.3 同 五	3年
T13.3　S15.3　S18.3 初等科理科	4年
T13.3 公学校理科書 ①　初等理科書→　S16.3 ②　S19.12 ③	5年
T13.3　※初等科理科書から兼用？　S17.3　S19.11	6年
※台湾は日本国内と気候風土が異なるために、　S7.3 尋常小学理科書　S15.3　S18.3 初等科理科	4年
国定教科書が使用できない。そのため総督府が　S8.3　初等理科書→　S16.3 ②　S19.12 ③	5年
独自に日本人用児童用教科書を作成。　S9.3　※初等科理科書から兼用？　S17.3　S19.11	6年
S17.9自然の観察1年上・下	1年
児童用②　S17自然の観察2年上下	2年
S17自然の観察3年	3年
2　S6.3　S12.3　S18.3 初等理科	4年
T13.2 普通学校理科書③　S7.4 初等理科書④　S12.3 初等理科④の2　S19.1	5年
T14.2　S8.4　S12.3　S19.3	6年
T12.2 普通学校理科書 全 4学年 児童用　S9.3 四年制 初等理科書 全	4年

		1900	1	2	3	4	5	6	7	8	9	10	11	12	13	14	15	16	17	18	19	20	21
		M33	M34	M35	M36	M37	M38	M39	M40	M41	M42	M43	M44	T1	T2	T3	T4	T5	T6	T7	T8	T9	T10
国歴	5年				M36.10　小学日本歴史①						M42.9 尋常小学日本歴史②（②改訂版M44.10）											T9.10 尋常小	
	6年				M36.10　※高等科で使用							M43.9（②改訂版M44.11）											T10.12
台史	5年	M33大日本史略下巻																					
	6年	M33大日本史略上巻																					
朝鮮	5年																						
	6年																						
国史	5年																						
	6年																						

		1900	1	2	3	4	5	6	7	8	9	10	11	12	13	14	15	16	17	18	19	20	21
		M33	M34	M35	M36	M37	M38	M39	M40	M41	M42	M43	M44	T1	T2	T3	T4	T5	T6	T7	T8	T9	T10
国地理	4年																						
	5年				M36.10　小学地理　①							M43.1　尋常小学地理　②								T7.2		尋常小学地	
	6年				M36.10　※高等科で使用							M43.11									T8.2		
台地	5年																					T9.2 公学校	
	6年																						T10.3
朝地理	4年																					※日本地理教科	
	5年															T3.3（稿本）日本地理教科書　学年？							T10.2
	6年																						（訂正再版

		1900	1	2	3	4	5	6	7	8	9	10	11	12	13	14	15	16	17	18	19	20	21
		M33	M34	M35	M36	M37	M38	M39	M40	M41	M42	M43	M44	T1	T2	T3	T4	T5	T6	T7	T8	T9	T10
国定・図画	1年					1年用は未発行																	
	2年					M37.11 尋常小学毛筆画手本と																	
	3年					M37.11　尋常小学鉛筆画手本						M43.4　尋常小学新定画帖・尋常小学毛筆画帖・尋常小学鉛筆画帖											
	4年					M37.11　①						M43.3　同一学年に3冊・M42.12～M43.2に同時発行・発行年月にばらつきあり											
	5年					※4年制						M43.3　3書ともに5年と6年は男子用・女子用に分かれる											
	6年											M43.5											
台湾・図画	1年																T4 手工教授書第一編						T10 公
	2年															T3 手工教授書第二編							T10 公
	3年																T4 手工教授書第三編						T10.3
	4年																T4 手工教授書第四編						T10.3
	5年																T4 手工教授書第五編						T10.3
	6年																T4 手工教授書第六編						T10.3
朝鮮・図画	1年												？										？
	2年												M44.3　普通学校学徒用　図画臨本①										T10.2
	3年												M44.3										T10.2
	4年												M44.3										T10.2
	5年																						T10.2
	6年																						T10.2

		1900	1	2	3	4	5	6	7	8	9	10	11	12	13	14	15	16	17	18	19	20	21
		M33	M34	M35	M36	M37	M38	M39	M40	M41	M42	M43	M44	T1	T2	T3	T4	T5	T6	T7	T8	T9	T10
国裁縫	4年																						
	5年															T3.4　高等小学理科　家事教科書							
	6年																						
台湾・家事	4年																	T5 家事教授書　巻一					
	5年																	T5 家事教授書　巻二					
	6年																	T5 家事教授書　巻三					
	4年																						
	5年																						
	6年																						
朝裁縫	4年																						
	5年																						
	6年																						
朝家事	4年																						
	5年																						
	6年																						

23	24	25	26	27	28	29	30	31	32	33	34	35	36	37	38	39	40	41	42	43	44	45	
T12	T13	T14	S1	S2	S3	S4	S5	S6	S7	S8	S9	S10	S11	S12	S13	S14	S15	S16	S17	S18	S19	S20	
史 ③											S9.2 尋常小学国史 ④						S15.2小学国史			S18.2 初等科国史			5年
												S10.1						S16.3 ⑤		S18.3 ⑥			6年
T12.1 公学校用日本歴史 ①（S10から「公学校国史」へ）												S10 ②		S12 公学校国史③									5年
T12.3								公学校国史→				S10			S13								6年
2	普通学校国史								S7.8 普通学校国史				S12 普通学校国史				S15.3 初等国史						5年
2				※S2、巻1・2ともに改訂版						S8.3			？					S16.3					6年
					※S12、普通学校国史発行後、同目次の初等国史発行 ↑										S13.4 国史地理								5年
					改訂版を発行期に入れるか否かの検討が必要										S13.12								6年

23	24	25	26	27	28	29	30	31	32	33	34	35	36	37	38	39	40	41	42	43	44	45	
T12	T13	T14	S1	S2	S3	S4	S5	S6	S7	S8	S9	S10	S11	S12	S13	S14	S15	S16	S17	S18	S19	S20	
																			S17.3「郷土の観察」				4年
③		T14.1				S4.3 尋常小学地理書 ⑤									S13.3 尋常小学地理書⑥					S18.2初等科地理			5年
		T14.1 尋常小学地理書④					S5.3									S14.3				S18.2 ⑦			6年
書	T13.3 公学校地理書②							S6.3 公学校地理書③										S16.3 公学校地理書④					5年
	T13.3							S6.3											S17.3				6年
地理補充教材を発行期に入れるか検討の必要																			*S17「環境の観察」教師用*				4年
T12.2 普通学校地理補充教材　全　児童用　学年？									S7.3 初等地理書					S12.3 初等地理			S15.4 初等地理				S19.3 初等		5年
										S8.4				S12.3			S15.4				S19.3 地理		6年

23	24	25	26	27	28	29	30	31	32	33	34	35	36	37	38	39	40	41	42	43	44	45	
T12	T13	T14	S1	S2	S3	S4	S5	S6	S7	S8	S9	S10	S11	S12	S13	S14	S15	S16	S17	S18	S19	S20	
									S7.3									S16.2 エノホン ④					1年
									S7.4			尋常小学図画 ③						S16.2					2年
										S8.3									S17.2 初等科図画・初等科工作				3年
										S8.3									S17.2 4.5.6年は男女別				4年
											S9.1 ※5.6年は男女別									S18.2			5年
											S9.3									S18.1			6年
図画帖　教師用一												S10.3											1年
画帖　教師用二												S10.3											2年
												S10.3				初等図画②							3年
			公学校図画帖　児童用①										S11.3										4年
													S11.3										5年
													S11.3										6年
は発行			T15												S13.2 1～4年は				S17.8 モンブショウエノホン				1年
学校図画帖			T15					普通学校図画帖　生徒用③						S12.3		初等図画			S17.9 1～4年				2年
生徒用②			T15.1												S13.2		④			S18.3 初等工作と			3年
			T15.1												S13.2		5～6年は			S18.3 初等図画			4年
			T15.1（←※T15.1初等図画帖・第5学年）も発行あり													S14.1 尋常小学図画					S19.3		5年
			T15.1													S14.1					S19.3		6年

23	24	25	26	27	28	29	30	31	32	33	34	35	36	37	38	39	40	41	42	43	44	45	
T12	T13	T14	S1	S2	S3	S4	S5	S6	S7	S8	S9	S10	S11	S12	S13	S14	S15	S16	S17	S18	S19	S20	
																			S17.2 初等科裁縫				4年
										S8.4 高等小学　家事教科書										S18.2			5年
																				S18.2			6年
														S12.7 教師用指導書発行						S18.3 初等科家事			4年
														S12.3 公学校家事書 ①						？			5年
														S12.11						？			6年
													S11.3 公学校裁縫手芸教授書										4年
													S11.3										5年
																							6年
																				S18.2初等裁縫			4年
																					S19.2		5年
																					？		6年
																		S16.3 初等家事教師用					4年
																		S16.3 初等家事教師用					5年
																		S16.3 初等家事教師用					6年

		1900	1	2	3	4	5	6	7	8	9	10	11	12	13	14	15	16	17	18	19	20	21
		M33	M34	M35	M36	M37	M38	M39	M40	M41	M42	M43	M44	T1	T2	T3	T4	T5	T6	T7	T8	T9	T10
国定・唱歌	1年												M44.5										
	2年					※唱歌教科書はも各期ともに							M44.6										
	3年					正式な国定教科書ではなく、								M45.3								尋常小学唱歌 ①	
	4年					「国定期文部省著作唱歌教科書」と言う								T1.12									
	5年														T2.5								
	6年															T3.6							
台湾・唱歌	1年																						
	2年						※使用学年不明										※使用学年不明						
	3年						M38唱歌教授細目										T4 公学校唱歌集						
	4年																						
	5年																						
	6年																						
朝鮮・唱歌	1年											M43 新編教育唱歌　第一輯										T9.3	
	2年														※使用学年不明							T9.3	
	3年															T3.3 新編唱歌集　全						T9.3	
	4年																T4.1 羅馬字新編唱歌集					T9.3	
	5年																						
	6年																						

		1900	1	2	3	4	5	6	7	8	9	10	11	12	13	14	15	16	17	18	19	20	21
		M33	M34	M35	M36	M37	M38	M39	M40	M41	M42	M43	M44	T1	T2	T3	T4	T5	T6	T7	T8	T9	T10
台湾農業	5年														T2　農業教授書三四学年用二冊								
	6年															T3　農業教授書五学年用							
	5年														※使用学年不明								
	6年														T2国語教育農業読本								
朝鮮・農	3年															T3.3　普通学校農業書①							
	4年															T3.3							
	5年																		T6.3尋常小学農業書(日本人用)				
	6年																		T6.3				
台商業	5年								※使用学年不明									T5 商業教授書第五学年					
	6年								M40　公学校商業事項教授資料										T6 商業教授書第五学年				
	全																						
朝職業	4年																						
	5年																						
	6年																						

23	24	25	26	27	28	29	30	31	32	33	34	35	36	37	38	39	40	41	42	43	44	45	
T12	T13	T14	S1	S2	S3	S4	S5	S6	S7	S8	S9	S10	S11	S12	S13	S14	S15	S16	S17	S18	S19	S20	
									S7.3									S16.2 ウタノホン ③					1年
									S7.4		新訂尋常小学唱歌 ②							S16.3 うたのほん					2年
									S7.4		新訂尋常小学唱歌 伴奏付								S17.2 初等科音楽				3年
									S7.12			S7.5～S8.2に発行される							S17.2				4年
									S7.12										S17.12				5年
									S7.12										S17.12				6年
											S9.3								S17.3 ウタノホン				1年
											S9.3		公学校唱歌①						S17.3 うたのほん				2年
											S9.3									S18.3 初等科音楽			3年
												S10.3		S10.3「式日唱歌」						S18.3		②	4年
												S10.3			※使用学年不明					？			5年
												S10.3								？			6年
					S3											S14.3			S17.1 ウタノホン				1年
学校唱歌書 ①					S3		普通学校補充唱歌集②						※S14.3			S14.3			S17		④		2年
					S3								「みくにのうた」				S15 初等唱歌			S18.3 初等音楽			3年
					S3								学年？				S15.3 ③			S18.3			4年
					S3													S16			S19		5年
					S3													S16			S19.3		6年

23	24	25	26	27	28	29	30	31	32	33	34	35	36	37	38	39	40	41	42	43	44	45	
T12	T13	T14	S1	S2	S3	S4	S5	S6	S7	S8	S9	S10	S11	S12	S13	S14	S15	S16	S17	S18	S19	S20	
							S5.3 公学校農業書											※S19.3、第二種初等科農業					5年
							S5.3		S7、改訂版？										(原住民用)				6年
														S12.3 公学校女子農業書									5年
														S12.3									6年
																							3年
																							4年
T12.1		初等農業書(日朝兼用)																					5年
	T13.4																						6年
							S5.3 公学校商業書																5年
							S5.3																6年
											S9.3 公学校簿記 全												全
																				S18.3初等職業			4年
																					S19.3		5年
																					？		6年

在日コリアン一世の学校経験

——呉炳学氏の場合

李省展・佐藤由美

1．はじめに

先回掲載された李仁夏氏へのインタビューに引き続き、今回は画家として著名な呉炳学さんの学校経験に関するインタビュー要約を研究資料として提示したい。

この一連のインタビューを筆者らは、これまでの植民地教育史研究の間隙を埋め、補完する作業として位置付けている。植民地支配は一様ではない、地域、階層、ジェンダー、個人などさまざまな偏差が存在する。また支配するものと、されるものとの間の権力関係——抵抗と協力——、また教育についていえば、教育をするものと、されるものとの間の断絶や相互性にも筆者らは注目している。したがってこのインタビューに基づく研究は教育を受ける側からの眼差しを取り込むことにより、その眼差しから植民地教育ならびに戦後日本における教育の一端を明らかにするとともに、全容解明への布石となす研究へと進展されていかねばならないと考えている。

呉炳学さんは、植民地期においては主に平壌で教育を受けている。平壌は周知のように、植民地期においても比較的反日的雰囲気の色濃い、ソウルとは異なる思想的磁場をもつ地域であったといえよう。朝鮮物産奨励運動、民立大学設立運動などでも平壌における動きには独自なものがある。また特に教育面では、アメリカ人宣教師のウイリアム・ベアード（William M. Baird　1862—1931）などの努力により、植民地化される以前にすでに初等教育から高等教育に至るまでの、教会ならびにミッションによる独自の近代教育を、平壌を中心とする朝鮮の西北地方に確立していた[(1)]。

そのような中で呉さんが自己規定するように「ノンポリ」として「皇民化」政策期の植民地教育を経験しているのであるが、インタビューの端々に、氏の「皇民化教育」に対するある種のディスタンスを読み取ることができる。それは東方遥拝、創氏改名、軍歌などにおける幾度となく述べられる「強制」という氏の言説にもみられるのであるが、平壌商業学校における日本人学生と朝鮮人学生の交わることのない関係性、校長の説教を聞いたふりをして聞き流していたこと、「皇民化」を必死に説く国学院出身教員への朝鮮人学生の侮蔑と無視などにも如実に表れている。それに対して、呉さんの平壌のミッションスクールや教会に対する言説には肯定的で鮮明なものがあり、当時の平壌におけるキリスト教の隆盛を彷彿とさせるものがある。

呉さんは、芸術に興味を持ち、平壌には西洋画を学べる学校がなかったという唯一の理由から、日本への「留学」を志し太平洋美術学校さらに東京美術学校へと進学する。それは近代西洋画、特にセザンヌの画風を学ぶという一点に収斂されていく。なお佐藤には呉さんを含む東京美術学校の留学生についての論稿[(2)]があるので参考にされたい。

呉さんは太平洋美術学校で出会った台湾出身の画家とは、植民地出身者としての連帯感があったと述べている。などなど興味は尽きないが、紙幅の都合から教育に関する部分の要約に限定し、インタビューのかなりの部分を割愛せざるを得なかったことをことわっておきたい。インタビューに応じてくださった呉炳学さんに感謝するとともに、この貴重な研究資料が様々な形で活用されることを心から望むものである。

2．呉炳学氏の学校経験 ―インタビュー記録より―

呉炳学さんへのインタビューは、ご自宅・アトリエにて2007年9月3日、9月28日、2008年2月9日の都合3回行われた。インタビューはいずれも3時間以上に及び、朝鮮での学校経験や、絵の勉強のために「内地」に留学した苦学生時代、呉さんの芸術の世界について語っていただいた。以下は上記3回のインタビュー記録をもとに、呉さんの言葉や表現をできる限り尊重しつつ、筆者らが編集・加工して収録するものである。

【慈山公立普通学校時代】

呉炳学さんは1924年、平安南道順川郡の生まれである。家族は両親と兄、姉、弟二人の6人家族で、姉は結婚して早くに家を出ていた。家業は農林業であったが、後に鉄道が敷設されると駅の近くに移住し、運送会社の出張所の業務を担うようになった。呉さんは1931年に6年制の慈山公立普通学校に入学し、汽車通学が認められるまでは、4里の道のりを歩いて通ったという。

慈山公立普通学校の規模：１クラスの人数は大体50人前後ですね。各学年が大体そのぐらいの人数で、１クラスずつですから、全校ではその6倍ですね。生徒は全部朝鮮人でした。校長は代々日本人で、教頭は朝鮮人でしたね。クラス担任の中に、日本人の先生が一人か二人いましたね。他は朝鮮の先生。日本人の先生も、朝鮮人の先生もみんなそれぞれに担任を持っていて、言語は日本語強制ですからどちらに習っても同じですね。

朝鮮語の使用：4年生までは朝鮮語の授業があったんです。それ以後は完全に朝鮮語禁止状態ですね。その学校で朝鮮語を使ってはいけないと。朝鮮語を使った場合の罰則は、廊下に立たたせるとか、まぁそんなことですよね。私はそういう経験はないです。私はわりと、他の子より日本語はマシな方だったんで。ただ、家に帰れば完全に朝鮮語です。学校以外で日本語っていうのはほとんどないですね。

農業経験：私は田んぼの仕事、それから畑、山の薪取り、全部やります。牛飼いもやって、完璧な農作業を比較的、自分からやっていますね。いま私が百姓の仕事を全部できるといったら誰も信用しないですけど、本当に片田舎の農村の農作業一切をやりながら、随分いろんな経験をしてきましたね。我ながら随分やったなと思います。もちろん普通学校にも農業実習というのがありました。夏になると鶏やウサギの世話をして、堆肥を作るための青い草をそこら辺の野原や低い山の中に入って刈りとらせてもらう、子どもにそのノルマをかぶせるわけですね。何キロ以上とかだから、もうフーフー言いながら担いで大変でした。堆肥は学校の農園で使います。実習用の農園が校庭の端っこにありました。トマト、胡瓜、かぼちゃ、茄子、主に野菜類ですね。主食はないです。

鳳鶴駅の「朝運」出張所：家は自作農で林業を少ししていましたが、後から運送会社の出張所もするようになりました。私のところは本当に田舎で、田舎の小さい駅で、無人駅なんですね。そこで「日通」と同じような傾向の、運送会社の出張所みたいなのをやっていたわけ。正式名称は朝鮮運送株式会社で、その出張所です。通称「朝運」って言っていました。駅名はね、鳳鶴。えらい名前ですね。新しくできた村で、こういう景気のいい名前がつけられたらしいですよ。もともと無人駅で何にもないところへ、新しく何軒かが移住したために小さい村ができたわけですね。私のところは一番先に、親父が駅前で何かやれるかと思って行ったわけですね。それでその運送会社の出張所になるための免許みたいなものをとって。どういうことをやるかというと、冬場は近くの山で薪を切るんですね。それを積み込んで平壌の街まで運ぶわけですね。そのときに村の連中を集めて、いわば薪を積み込む人手を集めるわけ。その手数料がいくらか入ったんですね。だからその「朝運」という運送会社が扱う荷物のいわば出荷発送の手伝いというかな、出荷発送を仕切るわけですね。

西鮮造林株式会社：林業は当時、平壌近辺それから順川郡もそうですけど、西朝鮮ですね。西鮮といいました。西鮮造林株式会社とかいうのがあって、それがそこら辺の山を伐採しては、おもに薪ですね。要するに薪炭の材料を、森を伐採してそれを貨車に積んで平壌へと運んでいくということでしたね。

土俗信仰：家族の宗教っていうのは特になかったですね。だいたい平安道は南北ともクリスチャンが多いんです。大概の村には教会があったものだけれど、私のところはもともと何もない村だから、まぁ、無宗教という事でしょうね。ただし、宗教と言えるのかどうか、母親がシャーマン、要するに巫俗ですね。その信者と言えば信者ですね。5年に1回くらい、巫女を呼んで自分で育てた豚をつぶして、言わば巫女の祭りをやるわけですね。そうすると村中が3日3晩踊ったり、太鼓叩いたり、うちの母親は巫女の囃子に合わせて自分も踊る。結局その踊りを楽しむというよりは、踊りそのものが一つの土俗信仰の行事になるわけ。村の人も全部集まって、ご馳走を並べて振舞うし。何の楽しみもない村では、それが大変なイベントになるわけです。

【平壌公立商業学校時代】

呉炳学さんは、1937年（昭和12）に平壌公立商業学校に入学する。当時、商業学校は人気があり倍率も高かったが見事に合格し、汽車で1時間10分くらいかけて通学した。商業学校では簿記や算盤よりも美術クラブの活動に熱中した。平壌という都会の街でセザンヌの画集にも出会った。将来は画家になろうと決心したのもこの時期である。

兄の存在：兄が平壌の今でいうハイスクールの2年まで行ったんですね。うちの親父は無学で、自分の名前も書けない状態なんだけれど、子どもには無理をしてでも学校へ行かせようっていうんで、随分無理して兄を平壌公立高等普通学校に入れたんですね。2年まではなんとかしたけど、後は月謝が続かなくて中退。平壌公立高等普通学校っていうのは、要するに旧制中学校ですよね。小学校は普通学校。中学校の方は高等普通学校。兄は家から汽車通学をしたんじゃないかと思います。家が駅のまん前でしたから。だいたい当時の鈍行で1時間20分ぐらいかかったのかな。中学2年で中途退学をして、後は駅員になった。それで家に現金収入が入るようになって、私が学校へ行けるようになったわけ。当時の進学率は10％ぐらい。ハイスクールでは男女が分かれて、男子は平壌公立高等普通学校でしょ。女子が平壌公立女子高等普通学校と、「女子」がつくわけ。それから商業学校。私立の商業学校がもう一つありました。それは崇仁（スンイン）という学校。そのほかに平壌師範という師範学校がありました。その師範学校が一番難しくて、その次に難しかったのが商業学校で、高等普通学校はそれよりさらにやさしい、そんな順でした。

日本人生徒と朝鮮人生徒：商業学校の日本人生徒と朝鮮人生徒の数は半々くらいでした。完全に別々のグループで、ただ特別な場合で、担任の先生が何人かを人工的に仲良くさせる工作をしていましたね。いわば担任の先生の勧めで、それにしたがって二人ばかり人工的に仲良しにさせられたのがいましたよ。後はもう別々。学校でただ授業の時一緒で、あとは登下校もみな別々でした。

商業学校のカリキュラム：クラスの勉強は同じ教科書を使って同じ事を勉強します。一年のときに、朝鮮人生徒には特別に日本語の時間、それから日本人の生徒には朝鮮語の時間を作って、ちょっとの間、やったことがありますね。日本人の生徒は完全に朝鮮人を軽蔑していましたから、朝鮮語を一生懸命に勉強するなんてことはありえない。仕方なしに、やる真似をしているだけですよ。

ただ商業学校だっていうことで、結局お客さん相手に、朝鮮人の消費者に対して応対する必要もあろうっていうんで、そんなことをやりだしたらしいけれど、それもほんのちょっとで止めましたね、学校は。

商業学校の先生：商業学校には朝鮮人の先生が一人いました。名前はセンウという先生でしたね。センは朝鮮の鮮。ソヌンソンセンニム。たしか広島高師の出身だったと思います。朝鮮人生徒の間では、特別に好かれてもいなかったですね。嫌われてもいないし……。担任の先生で、いわゆるその文学青年のようなカシマという名前の先生がいました。彼は朝鮮人の生徒を皇国臣民にするために熱心でしたよね。その反面、一生懸命生徒をかわいがってくれましたね。専攻は歴史です。もちろん専攻は歴史だけど、担任の先生だから歴史地理、それから国語ですか、日本語も教えました。数学と簿記も日本人の先生で、そんな感じでしたね。後は軍事教練のいわば配属将校というのがいて、それは退役軍人が学校に体操の教師も兼ねて一人来ていましたね。

軍事教練：ゲートルの巻き方、それから銃の扱い方……、学校に使い古した銃が1クラス分あってね。そして軍事教練の日が1週間のうちに1回だったかな、ありました。教練という名前でね。その時にはその銃の扱いから、その軍隊の真似事を全部やります。腹ばいになって匍匐前進とか、それから夜間に斥候に出る訓練とかね。もちろん教練の日は練兵場まで連れて行かれます。

皇国臣民教育：最初の校長は英語が専攻の先生で人格者でしたね。非常に風格のある人で、特別その皇民化云々ということを強調しなかったですけれど、次に来たのが国学院出身のアラキという……。あまりにホラばっかり吹くのであだ名が「百一」と言いました。これはもう皇民化教育一本やりで、教室に日本の国体、要するに天皇制の図をずっと書いてね。朝鮮人の生徒に皇国臣民として忠勤を励むべしということをいう。普通学校の場合には修身の時間といったけれど、商業学校の時は公民という時間で、その事ばっかりやりましたね。特にこいつは国学院出だから極端ですね。もちろん朝鮮人の学生から嫌われているし、馬鹿にされていましたよね。あいつは頭が悪くて嘘ばっかりつくといわれて。(笑)

創氏改名：創氏改名はもう強制命令ですよ。表向きは創氏、氏を創るということなんだけれど、要するに朝鮮の名字を使っちゃいかんという強制ですから。強制だから反抗することは不可能ですね。自分が名前をかえるときは嫌だなとは思いましたけれど、これもやらなくちゃしょうがないと。金さんは金山だの金田だの、自分の好きなのをつけるけれど、私の場合にはその呉山だの、そんなのないから。ちょうど私のところの野原が竹林平野という名前になっているので、それで「竹野」というふうにしたわけ。家中全部。まぁ、わずかの間ですけどね。皇民化政策っていうのは、もう戦争末期に兵隊が足りなくなって、要するにその兵隊に引っ張るための政策でしたから。

ノンポリ学生：私はいわゆるノンポリなんだなぁ。特別に民族意識が意識的に強いという方でもなかった。ごく普通のありふれた状態でしたね。中には親が民族意識の強い家があって、個人的にはそういう事を考えている生徒もいたようですけれど、私は特別にそういう人たちと接触もないし、民族的な抵抗意識を持っていたわけでもなし。そうかといって皇民化に傾斜していたわけでもない。当時としては今でいうノンポリというところでしょうね。

平壌のミッションスクール：平壌には教会やミッションスクールがたくさんありますよ。最高学府としては崇實専門学校。それから光成学校。崇義女学校。カトリック系の正義女学校、プロテスタント系の崇義とカトリックの正義、二つありましたよね。教会はいくつもありましたね。教会はだいたい高台のいい場所で、教会の鐘が鳴り響くとうるさいくらいだった。私のところは10軒足らずの家しかない端っこの田舎街だったので教会はなかったけれど、教会のあるところでは、大概、皆行ってましたね。

神社参拝と宮城遙拝：平壌神社っていうのがあって、毎月初めに強制的に全校生徒が引率されてそこに行きました。それから毎朝整列させられて、東京の方を向いて深々と頭を下げる、宮城遙拝っていうのもやりました。教育勅語は例えば入学式とか卒業式に、普通学校の時と一緒ですね。それから、軍事教練の時とか何かの集まりで例の「海行かば」という軍歌を歌わされましたね。嫌でも結局、強制ですから一応は歌いますよね。神社参拝だって特別な考えはないですね。要するに先生が頭を下げろというから下げると。そんな感じですよね。

セザンヌとの出会い：平壌の町っていうのはソウルに次ぐ大都会なのね。当時人口は20万近い。朝鮮じゃ大都会に入るわけね。町には古本屋が2、3軒あって、そこにセザンヌやゴッホの画集も売っていまして、私はそのセザンヌとゴッホの画集を随分無理して買って、それを毎日見て夢を見ていたわけです。当時のお金で1円から1円50銭ぐらいのところだったかな。当時、平壌から東京までの切符が24円でしたね。だいたいそれと1円50銭を比較してみると見当がつくでしょう。学生にとってはやはり大きな買い物になりますよね。

絵描きになりたい：商業学校には専門の美術の講師はいなくて、いつも隣の平壌公立高等普通学校の美術の講師がその時間だけ出講してくれる。音楽の方もそうでしたね。商業学校時代の絵の勉強は授業じゃなくて独学ですね。学校で強制的というか、ポスターなんかを書かせて全国コンクールに出品させられるわけね。そのときには美術部の連中に描かせて、中には入賞したりするのもいましたけれど。だいたい商業学校の3年ぐらいの頃からなんとなく絵描きになりたいなと思うようになりました。というのは、私は商業学校に入ったのに数学と簿記と算盤が大嫌いで、勤め人は嫌だなと何となく思っていました。それで将来は絵描きになりたいもんだなと。それも毎日ではなくて、時々そういうことをぼんやり考えながら、だんだん4年、5年と卒業近くなるとその想いはもう固まっていきました。でも男手が足りない時代でしょ。だから商業学校では強制的に就職させるわけですね。私は就職を拒絶してひと月ぐらい家でひっくり返って抵抗したよね。

【内地留学で太平洋美術学校・東京美術学校へ】

呉炳学さんは、その後、小野田セメントに就職し、1942年12月に絵を勉強するために関釜連絡船に乗った。画家になることを父親から反対されていたために、従兄弟が危篤という偽りの電報を友人に打ってもらい、「内地」行きを決行した。苦学しながら太平洋美術学校の研究所に通い、戦後、東京美術学校に合格した。

従兄弟が危篤：とにかく親父が東京に行くのに大反対ですから、絵描きなんていうのはそれはもう、家を潰すということで仕事の内に認めないわけですね。封建的だから。それで日本に来るための渡航証明書も親の承諾なしに取れないものだから、小学校の同級生に、東京の従兄弟が危篤だからっていう電報を会社宛てに打ってもらったわけです。慈山の町の地主の倅で東京の豊島商業という所へ通っていました。名前はムン・ヨンチョリ。ブンエイテツ。漢字で書くと文永喆です。彼は私が東京へ来ると、その翌年ぐらいに本国へ帰りました。その後、全然消息がないですけれど、彼のおかげで私は自分の運命を変えたわけで、今でも生きていれば会いたいと思いますね。

関釜連絡線でのこと：連絡船の座席はだいたい埋まっていました。今の日本のＪＲのように人が溢れることはないですね。ただ、座席が埋まっているという程度です。関釜連絡船に乗るときには刑事が入り口の両側に立って、奴らは朝鮮人と日本人を見分けるのがうまいですね。朝鮮人は一応、引っ張り出すのね。そして、何しにどこ行くんだ？と尋問するわけですよ。こっちは渡航証明書を持っているから、それを見せて、弟が危篤なのでその為に行くんだということで。あの刑事は本当に気持ち悪かったですね。彼らは朝鮮人っていうのをもう本当に頭ごなしに馬鹿にしてくるから。「おい！　こっち！」とか言って、こちらじゃなくて、「おい！　こっち！」。要するに何か物でも引っ張るような感じですから、非常に不愉快でしたね。

警察や役人への不快感：私はわりと日本語は上手い方だったから、日本に来てからは町で不審尋問されるようなこととかはなかったですね。でも郷里ではありました。警察官っていうのは生理的な反応で嫌なものですね。だから今でも、交番とか警官の姿を見るとなんか生理反応が起きます。不愉快になるのね。朝鮮にいるときには、とにかく何かあると親は子どもに巡査が来ると言って子どもを脅かすわけね。だから巡査、警官っていうのは怖いもの、嫌なものっていう、もう小さな時分から身に染みついているわけですよ。いわゆる戸口調査、戸籍調査ですね。それを何年に1回か、村全部を警官が廻るわけですね。それからこの頃は警棒だけど、その頃はサーベルが使われていますから音がして、巡査が来るっていうと、まだ子どもですから誰か捕まえて行くのかしらなんて恐怖心にかられたもんですよ。親がそういうふうにいつも脅かすんですね。村の警察官とか役人というのはもう威張りきって、ふんぞり返っていますから。なんせ朝鮮人は人権ないんだもの。朝鮮人の巡査ももちろん中にいましたよ。居ても結局は「犬」と言われたもんですよ。日本の警察の手先ということで、

「犬」と言われたのね。宗主国家では植民地経営の基本のスタイルだから、みな必ず現地の人間を雇ってその手先に使うわけですからね。

東京での生活：東京ではまず友人の下宿に転がり込み、その後、向かいの家に下宿して、新聞配達で生活費を賄うようになりました。その家は代書屋といって、現在の司法書士です。戦中で仕事がないために奥さんが下宿屋を始めていたんですね。この下宿には中央大学や早稲田大学などの文学好きの青年が集まっていて、『馬車』という同人誌を発行していました。いつも文学談議に花を咲かせていたので、最初は難しいことを話しているなと思い、どんどん質問をして知識を増やしたり、読書もしましたけれども、1年もするとたいしたことを話してはいないなという印象を持つようになりました。新聞配達をしながら太平洋美術学校の研究所に通いました。太平洋美術学校は明治時代の美術家、中村不折（1866-1943）が創設した学校で当時は谷中にあったんです。ここでデッサンの勉強を続けていました。学徒動員で出征した早稲田大学の学生が地下鉄の電話交換手の仕事を紹介してくれたので、新聞配達からより条件のいい電話交換の仕事に替りました。

太平洋美術学校：太平洋美術学校[(3)]に決めたのは一番入りやすかったからです。朝鮮にいたときに美術雑誌をとっていました。月遅れのものを安く売るというのがあったんですね。そこに太平洋美術学校の広告が出ていたと思います。入学願書みたいなものを出せば、もう自動的に入れるわけね。特別に試験はないし、要するに「学校」にはなっているけれど内容は研究所ですから。誰でも自由に入って、デッサンの勉強ができるわけです。そんなに広くはなかったから、常時、20名前後でしたね。特別に先生がついて指導するということもないです。だからみんなが勝手に置いてある石膏で描くんですね、デッサンを。たまに太平洋美術協会の絵描きが、気が向いたら来て、いろいろコーチみたいなことをすることはありました。それは不定期でプラっと来て、デッサンの描いてあるのをあれこれと指導したり、時にはチョロっと手直ししたりしていましたね。ここで一緒にデッサンをやった連中は、ほとんど芸大を目指していて、芸大受験の予備校みたいなもんだったなぁ。今考えると。芸大に入れなければ今でいう「多摩美」か、「武蔵美」、それから「日美」。日美（日本美術学校）というのが当時は有名だったんだけれど戦後廃れてしまって、武蔵美は当時、帝美（帝国美術学校）と言ったでしょう。帝美には朝鮮の学生がわりに多く留学に来ていたようですね。太平洋美術学校の朝鮮からの留学生は、私がいた時には一人でしたね。あとは台湾の方が一人と日本のいろんな地方から。台湾の研究生とは今でも友だち付き合いをしています。はっきりした政治意識があってということではなくて、両方とも植民地出身ということで似たような境遇ですから、連帯意識みたいなものがなんとなくありましたね。

絵の世界に差別なし：日本で特別に差別されるということはあまりなかったですね。絵描きっていうのは具合がいいんですね。やはり絵描きというのは普通のサラリーマンとは別の目で、この日本社会にいますから。絵の研究所は結局、絵描き同士だから、日本人もそれから台湾も一人いましたけれど、絵の実力だけがここでは問題で、絵がまずけりゃ馬鹿にされるし。そこでは何の差別もないですよね。

「教育召集」：私は1924年生まれだから、第1回の徴兵に引っかかる。それで浅草の公会堂、浅草の区役所ですね。そこで徴兵検査を受けて、一応「乙種合格」ですね。その翌年の夏だったか、「教育召集」で一旦、郷里の方に呼び戻されて、それで夏の間中、軍事道路工事をやって、それであとは本格的な召集令状が来るのを待たなくちゃいけない、そういう状態でしたね。いよいよ戦争末期ですよね。早い場合、44年の暮れに召集令状が来た連中もいたらしいんだけど、僕の場合にはまだ来ないんで、もうこの時には皆死ななくちゃいけないともう覚悟を決めている時代ですよね。引っ張られたら死ぬんだと。どうせ死ぬのなら、もう1回東京に行って来ようと思って。それで12月……、いや45年の2月だ。関釜連絡船に乗ったのは。下関まで行って一旦、門司に。浅草の下宿に居たときに中央大学の学生でえらい親切にいろいろ教えてくれた学生がいて、その学生がもし下関を通ることがあったら自分の実家が門司だから、ちょっと寄っていけよというので、そこの実家に一晩泊めてもらって翌日東京へ行くつもりにしていたら、ちょうどその日にアメリカのグラマン戦闘機が東京空襲をやったんですね。それで、1日また遅らしてその翌日真夜中に東京に着きました。あの灯火管制で真っ暗な町に……。

食糧難：食料は食うや食わずですよね。配給がちょっとあって。だから、リュック背負って千葉県の田舎の方まで百姓を訪ねてね。もう乞食みたいに頼んで、米なんかもちろんないですから、あってもくれませんから、かぼちゃとかイモ類とかそんな物を分けてもらうことで凌ぎました。もうひとつは、森永が戦争中サラリーマン相手に雑炊を売るわけ。結局、サラリーマン達に仕事をさせる為に雑炊を売るわけですよ。並べば1回は誰でも食べられるわけ。売り切れたらもうおしまいなんですよね。だから皆、わーっと並ぶわけ、ざーっと並んでさんざん待ってどんぶり1杯の雑炊をやっと食べられる。赤坂でしたから当時は市電ですね、今の都電ね。市電で、三宅坂を通って日比谷まで行く市電が通っていて、赤坂で乗って市電で森永の雑炊を売っている日比谷の交差点まで行って、もう早くに行って並ぶわけね。こちらはサラリーマンじゃないから時間はある。だから、1番最初に並ぶわけ。そして、うまくいくとその雑炊が残る場合があるのね、そんなときはもう1回並び直すと2回くらい食べられた。まぁ、そういう思いをしてホントに切ない思いをしましたね。もう腹が減って減って、21歳か、22歳の頃のことです。

日本の敗戦：敗戦はもう万歳ですよ。あぁ、助かったなという感じです。それまではいつ引っ張られて死ぬかってことばかり心配する時代でしたから。その解放感というのは、今思い出しても本当になんていうんだろう。世界が一変にパーっと開いた感じです。解放感と同時に民族意識が初めて沸き起こったなあ。戦争中はどちらかというとノンポリ的な感じだったんだけれど、敗戦と同時に今度は無意識的に民族意識というのが自分の中からこう沸いてきました。それでその頃は、在日は朝鮮人連盟というのができて、日本で勉強している連中はみなそこの奨学会へ行きました。敗戦後1年くらいは奨学会に集まる朝鮮の学生は厚生省から特配で食料をもらったりしていました。実は貰うんじゃなくて厚生省の机を叩いて出せ！って、やったもんだよ。なんせ戦後すぐは日本の官僚組織は一時、麻痺していて、在日朝鮮人が行ってもうガンガンやると軍事物資の残りをくれたもんですよ。特配でね。

東京美術学校への進学：敗戦後、中国の留学生がいなくなって、朝鮮学生同盟の推薦ならばいくらでも大学に入れてくれた時期があった。でも東京美術学校（現在の東京芸術大学美術学部）ではそんなことはなかったですね。その頃、私はもうすでに絵描きは学校でつくられるもんじゃないという考えを持っていましたが、絵の好きな奴が3人、朝鮮学生同盟に居て、どうせなら1回東京美術学校を受けようじゃないかという話になったんです。それで受けたところ、他の二人は落ちて、私だけがどういうわけか入っちゃったのね。それで、だいたい2年から3年近くはそのまま籍を置いて、夏休みや冬休みで学校に他の学生がいない時にデッサンの勉強をしに行くわけね。東京美術学校を落ちたのが多摩美に二人いて、そのうちの一人が私の親友で、そいつと二人で芸大の彫刻室でミケランジェロやドナテルロ、それからバルザックの彫像なんか実物大の石膏模像がありますから、デッサンを休みの間やって学校始まるともう行きませんでした。他の学生と一緒にわいわいやるのは嫌いで、それでむしろ本屋へ行って巨匠たちの画集を探す、それから美術館へ行って自分なりに、自分のできる範囲で分析をしてみるということをしていました。もう一つには、その頃はもう民族意識が芽生えていましたから、日本の学生には絶対に負けない、負けてはならないということを考えていたわけですね。だから、日本人から学ぶものはなしと。俺が学ぶのは直接ヨーロッパのものを直に自分で学ぶんだということで、それで学校にも特別行かないし、それから日本の師匠を求めるとかそういうようなことは一切ないですね。今でもそれは一緒です。とにかく日本の絵描きに遅れをとっちゃいかんと。

安井曾太郎とセザンヌ：当時、日本の画壇ではすでに安井曾太郎（1888-1955）や梅原龍三郎(1888-1986)が最高の存在であまりにも有名だったわけですね。安井曾太郎は東京美術学校の油絵科の主任教授で､それで入る気になったわけね。（入学してみると、安井は出講せず、弟子筋にあたる人が教えていて、呉さんが安井に会うことはなかった。）安井曾太郎くらいにセザンヌを徹底的に研究した作家はいないですね。セザンヌについてはみんなも知っているし、ヨーロッパに行ってきた連中はセザンヌの実物も見ているし、安井曾太郎ももちろんパリ時代にセザンヌをしっかり見ています。日本に帰ってからは日本の風土がどちらかというと湿気が強くて油絵向きじゃないということで、安井は10年くらいスランプだったという話がありますよね。その間にいろいろ苦労して、安井スタイルをつくったわけだけど、その過程でもさらにセザンヌをとことん研究したんでしょうね。だから、セザンヌの絵の中にある絵画に必要な基本的な要素は、安井の中に一番しっかりあるわけ。スタイルは違うけれども要素としての同じものがちゃんと安井スタイルで出ているわけね。彼ぐらいにセザンヌを使いこなしたのは日本に他にいないですね。私のみるところでは。私は今でもセザンヌが自分の先生だと思っています。ヨーロッパ絵画の中でセザンヌの絵がもっとも東洋的なものとマッチするんですよ。ニュアンスがね。それに造形的な高さとか造形的なスケールからいったらセザンヌこそ最高ですから。だから、自分の先生としてはもってこいなのね。

朝鮮人の美意識：自分の絵の中に朝鮮人としての一つの感性、感覚をやはり盛り込みたい。そうなると、朝鮮人の美意識あるいは美的感覚というのはどういうもんだろうと、戦後になって民族意識を持つと同時に自分なりにいろいろ考えましたよね。結局、日本で目に触れることのできる朝鮮のものといえば…ということで行ったのが、駒場の日本民芸館の朝鮮の陶磁器ですね。そこへ行って朝鮮の焼き物のスケッチをコツコツやりました。私は朝鮮の焼き物については特別の愛着と自分なりの一つの見解を持っているわけですね。朝鮮の焼き物はヨーロッパ、日本、中国、それからラテンアメリカ、全部ひっくるめて一番温度感があるわけ。非常に温かいんだよね。ちょうど、人間の肌。人間の筋肉や皮膚を感じさせるような。同じ白でも中国の白は真っ白なのね。ほとんど機械的な白で、無機的なんだけれど、朝鮮の焼き物には微妙なニュアンスが掛かっていて、まるで人肌みたい。これは朝鮮の陶工たちがそれを意識して作ったというよりは、もう天然、自然にそういう感覚で無意識のうちに出したもんだと思いますね。それがその朝鮮の登り窯ね。ここに自分が求める一つの朝鮮の美的感覚が、実物があると。それが私のいわば美意識の原点ですね。

【年表】

1924.1.21	平安南道順川郡に生まれる
1931.4	慈山公立普通学校入学
1937.3	慈山公立普通学校卒業
1937.4	平壌公立商業学校入学
1942.3	平壌公立商業学校卒業
1942.4	小野田セメント入社
1942.12	絵の勉強のため「内地」（日本）に留学
1943	太平洋美術学校研究所にて絵の勉強開始
1946.5	東京美術学校予科入学

1948.3	東京藝術大学退学
1968	個展　文芸春秋画廊（東京）
1969	個展　中宮画廊（大阪）
1970	個展　中林画廊（朝日ホール　大阪）
1971	個展　中日ギャラリー（名古屋）
1974	絵本『トケビにかったバウイ』福音館書店
1976	個展　蒔画廊（名古屋）
1978	個展　サエグサ画廊（東京）
1979	昔話『金剛山のトラたいじ』ほるぷ出版社
1985	個展　ギャラリー無郷庵（名古屋）
1988	個展　朝日ギャラリー（東京）
1990	渡欧（フランス・スペイン）
1992	渡欧（フランス）
1993	個展　アート・ロベ（東京）
1995	個展　アート・ロベ（東京）
1996	渡欧（フランス・イギリス）
1998	個展　アート・ロベ（東京）
1999	渡欧（イタリア）
2000	個展　朝日ギャラリー（東京）
2001	『呉炳学画集（限定版）』刊行
2006	個展　ソウル市仁寺洞学古斉（韓国）
2007	個展　みやこめっせ（京都）
2008	個展　三原リージョンプラザ展示ホール（広島）

（出典）『呉炳学画集』限定版、呉炳学画集刊行委員会発行、2001年1月1日、p.257「呉炳学略年譜」をもとに加筆して作成。

【付記】

本稿を作成するにあたり、筆者は3度、呉炳学さんのご自宅・アトリエを訪問した。アトリエの壁面には少女の裸体、李朝の茶碗、朝鮮の仮面などの油画が飾られている。どれも力強く優しく温かみのある作品である。白く透明感のある少女の裸体は、李朝の白磁の茶碗とも共通する部分があり、つい目が釘付けになってしまう。躍動的な民族舞踊の絵にも圧倒される。インタビューはそのような呉さんの作品に囲まれた中で行われた。呉さんには貴重な制作時間を長時間に及ぶインタビューや原稿の確認に割いていただき、心より感謝申し上げたい。また、合計で10時間近くに及ぶインタビューのテープ起こしは、埼玉工業大学学生の劉治栄さん、遠藤広太さんが担当してくれた。二人にも感謝したい。

なお、前号でインタビューに応じてくださった李仁夏さんが、2008年6月30日に逝去された。享年83だった。ここに記してご冥福をお祈りしたい。

【註】

(1) 李省展『アメリカ人宣教師と朝鮮の近代』社会評論社、2006年を参考にされたい。

(2) 佐藤由美「東京美術学校の朝鮮留学生」大阪経済法科大学『東アジア研究』第49号、2008年3月、pp.37-51。

(3) 太平洋美術学校は、前身の太平洋画会研究所を発展継承するかたちで、昭和4(1929)年9月7日に校名を決定し、中村不折(慶応2年―昭和18年)が初代校長に就任して再出発した。元々の創設は明治35(1902)年まで遡ることができる。昭和9(1934)年に正式に東京府の認可を受け各種学校となっている。詳細は太平洋美術会百年史編纂委員会『太平洋美術会百年史』社団法人太平洋美術会発行(2002年)を参照されたい。

宇都宮大学所蔵「満洲国」技術員・技術工養成関係資料目録

――解説と凡例

丸山剛史

〔解説〕

本資料目録は、宇都宮大学附属図書館所蔵の原正敏氏旧蔵「満洲国」技術員・技術工養成関係資料の目録である。

原正敏氏（1923―、以下、敬称略）は、1923年5月大阪府生まれ、技術教育論・技術教育史研究者として知られている。植民地教育史研究に関しては、1980年代から90年代にかけて、「満洲国」の技術員・技術工養成に関する研究に取り組んだ[(1)]。

原は、大阪市内の尋常小学校、大阪府立浪速高等学校尋常科、同理科甲類を経て、1942年10月東京帝国大学第一工学部造兵学科に進学した。45年9月に東京帝大を卒業した後、出版社（株式会社機械製作資料社）勤務を経て、東京都立江戸川高等学校教諭となる。

1957年には都立世田谷工業高等学校へ転勤した。60年1月には、長谷川淳（1912―94、当時・東京工業大学助教授）、山崎俊雄（1916―94、当時・東京工業大学助手）らとともに技術教育研究会を創設するなど、技術教育問題に関心を深めていた。

この世田谷工高教諭時代に、明治大学に非常勤講師（図学担当）として勤務していたことにより、1961年4月東京大学教養学部講師（図学担当）となる[(2)]。東京大学着任後、研究計画の提出を求められた際、技術教育論に関する研究に取り組むことを決めた[(3)]。以後、図学の教育・研究に従事しつつ、技術教育論・技術教育史を追究するようになった。

その後は、東京大学教養学部助教授、北海道大学教育学部教授、北海道大学教育学部長、東京大学教養学部教授、静岡大学教育学部教授、千葉大学教育学

部教授を歴任した。1989年に千葉大学を定年退官し、現在は東京大学名誉教授。

代表的著作としては、日本科学史学会編『日本科学技術史大系　第8－10巻　教育1－3』（第一法規出版株式会社、1964-66年、分担執筆）、国立教育研究所編『日本近代教育百年史　第9・10巻　産業教育1・2』（教育研究振興会、1974年、分担執筆）、原正敏・内田糺編著『講座　現代技術と教育　第8巻　技術教育の歴史と展望』（開隆堂出版、1975年、編著）、『現代の技術・職業教育』（大月書店、1987年、単著）をあげることができる。

原は、『日本近代教育百年史』（以下、『百年史』）執筆の際に「満洲国」における技術教育に関心をもったとみられる。

『百年史』第10巻第2編第5章「戦時体制の進行と工業教育」を執筆する過程で、「わが国の工業教育・技術教育を論ずるに当って、軍隊における技術教育と植民地とくに満州での技術教育との関連を抜きにしては全体像が正確につかまえることが困難であることを痛感した」という。『百年史』執筆に際して、福岡県直方市で九州日満鉱業技術員養成所に関する資料を入手していた(4)。

ただし、すぐには研究に着手していない。追究が始まるのは1980年暮れ以降のことであった。80年暮れ、かつて秋田日満技術工養成所所長を務めた山内一次（1903―80、元神戸大学教授・図学担当）が逝去し、原はその葬儀に参列した。そして葬儀で弔辞を読んでいた養成所卒業生と接触するようになり(5)、「満洲国」技術員・技術工養成に関する追究が始まった。

原の「満洲国」技術員・技術工養成に関する論考としては、以下のものがある。

①「戦時下，技術員技能工養成の諸側面（Ⅰ）―大森機械工業徒弟学校の誕生と終焉―」『千葉大学教育学部紀要　第2部』（以下、『紀要』）第36巻、1988年2月

②「同上―大森機械工業徒弟学校の誕生と終焉―補遺と訂正」『紀要』第37巻、1989年2月

③『1987・88年度文部省科学研究費補助金（一般研究C）研究成果報告書　戦時体制下の旧満洲における技術員・技術工養成の総合的研究』（研究課題番号62580075）、1989年3月

④「戦時下，技術員・技能工養成の諸側面（Ⅱ）―日満技術工養成所から秋田日満工業高校へ―」（隈部智雄との共著）『紀要』第38巻、1990年2月

⑤「総力戦下における「満州国」の教育、科学・技術政策の研究」プロジェクトチーム（原正敏・槻木瑞生・斉藤利彦）『調査研究報告書 No.30　総力戦下における「満州国」の教育、科学・技術政策の研究』学習院大学東洋文化研究所、1990年3月

⑥「戦時下，技術員・技能工養成の諸側面（Ⅲ）—九州日満鉱業技術員養成所から九州日満工業学校へ—」（隈部智雄との共著）『紀要』第39巻、1991年2月

⑦「同上（Ⅳ）—酒田日満技術工養成所から酒田日満工業学校へ—」（隈部智雄との共著）『紀要』第40巻、1992年2月

⑧「同上（Ⅴ）—立命館日満高等工科学校—」（隈部智雄との共著）『紀要』第41巻、1993年2月

⑨「同上（Ⅵ）—満洲鉱工青少年技術生訓練所—」（隈部智雄との共著）『紀要』第41巻、1993年2月

⑩「偽満洲国的技術人員、技工的養成」『遼寧省教育史志』1993年第2集、1993年11月

⑪「戦時下，技術員・技能工養成の諸側面（Ⅶ）—満洲帝国交通部委託土木技術員養成所—」（隈部智雄との共著）『紀要』第42巻、1994年2月

⑫「“満洲国”における技術員・技術工養成（Ⅰ）—満洲鉱工技術員協会と「鉱工技能者養成令」—」（隈部智雄との共著）『紀要』第42巻、1994年2月

⑬「偽満技術人員的渡満前訓練施設—満洲鉱工青少年技術生訓練所—」『遼寧省教育史志』1994年第1集、1994年6月

⑭「“満洲国”における技術員・技術工養成（Ⅱ）—在満企業の企業内養成施設—」（隈部智雄との共著）『紀要』第43巻、1995年2月

⑮「同上（Ⅲ）—国民高等学校工科と職業学校—」（潘小琴・隈部智雄との共著）『紀要』第43巻、1995年2月

⑯「『満洲国』の技術員・技術工養成をめぐる若干の考察」『技術教育学研究』第10号、1996年3月

原が論考において取り上げたのは、(1)「満洲国」委託生が送り込まれていた大森機械工業徒弟学校、(2) 財団法人日満技術工養成所（1940年、日満鉱工技術員協会と改称）及び社団法人満洲鉱工技術員協会が経営・委託していた

諸施設、(3) 現業官庁であった交通部が委託した満洲帝国交通部委託土木技術員養成所、(4) 在満企業の企業内養成施設、(5) 在関東州・満洲の中等工業教育・職業教育機関であった。

先行研究で、大森機械工業徒弟学校の存在が知られていたけれども、同校が「徒弟学校として機能したのは、わずかに2ヵ年に過ぎなかったという実態が看過」され、過大に評価されてきた。

「満洲国」の技術員・技術工に関しては、当初、「日本内地で養成して、満洲へ送る」ことが計画されていた[(6)]。

こうした計画に基づいて、1938年4月、「満洲国」の鉱工技術要員の養成及び補給を行う組織として財団法人日満技術工養成所が設立された。同法人は、同年5月に日満技術工養成所を秋田県に設置し、翌39年4月に九州日満鉱業技術員養成所、40年6月には酒田日満技術工養成所を設置し、技術員・技術工養成を行なった。41年に満洲鉱工青少年技術生訓練所が開設されると、同訓練所の運営にあたった。

その他、日本内地では、1939年に立命館高等工科学校（38年設立）が立命館日満高等工科学校と改められ、高級技術員養成が行なわれた。同じ年、仙台・名古屋・熊本の3つの高等工業学校に満洲帝国交通部委託土木技術員養成所が附設され、土木技術員養成が開始された。

しかし、技術要員の不足を補うことはできなかった。特に、普通技術員に関しては技術要員補給対策が再検討され、「日本よりの導入と満洲国内養成を併行して行う方針がとられた」。

また、こうした技術要員補給対策の運営を政府独自の力で行なうことには無理があり、1938年12月に国家代行機関として社団法人満洲鉱工技術員協会が設立されていた。同協会は、安東鉱工技術員養成所、哈爾浜鉱工技術工養成所、奉天鉱工技術工養成所を設け、技術員・技術工養成を行なった。こうした直営施設での養成に加えて、協会は、旅順工科大学附属技術員養成所、大連工業学校附属技術員養成所に養成を委託し、要員確保を図った。

1941年に鉱工技能者養成令が制定されると、満洲鉱工技術員協会は「技能者養成行政の実務」を「全面的」にゆだねられた。同令により、各企業の技能者養成が拡充・整備されていった。論考では、在満企業の養成施設も検討され、次の施設がとりあげられた。満洲飛行機製造株式会社技術工員養成所、昭和製鋼所技術員養成所、東辺道開発株式会社技術員養成所、満鉄・工作工養成所、

満鉄・鉄道工務員養成所、満鉄・奉天鉄道技術員養成所、満洲計器技術工養成所、満洲軽金属従業員養成所、満洲炭砿阜新教習所、西安教習所、満洲ロール製作所技術生養成所、満洲電業養成所、奉天造兵所従業員養成所、同和自動車技術員養成所、満洲電信電話新京社員養成所、日満鋼材技術工養成所。

在関東州・満洲の中等工業教育・職業教育機関は、大連工業学校、撫順工業学校、奉天工業学校、本渓湖工業学校、遼陽工業学校、新京工業学校などがとりあげられた。また、以上は日本人を対象としたものであったとし、中国人を対象とした中等工業教育・職業教育機関として、国民高等学校（工科）及び職業学校も検討された。

新たな分野を開拓した原の資料収集に関しても付言しておきたい。上述のように、秋田日満技術工養成所卒業生を知った原は、当初、1988年を「一応のめど」として研究に取り組み始めたとされる。88年は、日満技術工養成所設立50周年にあたる年であった(7)。

特に1985年秋以降、調査は本格化していった。85年秋、原は、かつて資料を入手した福岡県直方市へ出かけ、同年11月に開催された九州日満鉱工技術員養成所同窓会に出席した。そこで満洲鉱工技術員協会の元職員が健在であることを知り、連絡先を教わり、「以来、機会をみてこれらの方々への訪問行脚がはじまった」という(8)。

また、山内の葬儀で知り合った養成所卒業生の一人（長谷山治弥）から、秋田と同種の養成所が酒田にも設置されていたこと、「その上にたつ高級技術員の養成機関」として立命館日満高等工科学校が創設されていたことを聞き、原は、「これらの諸施設の創設から終焉までを記録にとどめようと決意し、順次資料の収集をはじめた」という(9)。こうして、調査対象を拡大させながら、継続的に資料収集が行なわれた。

原は、関係者を探し出し、聞き取りを行ない、関係者の所蔵資料を複写あるいは写真撮影し、資料収集を行なった。1990年代には3回以上、中国に渡り、現地調査及び聞き取りを行ない、資料収集を重ねた。

宇都宮大学附属図書館所蔵の資料群は、こうして収集された資料であるとみられ、そのかなりの部分が複写物あるいは写真である。原は、名簿を入手し、アンケート調査を行なったこともあり、アンケート調査の質問紙、調査状況を記したメモ、アンケート調査の集計用紙など、実体解明の軌跡を示す資料も多数残されている。これらの資料は、ファイル、封筒等に入れられ、おおよそ施設ごとに整理されていた。そこで、資料整理及び目録作成に際しても、可能な限り施設ごとに分類した。

これらの資料は、2007年4月に原の蔵書整理が行なわれた際、「満洲国」技術員・技術工養成関係資料に限定し、宇都宮大学附属図書館が受け入れてくださったものである。受け入れにあたっては同図書館職員の板橋久夫氏、星和夫氏が尽力してくださった。記して謝意を表する。現在は、書庫（「旧植民地資料室」）に保管されている。利用の際には、附属図書館1階受付にて問い合わせていただきたい。

【注】

(1) 原の仕事に関しては、「原正敏先生の退官を記念し、ますますの御活躍を期待する会」編『原正敏　著作目録』(1989年) 及び「原正敏著作目録（追加)」を参照。

(2) 原正敏「わたしが今日あるのは先生のお陰」長谷川淳先生追悼記念誌編纂委員会編『かわりびょうぶ—長谷川淳先生追悼記念誌—』1996年、84ページ。

(3) 同上、85ページ。

(4) 原正敏『1987・88年度文部省科学研究補助金（一般研究C）研究成果報告書　戦時体制下の旧満洲における技術員・技術工養成の総合的研究』1989年、1ページ。

(5) 同上。

(6) 原正敏「『満洲国』の技術員・技術工養成をめぐる若干の考察」『技術教育学研究』第10号、1996年、3ページ。以下の「満洲国」技術員・技術工養成に関する引用は、この論文から引用している。

(7) 原、前掲 (4)

(8) 原正敏・隈部智雄「戦時下，技術員・技術工養成の諸側面（Ⅳ）—満洲鉱工青少年技術生訓練所—」『千葉大学教育学部紀要　第2部』第41巻、1993年、215ページ。

(9) 隈部智雄・原正敏「戦時下，技術員・技術工養成の諸側面（Ⅴ）—立命館日満高等工科学校—」『千葉大学教育学部紀要　第2部』第41巻、1993年、182ページ。

〔凡例〕

1. 本「資料目録」は、原正敏氏旧蔵「満洲国」技術員・技術工養成関係資料 329 点の目録である。目録は、可能な限り、論考で検討された施設ごとに分類した。
2. 「資料」には「整理番号」（No.1-290）を付した。ただし、第二次大戦後に刊行された和書の大部分（39 点）は、受入機関の都合により、図書館蔵書として登録され、「整理番号」は付されていない。
3. 本「目録」における各「資料」の表記項目は、①分類、②保存形態、③標題、④備考、⑤資料整理番号とした。
4. ③における「／」符号は同格であることを示している。また、同じく③における「〔　〕」は編者による補注である。
5. 旧漢字及び簡体字は対応する新漢字に置き換えた。

宇都宮大学所蔵「満洲国」技術員・技術工養成関係資料目録

分類	形態	資料名	備考	整理番号
大森機械工業徒弟学校				
	ケースファイル	「大森機械工業徒弟学校」		1
	ケースファイル	「大森機械徒弟学校関係手紙」		2
	クリアファイル	「大森工業　１」	公文書複写物	3
	クリアファイル	「大森工業　２」	公文書複写物	4
	クリアファイル	「大森工業　３」	公文書複写物	5
	クリアファイル	「大森工業　４」	公文書複写物	6
	クリアファイル	「大森工業　５」	公文書複写物	7
	紙袋	「大森工」		8
秋田日満技術工養成所				
	ファイル	「秋田日満」		9
	ファイル	「秋田日満　二次資料」		10
	ケースファイル	「日満技能工養成所　（２）」		11
	ケースファイル	「日満（秋田）　（３）重要」		12
	紙袋	「秋田日満　アンケート　長谷山ワープロ」		13
	紙袋	「昭和十六年三月　秋田日満技術工養成所　第一期生　佐々木喜代治提供のアルバム、コピー」		14
	紙袋	「秋田日満　原稿　アルバム」		15
	紙袋	「秋田日満　学籍簿コピー」		16
	紙袋	「秋田日満」		17
	紙袋	「秋田」		18
	紙袋	「秋田」		19
	紙袋	「６期生　成績証明書」		20
	紙袋	「秋田　名簿／卒業生（当時のもの）」		21
	紙袋	「秋田」		22
	紙袋	「秋田６期生」		23
	名簿	「秋田日満」	アンケート実施状況チェックリスト	24
	クリアファイル	「秋田日満」	新聞記事複写物	25
	クリアファイル	「秋田日満（１）」	公文書複写物	26
	クリアファイル	「秋田日満（２）」	公文書複写物	27
	アルバム	「秋田日満」	４冊	28
	アルバム	「秋田　Ⅰ期」		29
	簡易製本	秋田日満同窓会『同流会名簿　昭和58年６月１日作成』		30
	簡易製本	「秋田日満」		31
九州日満鉱業技術員養成所				
	ファイル	「九州日満　聞き書　中野・斉藤・岩野」		32
	ファイル	「障陵七十年　一九八八年」		33
	ファイル	「筑豊鉱山学校」		34
	名簿	日満会『九州日満鉱業技術員養成所／九州日満工業学校　卒業生名簿　昭和56年10月』		35
	封筒	「九州　所生日誌」		36
酒田日満技術工養成所				
	クリアファイル	「酒田日満」		37
	アルバム	「酒田」		38

分類	形態	資料名	備考	整理番号
	図書	酒田日満工業学校第一期生編『酒田日満工業学校―第一期生回想記―』1994年５月	376.4/Sa37	
立命館日満高等工科学校				
	ファイル	「立命館日満高工　関係資料」		39
	ファイル	「立命館および満州関係」		40
	ケースファイル	「立命館関係手紙」		41
	クリアファイル	「立命館」	新聞記事複写物	42
	クリアファイル	〔公文書複写物〕		43
	クリアファイル	〔公文書複写物〕		44
満洲鉱工技術員協会				
	ファイル	「満州鉱工技術員協会（内原、河原田、鯉渕）」		45
	ファイル	「満州鉱工技術員協会」		46
	ファイル	「満州鉱工技術員協会　満州鉱工年鑑　S17」		47
	ファイル	「満州鉱工技術員協会　満州鉱工年鑑　S19」		48
	ファイル	「ハルビン・奉天・安東　技術工養成所」		49
満洲帝国交通部委託土木技術員養成所				
	ファイル	「満州国土木技術員養成所」		50
	ファイル	〔成績表等の複写物〕		51
	カセットテープ	「丸谷慶二郎　仙台満土　92.5.29」		52
在満企業の企業内養成施設				
（１）満鉄奉天鉄道技術員養成所				
	ファイル	「満鉄・養成所」		53
（２）満洲計器株式会社技術工養成所・満洲軽金属製造株式会社従事員養成所				
	ファイル	「満州軽金属・満州計器」		54
	図書	木村仁信編『彼方の攀土―満洲軽金属・その誕生から終焉まで―』満洲軽金属製造株式会社友しろかね会、1996年10月	335.49／ki39	
（３）満洲飛行機製造株式会社技術工員養成所				
	ファイル	「満州飛行機」		55
（４）昭和製鋼所技術員養成所				
	ケースファイル	「（満）昭和製鋼所」		56
（５）東辺道開発株式会社技術員養成所				
	ファイル	「東辺道　大栗子溝採鉱所」		57
	封筒	「東辺道開発」		58
	封筒	「東辺道」		59
	図書	東辺道開発養成所同窓会『望郷40年　東辺道を訪ねて』1987年		60
在関東州・満洲の中等工業学校				
	複写物	西山乃光『大連工業学校創立五十周年記念誌』		61
	ファイル	「満州　工業学校」		62
	ファイル	「撫工会報」		63
	雑誌	奉天工業学校同窓会奉天会編『崑崙』第７号		64
	雑誌	奉天工業学校同窓会奉天会編『崑崙』第８号、1988年３月		65
	雑誌	奉天工業学校同窓会奉天会編『崑崙』第９号、1989年４月		66
	図書	旧満州国奉天工業学校同窓会『奉天会会員名簿　昭和61年11月』		67
	複写物	「崑崙　第二号　昭和五〇年八月　奉天工業学校同窓会会報」		68
国民高等学校工科及び職業学校				
	クリアファイル	写真〔民生部『中等程度以上各種教育施設設置表』（康徳六年）を撮影〕		69
	クリアファイル	写真〔同上書（続き）及び同上・康徳七年版〕		70
	クリアファイル	写真〔同上書（続き）及び『新京工業大学一覧　自康徳七年／至康徳八年』〕		71
	ファイル	「『満州国』の国民高等学校」		72
	封筒	「西安国民高等学校」		73
	複写物	「奉天第二国民高等学校（1944-1945年）」		74
その他				
	図書	満州鉱工技術員協会編纂『満州鉱工読本　康徳十一年版』東亜文化図書株式会社、康徳10年11月		75
	図書	満州鉱工技術員協会・財団法人日満鉱工技術員協会『満州国諸会社求人要項集覧　康徳十年／昭和十八年九月』		76
	図書	南満州鉄道株式会社地方部学務課編集発行『南満州鉄道株式会社経営教育施設要覧　大正十二年四月』		77
	図書	満鉄調査部編『満州経済年報（昭和十四年版）』1939年4月		78
	図書	倉持博『満鉄要覧　昭和18年』南満州鉄道株式会社、1943年８月		79
	図書	旅順工科大学編集発行『旅順工科大学　自昭和二年四月／至昭和四年三月　二年報告』1930年５月		80
	図書	旅順工科大学編集発行『旅順工科大学　自昭和四年四月／至昭和五年三月　報告』1930年11月		81

分類	形態	資料名	備考	整理番号
	図書	『旅順工科大学一覧　自昭和十八年／至昭和十九年』1944年４月		82
	図書	文部省教学局編纂『日本諸学研究報告　第十八編（教育学）』1943年５月		83
	図書	東亜同文会調査部編『新満州国要覧』斯文書院、1932年９月		84
	図書	社団法人中国研究所『所内研究資料　続　整風文献』発行年不詳		85
	図書	満史会編『満洲開発四十年史　上巻』満州開発四十年史刊行会、1964年１月	222.5/Ma47/1	
	図書	満史会編『満洲開発四十年史　下巻』満州開発四十年史刊行会、1964年１月	222.5/Ma47/2	
	図書	満史会編『満洲開発四十年史　補巻』満州開発四十年史刊行会、1965年１月	222.5/Ma47/H	
	図書	満洲国史編纂刊行会編『満洲国史　各論』満蒙同胞援護会、1971年１月	222.5/Ma47/2	
	図書	児島襄『満洲帝国　第１巻　勃興』文藝春秋、1975年９月	222.5/Ko39/1	
	図書	児島襄『満洲帝国　第２巻　建国』文藝春秋、1975年９月	222.5/Ko39/2	
	図書	山田豪一『満鉄調査部―栄光と挫折の四十年―』日本経済新聞社、1977年９月	335.49/Y19	
	図書	古海忠之『忘れ得ぬ満洲国』経済往来社、1978年５月	222.5/F94	
	図書	佐藤信次『遼陽の白塔―遼陽と遼陽商工の最後　終戦秘録―第２版』遼陽白塔会、1981年４月	916/Sa85	
	図書	石堂清倫『わが異端の昭和史　正』勁草書房、1986年	289.1/I72/1	
	図書	澤地久枝『もうひとつの満洲』文芸春秋、1986年１月	916/Sa93	
	図書	石堂清倫・他『十五年戦争と満鉄調査部』原書房、1986年10月	335.49/I72	
	図書	武藤富男『私と満州国』文芸春秋、1988年９月	222.5/Mu93	
	図書	ハインリッヒ・シュネー著／金森誠也訳『「満州国」見聞記―リットン調査団同行記―』新人物往来社、1988年11月	222.5/Sc5	
	図書	平塚柾緒編『満州事変―昭和三年の張作霖爆殺事件から満州建国―』新人物往来社、1989年５月	210.7/H68	
	図書	粟屋憲太郎編『満州事変と二・二六　普及版』平凡社、1983年２月	210.7/A97	
	図書	櫻本富雄『満蒙開拓青少年義勇軍』青木書店、1987年６月	916/Sa47	
	図書	坂本竜彦・坂本三奈子『北に吹く風―「満州難民」の街から―』すずさわ書店、1987年７月	916/Sa32	
	図書	李採畛／鎌田光登訳『中国朝鮮族の教育文化史』コリア評論社、1988年８月	372.22/L51	
	図書	水上七雄編『大興安嶺の落日―南ヶ丘牧場前史―』1989年１月	611.2/Mi95	
	図書	満鉄研究会編集・発行『満鉄鉄道技術研究所史』1990年９月	516/Ma48	
	図書	小峰和夫『満洲（マンチュリア）―起源・植民・覇権―』御茶の水書房、1991年11月	222.5/Ko64	
	図書	小林義宜『阜新火力発電所の最後―一つの満洲史―』新評論、1992年４月	916/Ko12	
	図書	北野憲二『満洲国皇帝の通化落ち』新人物往来社、1992年５月	916/Ki69	
	図書	松本俊郎『侵略と開発―日本資本主義と中国植民地化―新装版』御茶の水書房、1992年６月	332.1/Ma81	
	図書	鈴木隆史『日本帝国主義と満州　1900～1945　下』塙書房、1992年11月	210.6/Su96/2	
	図書	友清高志『鞍山昭和製鋼所―満洲製鉄株式会社の興亡―』徳間書店、1992年12月	916/To62	
	図書	浅田喬二編『「帝国」日本とアジア』吉川弘文館、1994年12月	216/Y89/10	
	図書	野村章先生遺稿集編纂委員会編『「満洲・満州国」教育史研究序説』エムティ出版、1995年11月	372.22/N95	
	図書	徐敏民『戦前中国における日本語教育―台湾・満洲・大陸での展開と変容に関する比較考察―』エムティ出版	810.9/J56	
	図書	小林英夫『満鉄―「知の集団」の誕生と死―』吉川弘文館、1996年９月	335.49/Ko12	
	図書	中国朝鮮族青年学会編／舘野晳・他訳『聞き書き中国朝鮮族生活誌』社会評論社、1998年１月	334.4/C62	
	図書	田原和夫『ソ満国境・15歳の夏』築地書館、1998年８月	916/Ta19	
	図書	芳地隆之『ハルビン学院と満洲国』新潮社、1999年３月	222.5/H81	
	図書	王智新・他編『批判植民地教育史認識』社会評論社、2000年12月	372.2/O11	
	図書	川村湊『満洲鉄道まぼろし旅行』文芸春秋、2002年７月	292.2/Ka95	
	図書	ハインリッヒ・シュネー著／金森誠也訳『「満州国」見聞記―リットン調査団同行記―』講談社、2002年10月	222.5/I44	
	雑誌	日本植民地研究会『日本植民地研究』第５号（1993年）		86
	雑誌	日本植民地研究会『日本植民地研究』第６号（1994年）		87
	雑誌	日本植民地研究会『日本植民地研究』第７号（1995年）		88
	雑誌	日本植民地研究会『日本植民地研究』第８号（1996年）		89
	雑誌	日本植民地研究会『日本植民地研究』第９号（1997年）		90

分類	形態	資料名	備考	整理番号
	雑誌	日本植民地研究会『日本植民地研究』第10号（1998年）		91
	雑誌	日本植民地研究会『日本植民地研究』第11号（1999年）		92
	雑誌	日本植民地研究会『日本植民地研究』第13号（2001年）		93
	報告書	原正敏（研究代表者）『1987・88年度文部省科学研究費補助金（一般研究C）研究成果報告書　戦時体制下の旧満州における技術員・技術工養成の総合的研究』（研究課題番号62580075、1989年３月）	２部	94
	報告書	学習院大学東洋文化研究所編集発行『学習院大学東洋文化研究所調査研究報告　No.30　総力戦下における「満州国」の教育、科学・技術政策の研究』1990年３月		95
	報告書	渡部宗助（研究代表者）『平成９年度文部省科学研究費・基盤研究（C）企画調査　日中占領下の中国教育に関する日中共同研究企画　日本植民地教育史研究ー日本侵華殖民教育史国際学術研究会報告ー』（課題番号09891004）、1998年３月		96
	雑誌	「満州国」教育史研究会編『「満州国」教育史研究　No.1』東海教育研究所（1993年５月）		97
	簡易製本	片倉文書研究会編『片倉衷関係文書目録』1989年１月		98
	簡易製本	姜雄「植民地期朝鮮の工業化の技術史的検討」		99
	文集	中国成人教育国際シンポジューム記念文集作成委員会編集発行『日本参加団記念文集』1993年11月	２部	100
	論文抜刷	槻木瑞生「南満中学堂　覚書」（『同朋大学論叢』第56号、1987年７月）		101
	論文抜刷	槻木瑞生「関東州　普蘭店公学堂についての覚書」（『同朋大学紀要』第１号、年月）		102
	論文抜刷	槻木瑞生「満鉄の教師たちー中国人教育に携わった日本人の履歴ー」（『同朋大学紀要』第２号、1988年）		103
	論文抜刷	槻木瑞生「『満州』の教育を創った人々」（『同朋大学紀要』第３号、1989年）		104
	論文抜刷	槻木瑞生「『満州』開教と布教使の教育活動」（『同朋大学紀要』第５号、1991年）		105
	ケースファイル	「満州政府広報　他」		106
	ファイル	「満州国『政府広報』」		107
	ファイル	「政府広報　及　在満図書館等」		108
	クリアファイル	〔政府公報〕		109
	ファイル	「満州帝国学事要覧　康徳三年」		110
	ファイル	「満州帝国学事要覧　康徳四年」		111
	ファイル	「満州帝国学事要覧　康徳五年」		112
	ファイル	「奉天省　統計年報　康徳四年」		113
	ファイル	「康徳七年度中等学校卒業者動向調査」		114
	ファイル	「中等程度以上各種教育施設一覧　康徳九年」		115
	ファイル	「満州帝国全国技能競争　康徳九年度実施参考資料」		116
	ファイル	「文教審議会答申及建議　康徳十一年」		117
	ファイル	「東北年鑑・満蒙年鑑」		118
	ファイル	「中国の教育制度概要　S６．６．30」		119
	ファイル	「高等教育機関拡張整備案・旅順工大」		120
	ファイル	「満州に於ける技術員補給の現状に就いて」		121
	ファイル	「満州建国十年史　満州国史　梅野実翁伝記」		122
	ファイル	「『満州国』の研究」		123
	ファイル	「泉山三六旧蔵文書・片倉衷関係文書　東大教養部社会科学研究室」		124
	簡易製本	「奉天教育統計　大同元年」		125
	簡易製本	「全国学校統計　康徳二年」		126
	簡易製本	〔康徳三年・中等学校数〕		127
	簡易製本	大日本工業学会編纂発行『満州と技術工ーその養成を語るー』（1939年４月）		128
	簡易製本	皆川豊治『満州国の教育』満州帝国教育会、康徳六年12月		129
	簡易製本	南満州鉄道株式会社総裁室地方部残務整理委員会『南満州鉄道附属地に於ける学校及び図書館並社会公共施設の発達』昭和14年11月15日		130
	簡易製本	『南満州鉄道株式会社第３次十年史』（昭和13年７月６日作成／昭和51年２月15日刊（龍渓会））		131
	簡易製本	財団法人日満技術員養成所『日満機械用語』立命館出版部、1940年５月		132
	簡易製本	高橋輝夫編『映山紅ー延辺大学日語学生作文集ー』1996年		133
	ホチキス止め	関口先生還暦祝賀準備委員会編集発行『関口先生の還暦を祝して』1935年11月		134
	ホチキス止め	南満州鉄道株式会社編集発行『南満州鉄道旅行案内　昭和四年版』	抜粋	135
	ケースファイル	「学習院大東洋文化研究所」		136
	ケースファイル	「東洋文化研究所」		137

分類	形態	資料名	備考	整理番号
	ノート	〔表紙に「①」、１ページの欄外に「新京第一国民高等学校」と記入〕		138
	ノート	〔表紙に「関東軍関係」と記入〕		139
	ノート	〔表紙に「満州日日」と記入〕		140
	ノート	〔表紙に「満州日日」「『鉱工満州』」と記入〕		141
	ノート	〔表紙に「満州日日（２）コピー」と記入〕		142
	ノート	〔聴き取りを記録したノート〕	「高木清寿　1988.9.2」「辰野精蔵　1990.3.19」「倉前　1990.3.19」「永松すみ子　90.7.10」らの氏名が記入	143
	ノート	〔調査メモ〕		144
	ノート	〔調査メモ〕		145
	ノート	〔聴き取りを記録したノート〕	「1990.6.29　中野清見　聞きとり重点」と記入	146
	ノート	〔調査メモ〕		147
	ノート	〔調査メモ〕		148
	ノート	〔聴き取りを記録したノート〕	「生沼文子　89.9.28」「電話での聞き取り」と記入	149
	ノート	〔調査メモ〕		150
	ノート	〔「極秘　日満技術員（技術工ヲ含ム）需給調整ニ関スル件　昭和13.11.13　陸軍省」筆写、他〕		151
	アルバム	〔撮影された写真のなかに「東辺道開発株式会社」、「大栗子溝採鉱所」の文字あり〕		152
	アルバム	（１）「九州日満卒業アルバム１」		153
		（２）「九州日満」		154
		（３）「鉱工訓練所（山田義昭提供）（井上義次郎）」	ネガあり	155
	アルバム	（１）「満州　工」		156
		（２）〔撮影された写真のなかに「安東鉱工技術員養成所」、「奉天鉱工技術工養成所」等の文字あり〕		157
		（３）「満州　工　奉天　撫順」		158
		（４）「満州　工　大連」		159
		（５）「（秋田）　九州　日満　（１）」		160
	アルバム	（１）「内原訓練所　河田分所　鉱工訓練所」		161
		（２）「鉱工訓練所（井上義次郎所蔵アルバム）　付．立命館の風雪」		162
		（３）「鉱工訓練所」		163
		（４）〔未使用アルバム〕		164
		（５）〔写真のなかに「東大生協創立45周年記念同窓会」の文字あり。種々の写真が収録されているとみられる。〕		165
		（６）〔原の個人写真、1992年３月21日撮影〕		166
	アルバム	（１）「秋田　酒田　日満（２）」		167
		（２）「酒田日満」		168
		（３）「満州鉱工訓練所　付　河和田分所」		169
		（４）「支部・内原　現地調査」		170
		（５）「満州鉱工青少年技術生訓練所（主として満飛）」		171
		（６）「満州鉱工訓練所（満飛）　（井上義次郎）」		172
	アルバム	（１）「２」		173
		（２）「３」		174
		（３）「４」		175
		（４）「５」		176
	アルバム	〔写真のなかに「東亜館」の文字あり〕		177
	ファイル	「植民地研究会」		178
	ファイル	「日本植民地研究会」		179
	ファイル	「植民地教育史研究会」		180
	ファイル	「中日関係史第六次学術討論会」		181
	ケースファイル	「日中教育シンポ　一九九二．八」		182
	ケースファイル	「一九九二年度　科学史学会年会（仙台）」		183
	封筒	「93.7.24·25　植民地研究会」		184
	封筒	「偽満教育　日中共同研究」		185
	封筒	〔中国史研究会『創立十三周年記念誌　第二集　終戦四十五年を偲んで』（1991年１月）在中〕		186
	通信	「中国東北教育史国際学術討論会　日本側準備報告　第３号」（「満洲国」教育史研究会、1993.6.29）		187
	通信	「植民地教育史研究」第４号（日本植民地教育史研究会、1998年６月15日）		188

分類	形態	資料名	備考	整理番号
	学校案内	「大連海運学院」		189
	ケースファイル	「日満関係手紙　日満・満洲両協会」		190
	ケースファイル	「協会以外の満洲関係」		191
	ケースファイル	「日満（4）　1984.9.2　舞子で見付け高木氏にコピー依頼分」		192
	ケースファイル	「満洲・日満関係フィルム」		193
	ケースファイル	〔資料複写物〕		194
	ケースファイル	〔写真の複写物〕		195
	ファイル	「満洲国土木技術員養成所（仙台）（熊本）　立命館高等工科秋田」〔新聞記事複写物〕		196
	ファイル	〔文献複写物〕		197
	ファイル	「日満関係恒吉文書」		198
	ファイル	「戦前の新聞記事」		199
	ファイル	「立命館創立五十年史　酒田議会史」		200
	ファイル	「東北関係　重要」		201
	クリアファイル	〔資料複写物〕		202
	クリアファイル	〔新聞記事の複写物〕		203
	クリアファイル	〔『満洲開拓年鑑　康徳九年・昭和七十年版』（康徳九年）等を写真撮影した画像を紙焼きしたもの〕		204
	カードファイル	〔調査メモ〕		205
	封筒	「満洲関係資料　原稿」		206
	封筒	「高木」		207
	封筒	「cut分」		208
	封筒	「原正敏　収／遼寧省教育志編纂委員会辦公室　緘」		209
	封筒	〔手紙／資料〕	送信者：「菅原順一郎」（北海道北見市）	210
	封筒	〔資料複写物〕		211
	封筒	「日満　長谷山用」		212
	封筒	「日満募集要項」		213
	封筒	〔手紙／資料〕	送信者：「野村章」（千葉県流山市）	214
	封筒	〔資料複写物〕	〔「満洲鉱工技術員協会法」等の複写物〕	215
	封筒	〔手紙／資料〕	送信者：「長谷山さとみ」	216
	封筒	〔手紙／原稿複写物〕	隈部智雄氏からの手紙	217
	封筒	「２期生」		218
	封筒	「３期生　卒業生　名簿　式次第」		219
	封筒	「黎明会」	「黎明会名簿」（昭和59年４月、平成元年10月：２冊）及び手紙	220
	封筒	「日満　プリント」		221
	紙袋	〔資料／原稿〕	「秋田『日満』技術工養成所」に関する資料とみられる。	222
	複写物	〔卒業アルバム複写物〕	写真中に「九州日満鉱業技術員養成所」の文字あり	223
	複写物	〔井上義次郎の辞令、皆川豊治『満洲国の教育』、「国民高等学校の教科書」書名に関する複写物〕		224
	複写物	「井上義次郎　アルバムコピー　鉱工訓練所」		225
	複写物	〔藤平寛『在満日本教育制度大要』（在満日本教育会、1942年）の一部を複写したもの〕		226
	簡易製本	「槻木資料」		227
	クリアケース	〔資料／手紙〕	「奉天鉱工技術工養成所」に関する資料の複写物	228
	写真ネガ	〔写真ネガ〕		229
	段ボール箱	〔日満技術員・技術工養成所関係資料／原稿〕		230
	ケースファイル	〔原稿〕		231
	封筒	〔原稿〕		232
	クリアケース	Masatoshi HARA「The trend of public vocational trainings in Japan」		233
	クリアケース	原正敏「偽満州国における技術員・技術工養成」（1993.8.9）		234
	クリアケース	〔手紙／資料〕		235
	クリアケース	〔手紙／資料〕		236

分類	形態	資料名	備考	整理番号
	クリアケース	原正敏「日本公共職業訓練的動向」、他	原論文：中文	237
	複写物	原正敏「偽満技術要員の渡満前訓練施設ー満洲鉱工青少年技術生訓練所」、他		238
中国語資料				
	図書	《中国錬鉄三十年》編集組『中国錬鉄三十年』冶金工業出版社、1981年１月		239
	図書	《中国鉄鉱粉焼結三十年》編集組『中国鉄鉱粉焼結三十年』冶金工業出版社、1981年５月		240
	図書	張文芳　責任編集『哈爾浜市第二中学校　七十周年校慶紀念冊（1918-1988）』		241
	図書	武強　主編『東北淪陥十四年教育史料　第一集』吉林教育出版社、1989年１月		242
	図書	蘇甫　主編『東北解放区教育史』吉林教育出版社、1989年４月		243
	図書	朴奎燦等『延辺朝鮮族教育史稿』吉林教育出版社、1989年４月		244
	図書	王野平　主編『東北淪陥十四年教育史』吉林教育出版社、1989年５月		245
	図書	藍若氷・公隆・韋漢成・覃建臣・関柏凌　訳『日漢図解辞典』中国国際広播出版社、1990年２月		246
	図書	汪劉生・黄新憲　編『中外教育史大事対照年表』吉林教育出版社、1990年３月		247
	図書	瞿葆奎　主編『教育学文集　第14巻　教育制度』人民教育出版社、1990年５月		248
	図書	岳懐玉・呉小林　主編『勤工検学研究与対策』吉林教育出版社、1990年６月		249
	図書	梁忠義・金含芬　主編『七国職業技術教育』吉林教育出版社、1990年９月		250
	図書	蘇崇民『満鉄史』中華書局、1990年12月		251
	図書	李桂林『中国現代教育史』吉林教育出版社、1991年４月		252
	図書	呉玉琦『中国職業教育史』吉林教育出版社、1991年７月		253
	図書	斉紅深　主編『東北地方教育史』遼寧大学出版社、1991年12月		254
	図書	劉兆偉『儒家教育施政考』遼寧大学出版社、1992年２月	２部	255
	図書	陳譲開　主編『吉林省教育与生産労働相結合的実践与研究』、1992年９月		256
	図書	武強　主編『東北倫陥十四年教育史料　第二集』吉林教育出版社、1993年１月		257
	図書	王桂　主編『中日教育関係史』山東教育出版社、1993年６月		258
	図書	陳譲開　主編『高等教育与生産労働相結合的実践与研究』吉林教育出版社、1993年７月		259
	図書	盧王徳　主編『日本侵略東北教育史』遼寧人民出版社、1995年１月		260
	図書	李洪鈞・劉兆偉　編著『儒釈道与東北教育史』遼寧教育出版社、1996年２月		261
	図書	遅子健『偽満洲国　下巻』作家出版社、2000年10月		262
	雑誌	遼寧省教育志編纂委員会編『遼寧教育史志資料　第一集』遼寧大学出版社、1990年		263
	雑誌	遼寧省教育志編纂委員会編『遼寧教育史志資料　第二集　上』遼寧大学出版社、1990年		264
	雑誌	遼寧省教育志編纂委員会編『遼寧教育史志資料　第二集　下』遼寧大学出版社、1990年		265
	雑誌	遼寧省教育志編纂委員会編『遼寧教育史志資料　第三集　上』遼寧大学出版社、1990年		266
	雑誌	遼寧省教育志編纂委員会編『遼寧教育史志資料　第三集　下』遼寧大学出版社、1990年		267
	雑誌	遼寧省教育志編纂委員会編『遼寧教育史志資料　第四集』遼寧大学出版社、1990年		268
	雑誌	遼寧省教育史志編纂委員会編『遼寧教育史志　第一集』1992年５月		269
	雑誌	遼寧省教育史志編纂委員会編『遼寧教育史志　第三集』1992年11月		270
	雑誌	遼寧省教育史志編纂委員会編『遼寧教育史志　第二集』1993年11月		271
	雑誌	遼寧省教育史志編纂委員会編『遼寧教育史志　第一集』1994年６月		272
	簡易製本	「奉天通志」		273
	ファイル	「職業教育史」		274
	ファイル	〔無記入〕		275
	ファイル	「中国現代教育史」		276
	ファイル	「十四年教育史」		277
	ファイル	「日本侵略東北教育史（1）」		278
	ファイル	「日本侵略東北教育史（2）」		279
	ファイル	「日本侵略東北教育史」		280

分類	形態	資料名	備考	整理番号
	ファイル	「日文　（筆写）」		281
	ファイル	「東北地方教育史」		282
	ファイル	「東北教育通史」		283
	ファイル	「東北教育通史（1）」		284
	ファイル	「東北教育通史（2）」		285
	ファイル	「東北教育通史（3）」		286
	ファイル	「東北　その他」		287
	ファイル	「中国職業技術教育史」		288
	ファイル	「斉紅深　東北淪陥時期教育研究」		289
	簡易製本	「斉紅深　東北淪陥時期教育研究　p200～」		290

Ⅳ．旅の記録

「台湾教育史遺構調査」

台中県清水国民小学「誠之字石碑」と台北県板橋国民小学「枋橋建学碑」

白柳弘幸

日本植民地統治時代台湾の学校に建てられた石碑が、今も各地に残されている。創立記念碑や教員個人の顕彰碑等で、古蹟（文化財）指定を受けているものもある。今回、台中県清水国民小学「誠之字石碑」、台北県板橋市板橋国民小学「枋橋建学碑」についての報告を、両校の紹介とともに行なう。

1　誠之字石碑　台中県清水国民小学

台中県清水国民小学は、戦前、台中州清水公学校と言った。清水へは台北から台南方面行き列車（海線）で清水駅下車。清水駅から学校までは徒歩で約10分。

校長室で黄進益先生と面会し、『解読清水国小百年映像史』『清水国小　創校一百週年専輯』『創立110周年記念誌　継往開来』（以下、『記念誌』）をいただく。学校発行の記念誌が入手できると、学校沿革が正しく捉えられるのでありがたい。

今回の訪問は、校門正面に置かれている「誠」と刻まれた石碑（写真1）の建立や残された経緯等の調査であると伝える。清水公学校は、1897（明治30）年2月、台中県国語伝習所牛罵頭分教場として開校。一旦は廃校になるが、翌年10月1日の「台湾公学校令」施行時、牛罵頭公学校として再度開校された、当地で一番古い歴史を持つ。石碑を建立した川村秀徳校長は1935（昭和10）年3月に着任。同年4月13日に新築校舎の落成式が行われ、その1週間後に震災に遭う。翌年6月に校舎の復興工事が完成。石碑の建立は、復興工事完成の半年後の1937（昭和12）年1月9日であった。

黄校長から「誠之字石碑」「校舎」「講堂」は県定古蹟の指定を受けているという話を聞く。メジャーを忘れたために正確な計測ができなかったが、地上部分について高さ1.2メートル、幅1メートルほどの自然石であった。川村校長が台北の芝山巌から石を取り寄せ、自ら揮毫した。裏面には「芝山□□石　昭和十二年一月建□　職員児童」と刻まれている。

写真1

『学校経営概要』（以下、概要）によれば、昭和11年度の統計として、清水公学校には、尋常科1年から高等科2年までの25学級1485名（男子1031名・女子452名）が在籍し、教員数は27名（内地人13名・本島人14名）で、校訓を「誠」としている。復興した新校舎で、新しい学校生活を開始するにあたり、人心を一新するために石碑を作ったのだろうか。1913（大正2）年、台湾で初めての公学校修身教科書児童用が発行された。同時に発行された『台湾公学校教科書編纂趣意書・第一篇』に、修身の四大綱領の一つが「誠実」であると解説されている。それへの意識があったのかもしれない。光復後、清水国民小学から分離独立した周辺3校には「誠之字石碑」の複製が置かれた。「誠之字石碑」は、現在も清水教育のシンボル的存在になっていると言えるだろう。それほどまでに大切にされているのであるが、残念ながら作られた経緯や残された理由はわからない。

『概要』に「教育を教育の全野（真善美聖健富）に向つて行はんとするところにより各教科に関係する教育レコードを購入」したとある。そのレコードを生かすために復興後の校舎に、最新の校内放送機器を備えた。このころ日本国内に全校規模の放送設備を持った小学校はどれほどあったろうか。煉瓦造りの新校舎は、数度の改修を経て、近年耐震化の工事も済ませ、これからも使用し続ける。平屋建ての校舎はコの字型に配置され、中庭部分が広々した芝生グラウンド。地方都市ならではの贅沢なつくりであった。教室内の檜板の貼られた天井には大きな扇風機がつき、熱気を籠もらせないようにするためかやや高くなっている。窓は昔ながらの木製である。

講堂は完成当時、当地で一番広い建物であったため町の集会所としても使用した。学校は、通学する児童を教育することのみが責務ではなかった。総督府は、日本国内同様に公学校を地域の中心にしようとしたのだろう。講堂の正面舞台の白壁には奉掲所が設けられていた。奉掲所とは儀式の折に御真影を奉置する台のことである。奉掲所の使用用途は、わからないままに修復していたようであった。奉掲所遺構は日本国内でも少なく、清水国民小学講堂奉掲所は台湾での貴重な教育遺構の一つになる。

写真2

続いて見たのは奉安庫（写真2）であった。『記念誌』に載る奉安庫の内部写真には、下段に鳳凰の透かし彫りが施された引出しがついている。ただし、撮影時に扉を開いた後、閉めたら開かなくなったと黄校長は笑う。そのほか、清水公学校と書かれている小型金庫もあり「清水青年学校長」の印が収められていた。清水国民小学の歴史遺産と言うべき施設や品々を次々に紹介されるのには驚かされた。

司馬遼太郎氏の『台湾紀行』に老台北として登場する蔡焜燦氏は本校の卒業生であった。蔡氏は、川村校長の教育を周知させるため、川村校長が発行した『綜合教育読本』を自費で再版した。こうした熱意に蔡氏の郷土や母校への思いが伝わってくる。この『綜合教育読本』にレコード資料についての詳しい解説が載る。

先に「教育を教育の全野（真善美聖健富）に向つて行はん」と、『概要』の一文を引用した。ここで書かれている「真善美聖健富」という言葉は、筆者の勤務校である玉川学園創立者小原國芳が提唱した全人教育の理念を説明する時に使用する言葉である。統治下台湾での新教育や全人教育普及を調べる手がかりになるものと思われた。

今回の見学の通訳をしてくださったのは、当地、東海大学の何盈儀さんと楊旻旻さん。お礼申し上げる。

（2007年1月18日訪問・台中県清水鎮光華路125号）

2　「枋橋建学碑」　台北県板橋市板橋国民小学

台北県板橋市板橋国民小学は、台北市内各所を快適に結ぶMRT板南線府中駅から徒歩で7、8分という交通至便の位置にある。校長の姚素蓮先生と校長室でお会いし、「枋橋建学碑」(以下、建学碑) を見学に来たことを伝える。学校発行の『板橋情・世紀行』『枋橋建学碑　書法範本』(以下、『範本』) をいただく。

板橋国民小学の前身は、1899（明治32）年1月18日に創立した枋橋公学校である。枋橋公学校は、1873（民国前39）年に創立された大観書社という書院の建物の一部を借りて開校した。通学する児童が増えてきたため、1907（明治40）年1月29日、現在の場所に新校舎を完成させた。新校舎建築時、「台湾五大家族之一」と言われる地域の有力者である林本源家が土地や校舎建築費等のために多額の寄付を行った。その経緯が「建学碑」（写真3）に刻まれている。総督府は同化教育を推進し、国語（日本語）を広める立場にあったが、碑文は漢文であった。完成は1911（明治44）年6月22日。「建学碑」は高さ3メートル・幅1.6メートルもある堂々とした大きさで、学校前の大通りに面した所に建てられているため、道行く人が目にすることができる。現在、文化財としての価値が認められ国家三級古蹟に指定されている。

1972（昭和47）年に日中共同声明が発表された。その影響と思われるが、1970年代に国民党政府から全島に残されている植民地統治時代の建学石碑等を破壊する命令が出たという。「建学碑」は破壊から免れたものの、石碑に刻まれた「総督府」「明治」と言った文字は削り取られ、その他のいくらかの文字もセメントで埋められた。板橋国民小学の所在地は台北県板橋市であるが、台北市に隣接する交通至便の立地である。花崗岩製の白味がかった石碑に刻まれた678文字は、長年の風雨や排気ガス等のために損傷が進み、刻字の輪郭が風化し判読が難しい箇所が少なくなかった。

姚校長は、この石碑の価値を広め長く世に残すため、「建学碑」着工百年を迎えるに当たり『範本』を発刊した。『範本』には「建学碑」建立や、碑文を揮毫した日本人書家の日下部東作が書した文字を日本国内の石碑の拓本や筆跡本で見出し、完成当時に限りなく近い字体による文章を復元した経緯も書かれている。そうした姚校長の話に、『範本』発行に携わった方々の並々ならぬ意気込みを感じた。碑文は民政長官大島久満次が著し、書家の日下部東作が揮毫し、石刻家の七世広瀬群鶴が文字

写真3

写真４

を刻んだ。総督府秘書課嘱託の山本卯兵衛が日下部東作の弟子であったことから、日下部東作に揮毫を依頼した。日下部東作は明治大正期を代表する書家で、その書法は鳴鶴流といわれ書道界の著名人であった。そして広瀬群鶴も石刻家として日本国内での著名人であった。つまり「建学碑」は当時日本国内で最高の書家と石刻家によって作られたのである。統治時代の石碑に詳しい中京大学の檜山幸夫教授は、当時の総督府には資金がなかったので、林本源家の記念碑建立を追認していたのではないかと指摘する。

また、当校には、昭和元年にはすでに建てられていた校門（写真4）が昔のままの形で残されている。この形の校門は、他に保存されている所は少なく、新校舎完成時には他の場所に移し記念として保存する。数年前、旧台南第一中学校（現在、国立台南第二中学校）の正門の脇に、台湾総督府台南中学校と書かれた校札が掲げられている旧正門を見た。歴史の記憶を実物で保存することに、伝統校の歴史にかける思いが伝わってくる。清水国民小学もそうであったが、伝統校であればあるほど、自校の伝統を次世代に継承しようとする努力を惜しまないでいる。

校史室には厚さ5センチほどの『学校沿革史』が保存されていた。文中、1936（昭和11）年6月17日の記事として「本日ヨリ全児童ニ靴ヲ履クヨウ規定ス」などの興味深い記録が書かれていた。光復後、台湾全土で、学校保存の公文書の多くは処分された。にもかかわらず残されていることについて、板橋国民小学は、光復後の校長も総て台湾人が務めていたからではないかと姚校長は予想した。当地は、台湾有数の名門である林本源家が学区内にあるなど台湾人意識の強い土地柄なのであった。姚校長は学校創立から16代目、光復後9代目の校長になると誇らしげに語られた。

いただいた学校案内のパンフレットに「精緻的　落實全人教育、追求卓越的與精緻」という文章が載せられていた。今回、偶然にも両校で筆者の勤務校の教育理念に関わる事例を見いだせた。驚くとともに、現在の台湾で全人教育がどのように評価され、受容されているのか知りたくなった。

今回、通訳としてお供をしてくださったのは国立政治大学博士班に留学中の一橋大学博士課程在籍・高橋一聡氏。感謝申し上げる。

（2008年1月11日訪問・台北県板橋市文化路1段23号）

【参考図書】

清水公学校『学校経営概要』昭和12年
台中県清水国民小学『解読　清水国小百年映像史』1998年
台中県清水国民小学『清水国小　創校一百週年専輯』1997年
台中県清水国民小学『創立110周年記念誌　継往開来』2006年
台北県板橋市板橋国民小学『板橋情・世紀行』1999年
台北県板橋市板橋国民小学『枋橋建学碑　書法範本』2007年
島嶼柿子文化館編『台湾小学世紀風華』2004年
島嶼柿子文化館編『台湾百年小学故事』2004年
台湾総督府編『台湾総督府及所属官署　職員録』明治42年

V．書評

近藤健一郎著
『近代沖縄における教育と国民統合』を読んで

梶村光郎

本書は、近藤氏が北海道大学大学院教育学研究科に在籍していた頃から愛知県立大学で教鞭を執られていた、1993年から2002年にかけて執筆された近代沖縄教育史に関する11本の論文に「大幅な加筆修正を施し」たものと、新たに書き下ろされた「終章」とで構成されている。

全体の目次構成は、次のようになっている。

本書の課題意識は、近代沖縄教育史に関する先行研究を批判的に継承しながら、「沖縄人の統合・大和化という視点」から「近代沖縄における教育政策の展開とその実態」を解明するところにある。

序章において近藤氏は、近代沖縄における教育に着眼する理由として、「教育は、沖縄人の日常生活を大和的なものに変えていく大和化の展開に決定的な役割を果たしたのである。……戦争とのかかわりでも、教育は大きな役割を果たしている。教育は、近代を通じて沖縄人の生活に密接に結びつきながら、その生活のありようを変容させていく」ことと、「決して『日本』がはじめから完成していて、そこへ『沖縄』が組み込まれていくわけではない。『日本』は、また同時に『沖縄』も、近代史の過程において形成されていく」ことを述べている。ここには、本書が沖縄という日本の一地域の教育史研究に止まるものでなく、「大和」と沖縄の教育的関係の歴史研究を通して、「日本」の近代史像と近代教育史像を問い直そうとするものであることが窺える。そして「同化教育」や「皇民化教育」という概念で近代沖縄教育を把握する先行研究の積極的意義を認めつつ、「用語の概念をあいまいなままに用いている」ために「近代沖縄教育の変化をあいまいにしてしまうという問題点にもつながっている」ことを指摘している。また、「先行研究が元号による時期区分を行ってきたことは、近代沖縄教育の変化をとらえきれていないことに起因するといっても過言ではない。」とも指摘している（括弧の文章は、本書の引用よるが頁数は略す。以下同様）。これらからは、本書が「近代沖縄教育の変化」に対応した実証的な教育史研究を追究したものであることが窺える。

1．近代沖縄教育史の時期区分

近藤氏にとって、「近代沖縄教育の変化」に対応して教育史の叙述を行うことは、先行研究の弱点を克服することでもあるが、それではその変化はどのように把握されているだろうか。近藤氏が例示している標準語教育の場合について見てみよう。

近藤氏は、琉球処分直後の1880年に沖縄県学務部が編纂し、1880年代に会話伝習所（のち沖縄師範学校）と沖縄県内の各地の小学校で標準語教育の教科書として使用された『沖縄対話』を取り上げ、「琉球処分直後から学校において、言葉を大和と同じようにさせる政策を実施していたのである。その点で、『同化教育』『皇民化教育』という概念を近代沖縄教育の開始当初から用いることに積極的な意味があることは確かである。」と述べる。と同時に、1880年代の沖縄の就学率が一桁であり、学校が「大和屋」と呼ばれるように沖縄社会では「特殊なものであった」ことを指摘する。そして、就学率が上昇し、ほとんどの子どもが学校に通うようになった時期の標準語教育とでは、「量的な広がりにおいてその歴史的な意味に違いがある。」と述べる。また、「アジア太平洋戦争下においては学校が母姉学校などを開講し地域住民に対しても標準語を教えていた。」と述べ、続けて「標準語教育それ自体は、琉球処分直後から一貫して行われていたけれども、その対象者などに違いがあり、沖縄社会のなかで占める意味には変化があるのである。」と指摘する。その上で、「このことが妥当ならば、学校が地域社会において占める位置などに注目しながら、標準語教育の対象者、教科書、実践などの歴史的変化を明らかにすることは、近代沖縄教育史研究の基本的な課題である。このような基本的課題の解明の積み重ねは、『同化教育』『皇民化教育』の具体的内実を明確にし、また概念そのものを規定していくうえで必要不可欠なことであろう。」と結論づけている。

ここで述べられていることは、納得できる部分が多い。その一方で、『沖縄教育』（1911年12月）に掲載された、沖縄師範学校附属小学校の「教育施設一欄」の「第九、特別施設」の中で示された「五、普通語奨励方法」や、『沖縄教育』（1915年9月）に掲載された、沖縄県教育会の学校・家庭・地域に関わっての「普通語ノ励行方法答申書」は、標準語教育の「歴史的変化」を示すものではないかと思われるが、近代沖縄教育史の時期区分とどのような関係になるのか、気になる。

近藤氏は、近代沖縄教育史を4期に時期区分しているが、それを本書の目次構成と結びつけて示すと、次のようになる。

①第1章と第2章は、「就学児童がごく一部であった、琉球処分から日清戦争までの時期」。
②第3章と第4章は、「日清戦争後、日本政府が沖縄に対して旧慣改革により政治的統合を本格化し、沖縄教育界の指導者層が『他県並』を志向し始めた時期」。
③第5章は、「一九一〇年代半ば以降、沖縄人の移民・出稼ぎが増加し、沖縄県政も沖縄の経済的疲弊回復のためにそれを奨励した時期」。
④第6章と第7章は、「アジア太平洋戦争期の国家総動員体制下、学校が総動員体制を構築していく一つの軸となった時期」。

この時期区分は、近代沖縄教育史を区分する指標となると思われるが、『沖縄教育』誌の未発掘などの事情もあり、必ずしも4期に区分されるかどうかは、今のところまだ分からない。しかし、これは「近代沖縄教育の変化」に対応しない、元号による時期区分論を乗り越えようとする試みであり、今後はこの時期区分論を意識せざるを得ないだろう。

2．各論文の概要とそれへの感想

ここでは、最初に各論文に共通する特徴を押さえておこう。

各論文は、近藤氏が「各章の課題について先行研究の整理も含めて具体的に述べることは、それぞれの第一節において行うこととする。」と述べている通り、第1節で先行研究における意義と弱点が丁寧に整理されている。そして第2節以下で、⑴どのような政治的・社会的状況に教育が位置づいていたか(基盤)、⑵日本政府、沖縄県庁がどのような教育政策を立案、実施し、教員、教育関係者がどのような教育実践を試みたのか（中核)、⑶「そのような教育によって沖縄人の生活はどのように変貌していったのか、あるいはしなかったのか」、という視点から課題への考察が進められ、「小括」でその結果がまとめられている。丁寧な先行研究の整理や使用されている多くの文献資料は、近藤氏の近代沖縄教育史研究の緻密さと視野の広さが窺われ、教わることが多かった。その意味で言えば、本書は近代沖縄教育史研究の基本文献の一つとして欠かせないものになっている。

第1章では、琉球処分前後の内務省出張所の官吏河原田盛美や初代の沖縄県知事鍋島直彬の教育政策を分析し、琉球処分以後の教育政策の基調が鍋島のいう「言語風俗ヲシテ本州ト同一ナラシムルハ当県施政上ノ最モ急務ニシテ、其法固ヨリ教育ニ外ナラス。因テ至急普通ノ小学教科ヲ制定シ師範学校ヲ設置シ、漸次旧規ヲ改良シ教育ヲ普及ナラシメ度」にあることを指摘する。その上で具体的に、会話伝習所、首里中学校、小学校が設置されていったことや、旧藩時代に存在していた筆算稽古所（村学校）を小学校に「改良」していったことが示される。また、就学状況の低さとそのために就学督励がなされたこと及び「大和屋」と呼ばれた学校の実態が論じられている。そして「小括」で「琉球処分直後の時期は、近代沖縄における『同化教育』の出発点に位置づけられている。この時期の歴史的特徴は、大和人教員によって、学校空間において、言語風俗の大和化がごく少数の児童生徒に対して行われたことにある。」と結論づけられている。

学校を「大和屋」というのは、学校の仕事内容を示しての屋号のことであり、近藤氏が琉球処分直後の学校教育を、「同化教育の出発点」と捉え、その内実を大和人教員を主体とする「大和化」にあると見たことは理解できる。ただ、気になったことは、「大和化」の質はどうだったのか、という点である。たとえば、終章で指摘しているように「標準語」は未確立であった。そうであれば、「標準語」の確立を目指す「中央」の動向について、この章でも言及があってよいように思われる。

第2章は、沖縄を視察した内務大臣山形有朋と内務書記官一木喜徳郎の報告書に基づいて、日本政府が沖縄をどのように統合していくかを模索していたかを論じている。ここでは、「沖縄ハ我南門」と見た山形が、沖縄防衛のために沖縄人の愛国心の養成が必要であるところから「頑陋ノ精神ヲ一変スル」教育を求めたことが述べられている。そして具体的に、「標準語教育に重点をおいた沖縄の『民情』に適合するような『便宜教育』」と「優秀な沖縄人生徒を選抜し、大和の学校に入学させ、卒業後に沖縄の小学校教員とする」ことが主張されていたことを明らかにしている。それに対し一木は、旧支配階級と一般民衆の政治動向を分析し、「旧慣存続政策」の変更の必要性を自覚する。その上で、「言語風俗の大和化」を推進していた学校教育の有効性を確信し、そのような教育の普及が必要であることを述べている。しかし、日清戦争後、沖縄を統合するための教育政策の模索も、台湾の植民地化が実現し、沖縄への配慮がなくなっていったことが明らかにされている。

第3章と第4章は、「他府県並み」への回路としての教育の問題を、徴兵令の施行と風俗改良の面から、それぞれ論じたものである。徴兵令と教育の関係においては、標準語の能力が求められていたこと、徴兵当籤者教育が実施されたことが述べられている。風俗改良については、沖縄県私立教育会の教育を通しての家庭や地域の「改良」の動きが明らかにされる。しかし、成果が見られる反面、「学校の指示する風俗改良は従来の風俗習慣と衝突」し、家庭や地域の「改良」は容易でなかったことが示されている。女子の和装の推進が新しい動きとして注目されているが、学校内に止まっていたことが述べられている。

第3章で気になったことは、沖縄私立教育会の「小学校教育関閲点呼法」が建議だけで実施されていないという評価についてである。『沖縄教育』（1924

年5月号）は、「教育点呼号」という副題を付した上で、「教育点呼に関する訓令」として「教育点呼実施要項」を掲載している。この事実をどのように考えるか、言及が必要ではないかと思われる。

第5章は、「一九二八年に沖縄県初等教育研究会が作成した『島の教育』に焦点をあて、移民・出稼ぎの奨励を受けた教育実践の課題とその実態」を解明したものである。契約中の逃亡者が多かった沖縄人の移民に対する標準語教育や風俗改良が、際限のない大和化の追求と、「排斥の克服という沖縄人とって切実な必要性」から追求されてきたことが明らかにされている。

第6章は、「アジア太平洋戦争との関連で実施された国民精神総動員、さらに国家総動員体制を境として、沖縄県全域で展開していく標準語励行運動の政策意図とその実態を、学校の機能に注目して解明」したものである。ここでは、沖縄言葉が否定され、日本精神発揚と大東亜共栄圏の建設を目指すにあたっての標準語励行の強制が学校や地域でも行われたことを、方言論争、方言札の利用、母姉学校の開講などの具体例を検討しながら、明らかにしている。宇久本正元の「沖縄言葉を土台とした標準語励行」は、異質な標準語励行の主張を述べたものであり、興味深い。

第7章は、「アメリカとの地上戦闘に向けて」「児童生徒の戦場からの排除」と沖縄人の「戦場への動員」がどのように行われたかを解明している。ここでは、「日本軍は、沖縄戦を『皇土防衛』のための『前線地帯』という『捨て石作戦』として位置づけ、そのもとで第三二軍は沖縄のすべてを『戦力化』していく一方で、沖縄戦準備の足手まといとなる老幼婦女子を島外へ排除していった。」ことが指摘されている。中学・師範学校の生徒の動員と犠牲が軍の「捨て石作戦」にあったことを指摘した上で、沖縄の学徒隊を「模範」とすることで日本全国の学校生徒の士気を高めたという指摘は、大和の教育の「沖縄化」かと、考えさせられた。

終章では、(1)教育政策とそれを担った教員層の推移、(2)学校と地域社会の推移、(3)教育と軍事の関係の推移、(4)教育による沖縄人の生活の変化の様相、という論点が今後の研究課題として提示されている。ここを読み、八重山や沖縄本島の教員組合運動や伊波普猷の「同化」に関わる優生思想の講演活動の解明は必要ないのかという疑問が残った。

（北海道大学出版会、2006）

宮崎聖子著

『植民地期台湾における青年団と地域の変容』

大串隆吉

本著は植民地下台湾に於ける青年団政策と青年団の実態を明らかにしようとした労作である。文献資料及び聞き取りを軸にしながら丁寧に史実を積み上げている。その時期的範囲は、1920年代から日本の敗戦までである。その構成は以下のようになっている。

序論　植民地政策としての青年団の分析視角
第Ⅰ章　地方指導者に対する教化——一九一〇年代
第Ⅱ章　官製青年会と抗日的青年団体の抗争——一九二〇年代
第Ⅲ章　総督府による青年団統制と「篤農家」の養成——一九三〇・三五年
第Ⅳ章　台湾人地方指導者の政治的後退と「海外工作」尖兵の養成——一九三五・三八年
第Ⅴ章　団員の中下層化と青年団における日本人支配——一九三九・四二年
第Ⅵ章　青年団の皇民奉公会移管と青年の管理機関化——一九四三・四五年
第Ⅶ章　結論

この構成は、そのまま時期区分になっている。そして、第Ⅶ章であらためて青年団政策の時期区分が簡潔に以下のように行われている。

すなわち、第Ⅰ章に当たる時期は、第1期であり、「青年教化の基盤準備期」である。第2期は第Ⅱ章に当たり、「抗日運動の防波堤期」として、第3期は第Ⅲ章に当たり、「青年団統制開始期」として、第4期は第Ⅳ章に当たり、「部落青年団設置期」として、第5期は第Ⅴ章にあたり、「兵員養成期」として、第6期は第Ⅵ章に当たり、「青年の管理機関期」として、それぞれ特徴づけられている。

この青年団政策の時期区分と各章の表題との関係がわかりづらいのだが、各章の表題は青年団政策の時期区分の内容あるいは政策の結果を示したものだと理解できる。例えば、第2期の「抗日運動の防波堤期」は「官製青年会と抗日的青年団体の抗争」が内容になる。そして、著者の論述の特徴は以下の点にあると指摘できる。

台湾総督府の青年団組織化は1920年代に始まることはほぼ定説になっているように思えるが、著者は1910年代を青年教化の基礎作りのために教化団体が組織化された時期としている。同時に、公学校の設置の結果生じた青年の教育機会問題を意味する青年問題が生まれていたこと、それが抗日運動の引きがねともなったことを指摘している。

第2期は、台湾人による抗日運動の勃興と結びついて盛んになった青年運動に対抗する、それの力を削ぐために青年団の設置がすすめられた。台湾総督府が青年団についての成文規定をだし、「全島的取り締まり」を開始したのが第3期である。この時期の青年団事業は篤農家養成、郷土振興と結びついた修養であった。そして、青年団員は台湾人地方指導者との結びつきが強まっていったことを指摘している。

第4期から総督府による青年団の整備と統制が強化される。第4期を著者は「軍事訓練機関へ大きく変化を遂げる時期」としている。この時期は、同時に地方制度の基礎として部落が組織され、「敬神思想」などの「内地化」の場とし、青年団は部落毎に設置されるようになった。それに伴い、公学校の卒業生の青年団参加は義務的となり、地域の中下層青年の参加が行われ、青年団の影響力は拡大した。また、地域指導者が日本人に交代することにより「日本人の監督の目」が強まった。一方で、日中戦争の進展により、台湾人も軍役の対象となり、「戦争動員のために」青年団の教練・査閲、組織の統制が始まった。この時期、台湾連合青年団が結成され、大日本連合青年団に加盟する。

第5期は「青年団の兵員養成機関としての性格が明確になり、組織も飛躍的に拡大した」。青年学校設置とあいまって公学校未卒業者も青年団の対象となり、台湾青少年団の結成、勤行報国青年隊、特別志願兵制度により青年の日本軍兵士養成制度が確立されていく。台湾青少年団は、大日本青少年団には加盟しなかった。第6期は「決戦体制に備え」徴兵制の実施、国民義勇隊結成に伴う青年団解散が行われた時期である。

以上が各時期の特徴である。著者の方法上の特徴は、台湾および日本に保存されている文献資料を収集するだけでなく「青年団政策の受け手にとっての青年団の意味を考察」するために、台北州新荘街地区を対象地域に据え、青年団関係者の社会的属性の変遷を追ったことにある。その結果、民族問題と共に階層差問題が植民地の青年団に存在することを指摘している。階層差問題は、青年団参加が公学校という学歴にたいする差異化をもたらした時期から、1930年代以降中下層青年にとって「日本のために身命を投げ出すこと」が差異化にとって重要になり、「台湾人社会の価値観をいったん放棄する」ことが必要になった時期に変わったと指摘されている。ここに著者が指摘する民族問題と階層の問題があると考えることができる。

この背景にあったのは、青年団の性格変化であったという。すなわち、青年団が軍事訓練的性格を帯び、「彼らの中から兵士とする者を選んで訓練所を送り出し、あるいは地域の勤労奉仕へ動員した」からである。

地域からの視点と同時に、著者がアジアとの関係の視点も持っていることは注目して良い。それは、第Ⅳ章の「海外工作」尖兵の養成、第Ⅵ章の拓南公民錬成施設に示されている。また、台湾青少年団結団式には「中華民国、フィリピン、泰（タイ）、インドネシア、安南（ベトナム）からも青年の参加者があった」ことも指摘されている。これらには台湾の地理的・軍事的特徴がしめされているように思われる。

以上が、この本の論旨と特徴である。そのうえで、評者のこの本から考えたことを述べる。

まず、台湾には日本のように青年団の前身となる若者組のような年齢階梯制若者集団が存在しなかった点にかかわることである。この点は朝鮮でも同様であった。

しかし、村落に若者集団が存在しなかったとしても、青年の集団は存在した。すなわち、青年を名乗る若者が生まれていた。それは、日本においては世代対立から生じた概念であり、そこから近代的あるいは現代的な青年運動が生まれる根拠となった。この青年運動は政治的､党派的色彩を帯びる。著者によれば、そうした世代対立を伴った青年の集団が台湾にも生まれていた。そしてその青年運動が政治的には民族的な要素を持って生まれていた。

このような世代的対立を持ちながら政治的色彩を帯びた青年運動､青年集団を、青年団の組織者であった日本政府は警戒していたし、日本の青年団は対抗的性格も持たされていた。その意味で、著者が第Ⅱ章で官製青年会が抗日的青年団体の抗争の中でその存在意義があったことを取り出していることは、青年運動の対抗措置としての青年会の台湾、日本さらに朝鮮に共通した性格を明らかにしたと言えよう。台湾と朝鮮では、日本の場合と違って青年運動が民族独立的色彩を帯びたのである。

ここまで来ると、そもそも青年という言葉はどのようにして台湾に定着したのか。日本政府あるいは日本の大正デモクラシーからの流れなのか、それともヨーロッパなどからの流れなのか。中華民国にはボーイスカウトが組織されていたし、そこではYWCA、YMCAも活動していたからヨーロッパの影響を受けた青年組織もあった。その流れはなかったのかどうか。

次の点は、「台湾人に於ける上昇志向と分断」にかかわることである。日本の青年団は、青年団組織者の一人である山本滝之助に見ることができるように、中央への進出あるいは高学歴化による上昇志向が実現できない若者の活躍の場、学習の場でもあった。それは、地域の指導者になることを意味した。その点では、台湾の青年団も変わるものではないと、著者の結論から理解できるのだが、台湾の質はやはり植民地という場に左右されるであろう。

この点は、日本青年にとって当然視されていた「日本のために身命を投げ出すこと」が、台湾の青年にとって差異化になることに示されている。また、朝鮮においては日本政府が戦時体制期に朝鮮人官僚を登用し、あるいは高学歴化にさそいこむ方策が採られ、上昇志向実現の場を与えていた。台湾の場合に地域青年はそうした上昇志向の場をどうみていたのであろうか。

植民地化の朝鮮における青年団政策との比較に関わることである。著者の時期区分でみるかぎり、朝鮮と比較すると青年学校や青年訓練所の組織の仕方など違いがあるが、朝鮮における青年団政策の展開過程と大きく異なるものではないのではないか。朝鮮においても1920年代に青年会組織が総督府によって手がつけられ始めている。それは、朝鮮に於ける植民地政策が「文化統治」に転換した時期である。1931年からは農村振興運動が青年教育の中心となり、青年団組織化がすすみ、修養機関、公民養成が強調される。1936年から全朝鮮への組織が目的となり、台湾連合青年団結成と同じ年に朝鮮連合青年団が結成され、大日本連合青年団に加盟している。そして、大日本青少年団には台湾青少年団と同様に加盟していない。青少年団結成(朝鮮では朝鮮青年団)は軍事動員的色彩と全青年の組織化を課題にしていく。

評者には朝鮮及び台湾の連合青年団が大日本連合青年団に加盟していたにもかかわらず、大日本青少年団の時期には加盟しなかったことの理由が判然としていない。その理由は、単なる行政の分担上の問題とは思えない。台湾青少年団が大日本青少年団に入らずに公民奉公会の傘下に入ったことからみれば、問題は大政翼賛会と公民奉公会との関係にあったとも考えられる。

ところで、著者の評価について若干の異論もあり得よう。例えば、1920年代の評価である。その時期の青年団の組織化を「抗日運動の防波堤期」とみるか「内地延長主義」による同化政策の開始と見るかは小さくない違いだと思える。なぜなら後者からは、教化団体の組織化だけではなく、植民地公教育体制の確立との関わりで、すなわち教育政策全体の中で青年団が位置付けられなければならなくだろうからである。その場合、たとえば、青年団の公教育の補習教育機関としての出発あるいは国語教育の実施を強調している研究者もいる。(2008年日本社会教育学会研究大会自由研究発表における鄭任智の報告)

本著は以上のような論点と論点の展開可能性を持っているため、植民地台湾の青年団史あるいは台湾地域の青年史、日本の青年団史に欠かせない著作である。本著をめぐって多角的な議論と著者の研究の更なる展開が期待される。

（御茶の水書房、2008）

山路勝彦著

『近代日本の植民地博覧会』

渡部宗助

1 教育史の教育・研究において「博覧会」のことが視野に入ったのはかなり古い。多分、授業か、耳学問で、1876年の米国独立百年記念博覧会（フィラデルフィア博）に、文部省が「日本教育史略」（An Outline History of Japanese Education）を出品したということを知ったのがその最初であろう。「社会教育」では、内国勧業博覧会のことも学んだような気がする。

しかし、植民地教育史研究でその存在が気になり出したのは、最近のこと、ここ10年ぐらい前からである。それは、内国植民地と海外植民地を統一的に捉えるものとして、「拓殖」概念を導入してみたらどうだろうか、と思ったことが一つである。もう一つは植民地教育史研究では専ら「同化」を重要なキイ概念としてきたのであるが、より「モノ・コト・ヒト」の実態に即して捉えて見る必要性を感じていたからである。経済学が植民地研究に、「文明」（Civilization）と「野蛮」（barbarism）という枠組みとも異なる、植民地の「開発」（development）を「文化」（culture）と関わらせて再検討し始めていたことも背景としてはあったと思う。

「拓殖」とは「拓地殖民」の短縮語である。「拓地」はdevelopmentであるが、問題は「殖民」である。「殖民」には「移民」を含むようでもあった。その意味での「拓殖」は、近代日本では北海道から始まった。それでは、沖縄ではどうか。朝鮮、台湾、満洲等々ではどうだったか、と想像は膨らんだ。そして、意外にも戦中・戦時期には、内・外「植民地」を「拓殖」で説明出来る状況が出現していたのだが、その時は「拓殖」から「拓植」になりつつあったことも分かった。そのモノグラフとして、拓殖訓練所をスケッチしたのが「"拓殖"教育考」という拙稿である。

「拓殖」を「頭と足」で追い駆けていた過程で遭遇したのが「拓殖博覧会」であった。その時の衝撃が忘れられない。1912（大正元）年10月、拓殖局が上野公園（東京）で開催したこの拓殖博覧会の企画で、生身のアイヌ族や台湾「生蕃」の人たちの生活が展示＝「見世物」として衆目に晒されたのである。まるで動物園の発想ではないか（と言うと動物たちに申し訳ないが）、怒りと言うか、哀しみと言うか、それは僕の貧弱な語彙では表現できない感情であった。

2　「私ごと」から書き出したが、山路勝彦著『近代日本の植民地博覧会』が上梓された時、「是非、読みたい」と思った自然な心の動きを言いたかったのである。読後は、「やはり、そうだった！」という見込み違いのなかったことの確認と「そんなこともあったのか？」という視野と見識の拡大であった。

本書の構成は次の通りである。

第一部　近代日本の他者像
　第一章　〈野蛮人〉の表象、あるいは植民地主義の起源
　　　　——明治7年の台湾出兵をめぐる諸問題
　第二章　拓殖博覧会と「帝国版図内の諸人種」
第二部　植民地の博覧会
　第三章　朝鮮博覧会に見る幻想
　第四章　満洲を見せる博覧会
　第五章　台湾における植民地展覧会
　第六章　台湾博覧会、植民地は今花盛り

この構成と各章の表題から分かるように『近代日本の植民地博覧会』の書名が意味するのは、一つは日本国内で開催された植民地を主題とした「博覧会」、もう一つは日本の植民地で開催された「博覧会」、この二系の博覧会を対象にしていることである。その両者を統合する双方向の視点で、満洲の場合はさらに複眼の視点で、社会人類学者が分析した博覧会史研究である。そしてそれは、日本人の他者像を通して見た自画像に連なる書とも言えるであろう。自画像とは、最初に述べたフィラデルフィア博覧会など西欧博覧会への日本人の参加・出品と表裏の関係を想うからである。

第一章は、その表題からだけではその内容が伝わらないのだが、1871年に

台湾南端で起きた「宮古島民（54名）殺害事件」を契機とする「台湾出兵」（1874）が主題である。そこで表出した台湾原住民＝〈野蛮人〉という表象、これを「日清戦争」後の日本の台湾統治との関わりで論じている。この表象こそが、その20年間という間隔を埋めるものであったとする。その論証を台湾に出兵した水野遵と従軍記者・岸田吟香、そして日清戦争の従軍記者・大谷誠夫らの言説から鮮やかに説いている。少なくとも評者にとっては、説得的であった。「台湾出兵」と日清後の台湾統治を、その政治的、軍事的な継続性において見ることに消極的である評者には、こういう見方も出来るのだという意味で説得であったのである。この表象を「植民地主義」の起源と位置づけるというのは、社会人類学という学問の有効性なのかも知れない。それを「蝦夷」地に置き替えたら、何かの事件で同じような表象を生んだか、と考え込んだことも記しておこうと思う。

第二章では、先に筆者が衝撃を受けたと述べた「拓殖博覧会」と翌1913年大阪商工会が開催した「明治記念拓殖博覧会」の二つの拓殖博覧会を通して、植民地原住民・異民族に対して「異国趣味的な好奇の視線」を向けると同時に「帝国日本の威容」を参観者に植えつけたことを詳述している。その参観者の中には、朝鮮人観光団や台湾「生蕃」観光団も組織されていたことも重要なことであった。拓殖博覧会では特に東京人類学会・東京帝国大学人類学教室が積極的に協力したことも記憶に留めておきたいことである。

第三章以下では、それぞれの「植民地と博覧会」について、朝鮮（第三章）、満洲（第四章）、台湾（第五、六章）を対象とした紹介・分析である。台湾に最も多くの紙面が割かれているが、それはこの書の出発点に、近年の台湾で台湾博覧会（1935）に対する積極的評価という動向があったこと、以前から台湾の植民地統治資料を渉猟していたことによる（「あとがき」）。「植民地と博覧会」と括ったのは評者であって、この「と」には多様な内容が盛り込まれている。一つは日本国内で開かれる博覧会・共進会への植民地からの出展・出品、もう一つは植民地における博覧会等開催。そこには内・外の植民地統治者たちのポリシーが如実に反映されるのだが、その内実とその「顔」は一様ではなかった。博覧会において、誰に向かって何をアピールするか、それは開催時における、それぞれの植民地の置かれた状況に左右されて、決して単一色ではないことを示していた。

第三章の「朝鮮」について言えば、1903（明治36）年大阪で開かれた第5

回内国勧業博への朝鮮（「大韓帝国」）からの出品に始まり、拓殖博覧会を経て、1940（昭和15）年「始施30周年」の軍事色濃厚な国威発揚の「朝鮮大博覧会」までの、数々の博覧会・共進会について、それぞれの時期の政治・産業・社会における総督府の政策課題や成果・宣伝との関連で叙述されている。評者には、それ以前とは朝鮮側の「意気込み」が違っていたという平和記念東京博覧会（1922）への参加が印象に残った。その「朝鮮館」への官民一体の「文化活動」的出展（民族舞踊含む）、「朝鮮デー」での品種改良を重ねた「朝鮮米」の宣伝（試食含む）、それらは総督府の威信を賭けた参加であったと著者は評している。

第四章の「満洲」が見せる博覧会への表情、その陰影も変化に富んでいる。特に「満洲国」期においては、何が主題で、何をメッセージとして発信したか、微妙に揺れた。租借地・関東州、満鉄付属地、そして「満洲国」。ここからの出展も拓殖博覧会（1912、東京）に始まり、以後日満産業大博覧会（1936、富山市）、汎太平洋平和博覧会（1937、名古屋市）まで、絶えることがなかった。その間、特別館の名称も「満洲参考館」に始まり「日満記念館」「満洲館」へと時代を反映した。注目すべきは、1933年の「シカゴ万国博覧会」への参加。国際的に承認されなかった「満洲国」は、「満洲館」とも名乗れず「日本館付属満鉄館」とされたが、実はその出展では日本との差異化が図られた。この「満洲」の地で開催された博覧会としては、大連勧業博覧会（1925）、満洲大博覧会（1933、大連市）そして大東亜建設博覧会（1942、「新京」市）がある。「五族協和」の地として日本人を含む満洲地住民への「顔」と宗主国「日本」とその観光旅行者へ向けた「顔」とが常に錯綜した。

第五、六章が「台湾」である。ここ台湾では19世紀末から農産物品評会があり、その全島的集約として1916年に民政長官・下村宏を会長として勧業共進会が開催された。始政20年にして「安定」した台湾、「南方発展」の根拠地としての台湾を、「日本」に向けてアピールする必要があったのである。1925年には台北州警察衛生展覧会が開かれている。内務行政として、警察が治安とともに衛生を担ったことは広く知られるが、台湾ではさらに「理蕃」（教育を含む）という原住民対策を一手に掌握していた。その成果を「蒙昧から文明へ」として宣伝する必要があったのである。

台湾での最大の博覧会は、何と言っても1935年の始施40周年記念台湾博覧会であった。先にも紹介したようにこの台湾博覧会には、今日の台湾で積極的な評価がある。10月10日から50日間に亘ったこの博覧会は、「総督府が企てたお祭り騒ぎ」と称すべきものであったが、台北市全体が一大会場の如く、主催者直営の展示館と道府県や台湾商工業者の特設館など40近い会場を市中に分散させた。府県の他に満洲館、朝鮮館、南方館、暹羅館、比律賓館、そして府県館を除けば最大の「子供の国」等々。入場延べ人数は275万人、台湾人口が521万人だったから、単純計算では2人に1人が博覧会を訪れたことになる。実際は複数回入場した人も多かったと思われるが、それにしても盛況であったことは肯ける。数々のイベント、大阪の吉本演芸団、博多どんたく、台湾の「媽祖行列」、「生蕃踊り」——踊る「原住民」——、大陸からの「京劇」招聘、そして飛行機による遊覧飛行も企画された。スポーツ行事としての「朝鮮、満洲、台湾」対抗野球大会や陸上競技大会等々。入場料は不明だが、確かに「人々は博覧会に熱狂していた」と評されよう。

著者は、「台湾博覧会は総督府の主催でありながら、交通渋滞を作りだすほどに台湾民衆の楽しむ祭典となった。それは、植民者の権威に対して民衆が勝利した瞬間であった」と述べる。そして、「総督府のあまねく植民地支配のもとで、[博覧会に] 台湾の多様な住民がどのように関わったか、こうした視点を抜きにしては台湾博覧会を語ることはできない。本章は、……植民地住民の様々な関わりを記述する試みであった。」と擱筆する。

3 やや長い紹介になってしまったが、私たちが今まで学ぶ機会がなかった事象対象であるから止むを得なかった、というのが評者の主観的判断である。

興味を刺激する本書の特色を述べると、第一には、上述したように何よりも日本の植民地とその統治の姿を、「博覧会」という総合イベントを通して分析し、叙述したことである。「博覧会」は、社会におけるある時点での産業経済や技芸・文化の到達点の様態を集約して表現し、宣伝し、次へのステップとする狙いがある。企画によっては、多くの観覧者が娯楽としてある時間と空間を享受する「祝祭」的側面もある。植民地に於いては、政治的な統治の現実を「始政〇〇年」と集約してその成果を誇り、次ぎなる展望はその延長上にあることを主催者は提示しようとする。祝祭の面に着目すれば、花火大会のような一瞬の美に酔うとともに「祭り」の後の儚さも経験する。本書が対象とした植民地を主題とした、あるいは植民地を舞台とした博覧会もそのことを具体的に物語っている。

第二には、本書はそれを沢山の画像——ポスター、プログラム、絵葉書等

——で読者を惹き込んでくれるという方法技術的特色がある。最初の16頁の口絵は全てカラーである。「図」は1～100まで数えるが、1枚の図に2～3枚の絵が載せられることも少なくないから、個別に数えたら絵は200枚を越えるであろう。その渉猟・収集のエネルギーはいかほどであったろうか。それぞれには、当時のハイレベルな技術・技能が込められていることに思いを馳せると——評者にはその鑑識力が全くないが——そのエネルギーにも脱帽したくなる。

第三には、「博覧会」という総合イベントに潜む政治性については慎重であり、柔軟に観察していることであろう。博覧会の企画・発想から計画、実施、動員計画などの行政文書を発掘して読み込むオーソドックスな歴史学の方からは、「甘い」とする批判もありえようが、それはむしろ歴史家に委ねているように評者は読んだ。例えば、対象になった「博覧会」に天皇（家）の影も姿も全く見えないが、主会場に「御影」が飾られるようなことはなかったのだろうか。

さて、植民地教育史研究は、本書から何を研究課題として引き受けるべきだろうか。思いつくままに挙げて見たいと思う。

先ずは、「博覧会」の教育・教化的機能をどう読み、どう判断するか、という点である。本書でも幾つか「受け手」の側の記録を紹介してくれている。例えば、明治記念拓殖博覧会（1913）に「見学旅行」を行った奈良女高師生徒の「旅行記」や「台湾博覧会」に参観した台湾原住民の青年エリートたちの「文章」とか。これに類する記録がもっと、もっと発掘される必要があると思う。

第二には、同様に教員たちの「旅行記」「参観記」も、同じ受け手でもその伝播力という点ではより重要と言えるかもしれない。例えば、1929年の朝鮮博覧会の時は朝鮮教育会主催の「全国教育者大会」が開催され、40府県、台湾・樺太・満洲・青島、そして朝鮮から計4,000人を越える教員が京城に集った。これらの教員は当然に「博覧会」も参観したから、生徒以上に書き残している。1935年の台湾博覧会時には帝国教育会主催の「全国初等教育者大会」が開催された。この時も全国、朝鮮・樺太・満州・青島・南洋等から初等教育関係者700人以上が参集した。大会は2日間だったが、滞台期間は1週間以上だった。これらの教員も書き残したはずである。因みに台湾でこの種の教員全国大会が開かれたのは、1926年の中学校長会議が最初で、以後師範学校長会議、実業学校長会議、高等女学校長会議と続き、初等教育関係者が最後であった。

第三には、各種博覧会に諸学校はどう対応したであろうか、という点である。今日的には遠足等の一環として教員が引率したと考え勝ちだが、どうもそうではなかったように思われる。なぜか、博覧会の「娯楽」的、「祭り」的要素が、当時の学校が求めた「勤倹」的徳育と相容れないと忌避されたのではないか、というのが評者の仮説である。あの台湾中が盛り上がったと言われる台湾博に於いて、『台湾教育』誌を見る限りは教員が引率したという記事がない。とすると、博覧会は専ら青年・成人を対象とする「社会教育」領域でその教化的効果が期待されたのだろうか。

さらには、欧米で開催された博覧会には、日本の教育事情・発展を知らしめる出品が通例であった。パリ（1877）、セントルイス（1904）、ロンドン（1910）、パナマ（1915）等々。特にロンドンでの「日英博覧会」では、日本の「教育勅語」（英訳）が、非宗教による道徳教育として話題を呼んだことで知られている。このように「植民地と博覧会」は、対欧米博覧会への対応との関係でも考察の対象にする必要があるように思われる。欧米への「日本の教育」紹介で、「日本植民地とその教育」はどう位置づけられていたか、それは「大東亜共栄圏構想」における欧米帝国主義批判を足元から検証することに繋がる問題である。

（風響社、314頁、2008）

木場明志、程舒偉著

『日中両国の視点から語る植民地期満洲の宗教』

大東　仁

総論

日本宗教の「海外開教」(1)については、まだまだ基礎的な研究が進んでいないと考えている。その原因は、公開されている史料が限定されていることと同時に、この研究に従事する者が少ないことにあるのではないだろうか。もとより海外開教、特に占領地・植民地開教研究の重要性は痛感しており、なお一層の発展と教示を願うものである。

その意味で、中国側の研究者と歩調を合わせ、日本宗教の開教を主題として、進入した側・進入された側それぞれの側の研究が進められたことは、今後の史料の発掘・公開に向けての第一歩となるのではないだろうか。より一層の研究の増加には、まず史料が広く公開されることが必要不可欠であると考えているからである。

本書は四部構成となっており、12名の著者による16本の論文が掲載されている。中には初出から数年を経たものや、論旨が不明解なものもあり、独立した論文を集めたもので、章立てによる分類は、あまり意味を持たないとの印象を得た。

編者木場明志の「はしがき」によれば、第一部「植民地満州の宗教」は、「満州国」期の宗教の様相とその歴史的把握、第二部「移民を追う諸宗教の満州進出」は、漢人・日本人の移民と宗教流布の関係。第三部「日本仏教の満州進出と教育」は、満州国における日本語教育の実態報告。第四部「植民地満州の陰翳」は、従来対象とならなかった問題、としている。第一部・第二部にはそれぞれ4本の論文。第三部は3本の論文。第四部は四本の論文で構成されている。それぞれが特徴のあるテーマであり、またほとんどがまとまった研究報告がされていないテーマである。ただし、キリスト教に関する論文が全くないことは残念である。これは編集方針としてキリスト教をはずしたものではないだろう。研究者の不足によるものであることは想像に難くない。

中濃教篤『天皇制国家と植民地伝道』(2)ではキリスト教・大本教・日蓮宗など多種類の宗教団体の行動を記述している。本書とあわせ見ることで、研究の進んでいない分野がはっきりしてくることになる。

一方、編者程舒偉の「序言」は、「四つの方面の問題」として「一、植民地期満州の宗教　二、移民に伴う各宗教の満州進入　三、満州における日本仏教の活動及び教育　四、植民地時代の満州におけるシャーマン教」と記述している。第一部から第三部については、木場と同じ内容であるが、第四部については四つの論文のうち一つだけを取り上げ、その内容としている。これは国や言語の違いによる単なる齟齬なのか、それとも程の論文に対する評価によるものなのかが気になるところである。

日本人僧侶の軍事活動

真宗大谷派の「満州開教」は、従軍僧侶によるものが最初であった。軍と宗教の関係を証明する事実である。木場「日本仏教の満州布教と現地仏教再編の試み」では、「現地日本軍勢力の奉仕および在留日本人仏教徒との関係」という方向から「日本仏教界の進出は続いた」としている。「従軍僧」に限らずとも、現地での軍と宗教の関係は最も大きな研究課題のはずである。しかし本書には、軍との関係を証明する事実はほとんど取り上げられていない。軍への「奉仕」とはどんな事業なのか。その事業とは、現地レベルなのか、軍中央と教団での合意なのか。または特定の僧侶による「奉仕」でしかないのか。そしてそれは、時期区分や地域性（後述）の違いが認められるのか。また両者の規模の違いについては大変関心を持つところであり、史料の提示が必要だったのではなかろうか。

程「植民地時期満州の諸宗教抑圧」では、ハルビン「極楽寺の今井昭慶は日本のスパイであり」と固有名詞を挙げての記述がある。スパイ活動という軍事行動に参加していた僧侶の固有名詞が判明したことは、研究の大きな前進かもしれない。この根拠としては『長春文史資料』(1984年第5輯、2頁。1990年第3輯、171～173頁)とある。しかし具体的な事実については引用がなく残念である。

軍と宗教の関係については、根拠が提示されないまま「宣撫工作と称するもっと露骨な軍事行動も教団の主要な活動であった。これは簡単にいえばスパイ活動のことで、軍籍と僧籍の両方を書類から消して秘密に活動するものさえいた」という「研究」が日本で発表されている(3)。このような「うわさ」レベルの話が流布されている日本の現状を見れば、事実の提示が是非必要だったと考える。もちろんこの日本の現状は、中国の研究者に責任を負わせるものではないことは承知している。しかし共同研究であることから、あえて注文をつけるものである。

「満州」内の地域性の考慮

本書は「満州」という地域に限定した研究である。しかしその「満州」の中でも、地域差があるのではないだろうか。たとえば「間島」と「満鉄付属地」、また「満州事変」以前の日本の権益地だったところと、戦闘による占領地では大きな違いがあるはずである。そして「満州国」成立後の「開拓地」もまた独特の地域性と考えねばならないであろう。

前述の『アジアの開教と教育』には「移民・開拓団布教」、そして「占領地・植民地・外国における日本語教育」という節がある。ここから「開教」とひとくくりにせず、地域の性格の違いに注目する必要を学んだ。だからこそ、嵯峨井建の「国家的神社」・「都市型神社」・「開拓団神社」・「軍隊内神社」・「その他」という分類にもうなずけたのである(神道以外では「軍隊内」はありえない。ゆえにこの分類は神道のみに適用されるものと考える)。

本書は、この地域性の違いの確認が不足していると感じる。それは「開拓地」布教についての論文が無いことからも明らかである。海外神社研究の成果をもっと取り入れるという選択肢もあったのではないだろうか。特に研究段階が初期にあるテーマについては、原則として研究史の成果を取り入れたほうが整理・理解がしやすいと考える。その意味では中島三千男「旧満州国における神社の設立について」は最も優れた論文であり、本書を読み進む場合、最初に読むことを奨めたい。

研究史から見て

本書の題名は『植民地期満洲の宗教』である。ここで注目したいのは満州を「植民地」と規定していることである。この規定を批判するものではないが、やはり「植民地」である以上は、朝鮮・台湾との比較研究がほしかったと考える。前述の中濃教篤の研究書でも「第一章　中国伝道の植民地主義的性格」「第二章　中国侵略戦争と宗教」に加え、「朝鮮「皇民化」政策と宗教」を設けている。他の植民地との相違点が気になるところである。「台湾開教」や宗教政策の研究については、少ないが、「朝鮮開教」や宗教政策については、かなりの研究が既出しているはずである(4)。日本が植民地統治の前例を参考にしていなかったとは考えられない。対日本人布教、対植民地民布教についての比較がほしかった。

また直接「満州」に関わることではないが、国家神道について菱木が「日本国内の各県にある護国神社と忠霊塔・忠魂碑のすべては、靖国神社が体現する内容とまったく同じ内容を体現するものとして、同様に国家神道施設と認定できる。このような国家神道の定義は、私が主張し続けた」と述べているが、すでに大江志乃夫が定義し、それは定着しているはずである(5)。研究史の整理の重要性を痛感する次第である。

資料編について

まだまだ研究の進んでいない分野では、基礎的な作業が必要となる。海外開教で言えば、開教年表の作成・布教施設の目録・開教使名簿、そして中国大陸では戦闘時の従軍僧侶の名簿も必要であろう。その点、本書には資料編が用意され、「設立年代順　満州国神社一覧」・「真宗大谷派海外(満州)布教所設置・人事データ」・「曹洞宗・浄土宗・浄土真宗本願寺派布教所データ」と、「満州国」に限定されてはいるが目録が掲載されている意味は大きい。もちろん「満州国神社一覧」は、地域別に構成されていた嵯峨井の作業を、年代順に再編成したものであるが、仏教諸派のものは、非売品の史料を集めたもので、それぞれの教団に属していないものにとっては、大変有効なものである。特に出典の一つ、曹洞宗の『曹洞宗海外開教伝道史』は回収・処分され、一般の目に触れることはない。それゆえ、より一層有効なデータとなるであろう。

また、論文ではあるが木場の「満州引揚日本人布教者たちの六十年前の声」も引揚僧侶の本山への報告が紹介され、いわゆる史料の空白期を埋めるものとして大変興味深いものであった。

ただし残念なのは、キリスト教のデータがないこと。そしてすでに公開されている曹洞宗・浄土宗・浄土真宗本願寺派の布教使名、日蓮宗・臨済宗妙心寺派・高野山真言宗の各布教所名・布教使名簿が取り上げられていないことである[(6)]。もちろんこれらの宗派データは、公開されているとはいえ、かなり不完全なデータではある。しかしより多くのデータ収集・公開のため活用してもよかったのではないだろうか。

今後はこれらのデータについての確認作業も必要になると考える。教団発表以外のデータとして、槻木瑞生「「中外日報」紙のアジア関係記事目録」[(7)]という、全部で23,000以上の記事目録が発表されている。この労作を活用することで、宗教新聞『中外日報』の記事参照が容易となるはずである。「海外開教」研究にも大変な有効な史料となっていくだろう。

おわりに

かなり厳しく書評をしてしまったようである。しかし、これは研究課題の重要性を認識すればこその記述であることを理解していただきたい。

何度も繰り返すことになるが、「海外開教」に関する諸問題は、いまだ大部分が残されたままである。その意味では中濃の研究も過去のものではない。多くの研究課題が提示されているものといえよう。そして『アジアの開教と教育』についても、本書と合わせて読むべきものと評価している。

本書でも程の論文で、新たな課題も提示されている。「満州国」での「監獄教誨」がその代表的な課題であろう。

わずかな知識でコメントすれば、「監獄教誨」では、その思想的・精神的教誨に加え、肉体的な暴力にも注目すべきである。教誨百年編纂委員会『教誨百

年　上・下』[8]には、関東州や「満州国」での監獄教誨の実態の一部が紹介されている。そこには「構外作業」という名の強制労働の証言がある。いわゆる「万人坑」の存在を証言するものになっている。その強制労働にも教誨師は関与していたのである。教誨だけについても、その研究課題は細分化されるのではないだろうか。

時期や地域の違いもちろん、軍事・教育・社会事業など個々の宗教施設の果たした役割をデータ化すると同時に、宗教者個々の果たした役割も検討しなければならない。たとえば、その宗教者の中国語会話力の有無や程度でも、その役割や効果の違いが大きく出てくるはずである。全体を細分化して理解するという意味ではなく、個々の事実から全体を組み立てる作業こそが大切な過程ではないだろうか。

「海外開教」を概説する場合、現段階では「課題の紹介」ということになってしまうと考える。「満州」の課題に限っても、個々の課題・個々の事実を、尚一層積み重ね、その上で朝鮮・台湾・「満州」・傀儡政権下の中国を比較検討することで、全体像の理解やそれに評価を与えることが出来るのではないだろうか。その過程の中で大きな存在となるのが本書である。

（柏書房、2007年）

【註】

(1) この場合の「海外」とは、植民地・占領地を指す。真宗大谷派でいえば、他にハワイや南方での布教所設置があった。また、「開教」という用語については、小島勝・木場明志編著『アジアの開教と教育』（法藏館　1992年3月21日）内の「序章　海外開教と教育事業」参照

(2) 中濃教篤『天皇制国家と植民地伝道』（ニチレン出版　1976年10月15日）

(3) 菱木政晴『浄土真宗の戦争責任』（岩波書店　1993年7月20日）

(4) 韓晳曦『日本の朝鮮支配と宗教政策』（未来社　1988年11月10日）など

(5) 大江志乃夫『靖国神社』（岩波書店　1984年3月21日）

(6)『仏教大年鑑』（仏教タイムス社　1969年1月1日）

(7)『佛教文化研究所紀要』17（同朋大学佛教文化研究所　1997年4月26日）

(8) 浄土真宗本願寺派本願寺　真宗大谷派本願寺　1974年4月1日

Ⅵ．気になるコトバ

民度

中田敏夫

2006年12月22日、改正教育基本法が公布された。その年教職員組合の執行委員をしていた私は、「愛国心の強制・評価と『民度』、そして日本国憲法」という文章を書いたことがある。これには伏線があって、1989年の学習指導要領改訂から明記された入学・卒業式における日の丸掲揚・国歌斉唱は、国旗・国歌法の施行に伴い全国で職務命令として徹底されたが、最たるものは石原知事の姿勢を反映した東京都であった。「三国人」発言やフランス語に対する侮辱など石原都知事発言はしばしば物議を醸すが、中国開催サッカー・アジア杯で中国人観客が反日感情を噴出させた問題で行った2004年8月6日の定例記者会見での「まあ民度が低いんだから、しようがないね」発言は記憶に残っていた。ちょうど2006年の夏、国立中央図書館台湾分館でいくつかの教育論文を読んでいく中で「民度」ということばに出会った。次は、昭和16年国民学校令が台湾にも適用されることになり、総務長官齋藤樹が発言したものである。

> (国民学校令施行に伴い台湾でも改正された教育令は) 内台一如の精神の昂揚、皇国民錬磨育成といふ大目的に向かつて、画期的な意義を有するものであります。即ち小学校・公学校の別を廃して一律に国民学校としたことは、畏くも一視同仁の聖旨の顕現であり、且つ本島統治の実績が挙がり、民度が向上したことを示すものといふべきで (後略)
>
> (『台湾教育会雑誌』467号　無題　1941年6月)

台湾に住む台湾人である「本島人」は、「内地人」と比べられ、生活水準や文化水準、あるいは「皇国民」の面から、その程度がどうかを民度という尺度で測られていたことがよくわかる。教職員組合の文章は、石原都知事、台湾資料を踏まえ次のようにまとめ、そして「日本国憲法」の遵守が今求められることを訴えた。

> 改正教育基本法が「個」から「公共」の精神を重視したものに変わり、愛国心が謳われ、それがいかに達成できているかの評価を行うというのは、まさしく比較されるべきでない「個」の「思想・良心の自由」に関わる部分が、一定の尺度のもとにさらされ、ランク付けされていく過程を踏むことになる。台湾人を劣等国民と位置づける際に用いられた「民度」という概念、これがいわば復活することになる。

さて、「民度」は、1911年第1次朝鮮教育令第3条に「教育ハ時勢及民度ニ適合セシムルコトヲ期スヘシ」と出てくる。台湾でも1919年台湾教育令第3条に全く同じ文言で登場する。しかしながら1922年朝鮮・台湾で同時に出された第2次朝鮮教育令・新台湾教育令ではその姿を消すことになる。1911年以前の勅令府令等にはみられず、結果第1次朝鮮教育令と台湾教育令にのみ紛れ込んだ語となる（ただし台湾では1921年改正公学校規則第9条に「知識技能ハ常ニ民度及土地ノ情況ニ顧ミ生活ニ必須ナル事項ヲ選ヒテ（後略）」とは出てくる）。この語がこの期に入ってきた事情を駒込（1996）は「優良の民には優越の制度を要し、未開の民には未開の制度を要す」という発想を内包したロジックが働き、植民地に日本人とは別系統の教育制度を形成させたとする（94頁）。この頃、植民地官僚の多くが盛んに民度ということばを用いている。持地六三郎は台湾における6年制の公学校は「本島ノ民度ニ照シ稍長キニ過クル」とし、隈本繁吉は朝鮮での高等教育機関は「半島ノ民度実情ニ照シ」設置の必要はないと述べている[(1)]。今後国内資料も含め、この語は誰がどのような背景で使い始め、統治上の概念として植民地官僚の中で喧伝されることになったか、精査する必要があるだろう。

「民度」が外された1922年の教育令改正では、台湾教育会（1939）によれば「本島人に対しては台湾教育令といふ特殊の教育制度を定め、各学校を通じ内台人の教育を区別してゐた。併し本島の現状は、最早かかる差別教育の必要を認めないのみならず、之あるが為却つて本島人に疑惑の念をいだかせ、統治上おもしろくない結果も生ずる」（356頁）ので、この改正になったとされる。第1条がともに「朝鮮（台湾）ニ於ケル教育ハ本令に依ル」とあるように、この教育令により、「国語ヲ常用スル者」「常用セサル者」による区別は変わらず設けられたが、制度としては日本人・朝鮮人・台湾人を一本化した、植民地教育が新しい段階に入ったことがわかる。

ところでここで用いられた「民度」の意味だが、上田萬年・松井簡治『修訂大日本国語辞典』（新装版　初版大正4年　冨山房）にある「民度　人民の文野・貧富の程度。」のうちの「文野の程度」があたろうか。「文野」とは同じに「開けたることと開けざることと。文明と野蛮と。」とある。前述の1921年改正公学校規則の「知識技能ハ常ニ民度及土地ノ情況ニ顧ミ生活ニ必須ナル事項ヲ選ヒテ」という例は、「民度」が知識技能教授に関わって問題にされていることより、これが「文野の程度」、「人知」に関わった使い方だと判断される。

「民度」という語の出自、語誌は現在のところ明らかではない。初出を載せることで知られる『日本国語大辞典』（小学館）には「民度　国民、住人の生活の貧富や文明の進歩の程度」とあるが、用例の記載はない。本辞書が資料収集する文献に偏りがあり収集できていないものと思われるが、明治以降用例がないわけではない。雑誌『太陽』の日本語データベース（1895・1901・1909・1917・1925年のみのテキスト化。国立国語研究所資料15　博文館新社刊）には5例見られる。ここでの使い方は、「（日本貿易が一致団結する事につき）我国力民度に適応するの画策を問へば……」（1895年5号）では「文明の進歩」の意、また、「悪しく云へば民度即ち国の富の不釣合に贅沢をして居りはせぬか」（1911年10月号）では「貧富の程度」の意と思われ、『修訂大日本国語辞典』『日本国語大辞典』の記述に合致した使い方と言える。明治期から大正期の「民度」はこのような使い方が基本だったものと思われる。ただ今後、明治期からの資料、例えば『讀賣新聞』などを調査することで、その用法と歴史を正確に位置づけていく必要がある。

一方、手元にある辞書でみてみると、『広辞苑第6版』は「人民の生活や文化の程度」、『新明解国語辞典』は「その地域に住んでいる人びとの経済力や文化の程度」、『明鏡国語辞典』は「国民・住民の生活水準や文化水準の程度」などとあり、現在の一般的な使い方として、「生活水準」と「文化の程度」が尺度として書き込まれていることがわかる。「文化」は「文明」とほぼ同義に用いられることが多いが、人間の精神的生活にかかわるものを文化と呼ぶとすれば、「民度」の使い方として、明治期、植民地で使われていた「文明」的な用法より明らかに「文化的」な用法に広がりを持ってきているものと思われる。

「朝日新聞戦前紙面データベース」（昭和元年〜昭和20年）により「民度」で新聞見出しを検索してみると、「比島　教育による民度向上　慎重な宗教対策肝要」（1942年10月15日）が1件ヒットするだけである。また、「朝日新聞縮刷版1945～1984」で見出しとキーワードをみても4件、ヒットするだけである。「朝日新聞1985～2008」では見出しと本文で172件、「アエラ　88年創刊号～現在」では本文のみに7件、「週刊朝日　2000年4月～現在」では本文のみに6件ヒットする[(2)]。これらの使い方は、その用例を今後調査していくこととし、全体的に出現数が少ない印象を持つ。また、「青空文庫」というインターネット電子図書館に載せられた全作品（2008年2月現在約7000作品）を「民度」で検索すると、わずか3例に限られる。青空文庫が文学作品を中心としている点、著作権が切れた作品をテキスト化しているため対象資料が古いという点があるだろうが、用例数の少なさは「民度」が使われた文脈の性格を考えさせる。

それが、現在、インターネットの検索エンジンGoogleで「民度」を検索すると、石原都知事の発言ほか、いかに多くの、かつ多様な使われ方がそこにみられるかを知る。

明治期、「民」を機軸に「民意・民心」などとともに造語されたとも想像される漢語「民度」は、国内での使用は限定的であったのにもかかわらず、植民地官僚により客観的尺度の規定もないまま包括的に位置づける植民地統治上の便法として用いられていた。戦後「民度」は水面下で息を潜めるかのごとく目立たぬ存在であったかにみえるが、ここ最近の使用の多さ（それを実証していかなければならないが）は何を物語っているのだろうか。改正教育基本法、新指導要領で教化されるのは愛国心であり、そして「国家国民」としての人間像である。その「評価」が押しつけられようとしているこの時代、「民度」というコトバの多用化がそんな時代の気分として現れてきているのかもしれない。

駒込武（1996）；『植民地帝国日本の文化統合』（岩波書店）
台湾教育会（1939）；『台湾教育沿革誌』（台湾教育会）

注（1）持地の発言は駒込（1996）によれば1902年頃の「県治管見」（『後藤新平文書』R31-7-73）に、隈本の発言は1910年「学政ニ関スル意見」（渡部学・阿部洋編『日本植民地教育政策史料集成』第69巻所収　龍溪書舎）による。

注（2）朝日新聞オンライン記事データベース「聞蔵」及び「聞蔵II」による検索結果。

Ⅶ．彙報

日本植民地教育史研究会事務局

2008年1月～2008年12月までの本研究会の活動を報告する（文中、敬称略）。

（1）組織・運営体制

本研究会には、会則第7条によって、下記の役員が置かれている。

役員の任期は3年、『年報』編集委員の任期は2年とされている（第9条）。編集委員を除く役員は2006年3月の総会で選任されたため、任期中であり、編集委員も2007年3月に改選され、職務を継続した。

代　　表：渡部宗助

運営委員：井上　薫・岡山陽子・佐藤広美・白柳弘幸・田中　寛・佐野通夫・西尾達雄・弘谷多喜夫・宮脇弘幸

事務局長：佐野通夫

事務局員：上田崇仁・漆畑　充・北川知子・山本一生

第10号編集委員会：小黒浩司（委員長）・岡山陽子・中田敏夫・西尾達雄・芳賀普子

本年の主な活動は以下の通りである。

1）研究会総会（年1回、研究大会時：2008年3月23日（日）・大東文化大学）

2）運営委員会（研究大会の準備の他、日常的な会務のため、3回開催：2008年3月22日（土）午後・大東文化大学、6月29日（日）午前・北海道大学東京オフィス、9月14日午後・大東文化大学。その他、研究会入会申請承認などは随時電子メールによる委員会を設定、研究会通信の発行を担当）

3）研究部（ア、研究会を2回企画・案内・開催：6月28日（土）、大東文化大学、9月13日（土）、大東文化大学。※「定例研究会の開催」の項参照。イ、「植民地教科書比較研究」プロジェクトの遂行。※「植民地教科書比較研究プロジェクト」の項参照）

4）編集委員会（年報の編集と発行。※「年報『植民地教育史研究年報』の発行」の項参照）

5）事務局（事務連絡、会計、ホームページ管理等）

（2）第11回研究大会の開催

第11回研究大会は、2008年3月23日（日）に、大東文化大学で開催された。昨年度彙報で紹介したように、2007年12月26日に国際シンポジウム「植民地教科書と国定教科書—何を教え、何を教えなかったか—」を開催したため、本大会はシンポジウムを開催せず、自由研究発表、総会、懇親会のみの1日開催とした。1日開催の日程は逆に遠方からの参加者に前後2泊を求めるようになる等、参加者に困難を強いた側面もあり、参加者は例年の約30名に及ばなかったが、以下の6本の「自由研究発表」が行なわれ、熱心な討論がなされ、有意義な研究大会であった。

1）岡田泰平：アメリカ植民地教育研究から見たカシキズム概念の変遷

2）小林茂子：戦前期マニラ日本人学校で発行された参考用図書について——『フィリピン読本』（1938年）、『比律賓小学地理』（1940年）、『比律賓小学歴史』（1940年）の分析——

3）井上薫：植民地・国内における農業教科書の特徴——文部省著作教科書および朝鮮総督府教科書の比較を中心として——

4）西尾達雄：養正高等普通学校体育教師・峰岸昌太郎の半生

5）山本一生：戦前日本の「外地」間移動教員——青島の中等学校と広島高等師範学校との人脈をめぐる分析を中心に——

6）松尾教史：総力戦期文学に見られる植民地系エリートの主体形成について——台湾の場合について——

（3）第12回研究大会の準備

研究大会・総会は、近年可能な限り、首都圏とそれ以外の地域で隔年開催するように務めてきた。2008年6月29日の運営委員会において、第12回大会を2009年3月28日（土）、29日（日）の2日間、龍谷大学で開催する事を決定し、2009年が朝鮮の「3・1独立運動」90周年に当たる事から、3・1独立運動にちなむ「シンポジウム」を開催することとした。

（4）定例研究会の開催

この間の定例研究会の日程、報告については以下の通り。

＊第20回研究会：2008年6月28日、大東文化大学・大東文化会館

1）金美花：満洲国吉林師道大学の設立と展開

２）長谷川恒雄：1930～40年代の日本語教育施策
３）宮脇弘幸：日本軍政下フィリピン（1942～1945）に対する文教政策

＊第21回研究会：2008年9月13日、大東文化大学・板橋校舎
１）松岡昌和：日本軍政下シンガポールにおける「日本の歌」
２）金英美：朝鮮Ⅰ・Ⅱ期国語教科書と国定国語教科書との比較研究
３）高橋聰：文部省理科書と朝鮮理科書での蚕教材の扱いについて
毎回、30名内外の参加者を得て、熱心に開催された。

(5) 年報『植民地教育史研究年報』の発行

第10号『植民地教育史研究会のこれから』を皓星社から発行した。特集は、前年度、宮城学院女子大学で行なわれた研究大会シンポジウム・テーマ「国定教科書と植民地教科書比較研究の魅力と困難」。この他、研究論文、研究資料、旅の記録、書評、気になるコトバで構成した他、「日本植民地教育史研究会10年の足跡」として、略年譜、年報総目次、発足時の呼びかけ等を掲載した。

また、2008年3月の大会で「年報」編集委員会規程が定められ、会則第3条⑵も「編集規程と投稿要領は別に定める」から「編集委員会規程と投稿要領は別に定める」と改められた。

第10号編集委員会は、5月4日、5月10日、8月11日に開催され、第11号「投稿・執筆要領」を定め、審査・編集・発行の準備を行なうとともに、「『植民地教育史年報』投稿・執筆要領（案）」・「『植民地教育史年報』査読要領（案）」・「『植民地教育史年報』書評選考規程（案）」の検討を行なっている。

(6)「研究会通信」の発行

研究会通信「植民地教育史研究」は、第25号（2008年2月25日付）、第26号（2008年6月1日付）、第27号（2008年9月5日付）の3号を発行した。

第25号（全8頁）では、第10回研究大会のプログラム、国際シンポジウム報告・参観記、年報第10号掲載論文等の予告、編集委員会規程（案）、新入会者の紹介を掲載した。第26号（全6頁）では、渡部代表の「「変則」的研究大会の正則」、第11回研究大会報告、大会参加記、科研プロジェクト報告、2007年度会計決算、2008年度予算、第20回研究会のお知らせ、『年報』第11号原稿募集を掲載した。第27号（全8頁）では、第12回研究大会の案内を含む運

営委員会便り、新入会員の自己紹介、2008年3月総会報告、『年報』編集委員会規程、『年報』編集委員会だより、研究部だより（第20回研究会報告、第21回研究会案内）、「教育博物館だより」、11月に台北で開催される「台湾学研究国際シンポジウム——殖民と近代化」の案内、会員の動静を掲載した。

(7) 植民地教科書比較研究プロジェクト

研究代表者・宮脇弘幸で申請していた科学研究費補助金「日本植民地・占領地の教科書に関する総合的比較研究－国定教科書との異同の観点を中心に」は3カ年研究の最終年度を迎え、最終報告書を作成中である。なお、2007年3月には研究成果中間報告書として『玉川大学教育博物館所蔵外地教科書目録』を刊行している。

(8) その他

1）研究会ホームページの管理の継続。URLは奥付に掲載。

2）会員名簿の作成

研究会通信第26号に合わせ、2008年5月16日更新の名簿を会員に配布した。

3）会員「研究業績一覧」の作成・メーリングリストによる会員相互の情報提供

会員相互の研究活動の交流のため、紙媒体および電子媒体によって相互の研究活動を知らせる手段を提供した。

4）研究会活動の対外広報

運営委員会に広報担当を置き、『年報』の広報等に努め、またさまざまな研究会・学会において研究会および『年報』の広報活動を行なった。

（事務局長・佐野通夫）

編集後記

今回、編集過程の間に寄せられた原稿を読む機会があったが、その間に、あらためて「論文を書くこと」の難しさについて考えさせられた。大変興味深いテーマを取り上げた論文でも、文章による表現方法が的確でないと惜しいことに全体の内容が伝わってこない。断片的に恐らくこういうことを投稿者は言いたいのではないか、と想像するしかなかった。そうなると、書き直し原稿となるが、書き直しても的確な表現ができていないと、不採用になる。投稿者にとっては残念な結果かもしれないが、実は「残念」な点ばかりではない。手前味噌のようだが、この研究会の査読担当者は、実に丁寧に訂正箇所を指摘されて著者に戻されていた。研究者としては、実にうらやましいような丁寧さだった。著者が査読者の指摘を良く理解して時間をかけてじっくりと書き直せば文章がかなり分かりやすくなるのではないか、と思われた。また、その原稿は、例え、今回は不採用となっても、この書き直しは、次回のために必ず役に立つ、と思う。

メンバーの専門が限られたグループ内では通じても、多様な専門分野の研究者が揃っているこの日本植民地教育史研究会では、より明確な文章が要求されるのではないだろうか。つまり、研究者にとっては、ある意味、良い鍛錬の場でもあると思う。他流試合、とまではいかないまでも、自分の主張を研ぎ澄まし、分かりやすい的確な表現を求めていく必要があるだろう。もちろん、どんな文章でも「正確に」伝えるのはなかなか難しいが、「より正確に」伝えられるよう努力するのが論文の書き手の務めだろう。

自分の主張を述べるには、やはり、それ相当の文章の表現力が要求される、ということだろう。研究会という以上、なごやかな雰囲気は残しつつも、一方では「切磋琢磨」する場でもあれば良いと思っている今日この頃である。(岡山陽子)

私的な話をさせて頂くと、私は戦後民主主義教育の第1期教育を受け、昭和22年版国定第六期『こくご一』「おはなをかざる　みんないいこ」で育った。3歳年上の姉が1年生時、「ススメ　ススメ　ヘイタイ　ススメ」を家で墨塗りしていた記憶がある。墨塗りから国定第六期の間に昭和21年「暫定教科書」はあったが、私よりほんの3歳年上なら軍国主義色濃い教科書を使ったわけだ。敗戦から民主主義教科書教育への転換はたった2、3年で進められたのである。

しかし日本帝国主義植民地下の教科書について日本人が目を向けるようになったのは、敗戦後10年以上が過ぎてからであった。戦前の軍国主義教育を問題にしても、他国への教育を問題にする視点は欠けていた。

我々の研究会はアジアから信を得る研究をめざし発足して、一昨年には10周年を迎え、今回年報11号に、昨年11回全国大会の国際シンポジウム「植民地教科書と国定教科書――何を教え、何を教えなかったか」の記録を「年報」に掲載することができた。

編集のため国定教科書を読む機会も持ち、日本でのたった2、3年での教育転換の背後に続く戦前教育史をあらためて実感した。植民地教科書と国定教科書はセットになっているといえる。軍国主義教育と植民地主義教育はセットであったのだから。

両者の内実が、それぞれどのような教育政策の下で編纂されていったのか、両者の比較研究を世に送り出すことが出来る11号である。当然研究されるべきテーマであった。教科書分析は「静態的分析に留まる」(『年報04号』参照)ともされるであろう。しかし、旧植民地国の研究者たちによる解放後それなりに長い教育史研究基盤にたっての研究成果と共に、編集に係れた事は戦後すぐの民主主義教育を受けた私には感慨深いものであった。(芳賀普子)

著者紹介

上田崇仁

愛知教育大学教育学部日本語教育講座准教授。博士（学術）。日本語教育学・日本語教育史。啓明大学校（韓国）、県立広島女子大学（現・県立広島大学）、徳島大学を経て現職。
「朝鮮でラジオは何を教えたのか——ラジオを利用した「国語」教育」『戦争　ラジオ記憶』（勉誠出版、2006）、「『放送教本初等国語講座』に見る「国語」教育」『植民地の朝鮮と台湾』（第一書房、2007）。

蔡錦堂

国立台湾師範大学台湾史研究所・副教授兼所長。
〈日本治台後半期的「奢侈品」—台北高等學校與近代台灣菁英的誕生〉、亞東關係協會編《2007年台日學術交流國際會議論文集—殖民化與近代化—檢視日治時代的台灣》（台北・外交部、2007）、《戰爭體制下的台灣》（臺北・日創社、2006）、〈日本統治時代と国民党統治時代に跨って生きた台湾人の日本観〉、五十嵐真子・三尾裕子編《戦後台湾における〈日本〉—植民地経験の連続・変貌・利用》（東京・風響社、2006）、與陳茂泰・謝宗榮等共撰《續修臺北縣志　卷三住民志》（臺北・臺北縣政府、2005）、〈日治時期臺灣公學校修身教育及其影響〉（《師大臺灣史學報》第2期、2009）、〈「紀元二千六百年」的日本與台灣〉（《師大臺灣史學報》第1期、2007）

金京美

1960年生まれ。韓国大邱出身。
延世大学教育学科卒業。教育学博士。
延世大学国学研究員研究教授。現韓国独立記念館教育文化部長。
「甲午改革前後教育政策展開過程研究」（博士論文）、『日帝下知識人のファシズム体制認識と対応』（共著）、『植民地ファシズムの遺産と克服の課題』（共著）。

槻木瑞生

東京都出身。玉川大学教育博物館外来研究員、同朋大学名誉教授。
「満洲国の学校制度が成立するまでの状況—近代中国延吉県地域史研究—」『アジア教育史研究』第16号（アジア教育史学会、2007.3）、「満洲における日本仏教団の異民族教育」『日中両国の視点から語る　植民地期満洲の宗教』（柏書房、2007.9）。

山下達也

1981年、長崎県佐世保市生まれ。
九州大学大学院／日本学術振興会特別研究員。専攻は朝鮮教育史・教員養成史。
「植民地朝鮮の教員社会における性差」（『国際教育文化研究』第8号、2008年）、「植民地朝鮮における「内地人」教員の多様性—招聘教員と朝鮮で養成された教員の特徴とその関係—」（『日本の教育史学』第50集、2007年）、「植民地朝鮮の師範学校における「内地人」生徒—官立大邱師範学校を中心に—」（『歴史学研究』No.819、2006年）。

三橋広夫

早稲田大学。1951年生。神田外語大学大学院修士課程修了（日本語学）、前千葉県公立中学校教員。
『これならわかる韓国・朝鮮の歴史Ｑ＆Ａ』（大月書店、2002年）、鄭在貞『帝国日本の植民地支配と韓国鉄道　1892～1945』（翻訳、明石書店、2008年）。

陳虹彣

平安女学院大学講師。
「日本統治下台湾における「国語」という教科の成立と伊沢修二」『教育思想』第34号（2007年5月、pp.39-57）、「日本植民地統治下の台湾教育会に関する歴史的研究」『近代日本の中央・地方教育史研究』第十四章所収（梶山雅史編著、学術出版会、2007年9月）。

李省展

恵泉女学園大学教員。1952年生まれ。
『帝国と学校』（共著、昭和堂、2007.4）、『アメリカ人宣教師と朝鮮の近代――ミッションスクールの生成と植民地下の葛藤』（社会評論社、2006.1）。

佐藤由美

埼玉工業大学人間社会学部准教授。1994年3月、青山学院大学にて博士（教育学）学位取得。以後、非常勤講師を経て、2006年より現職。主著に『植民地教育政策の研究【朝鮮・1905-1911】』（龍渓書舎、2000年）、「青山学院と戦前の台湾・朝鮮からの留学生」（『日本の教育史学』47集、2004年10月）がある。

丸山剛史

1971年、静岡県生まれ。宇都宮大学教育学部教員。学校教育学、技術教育学。
『戦後教育改革資料19　鹿内瑞子旧蔵資料目録』（共編、国立教育政策研究所、2006年）、「1958年版中学校学習指導要領「技術・家庭科」の「技術科」設置構想との断絶と連続」『産業教育学研究』第34巻第2号（2004年）。

白柳弘幸

玉川大学教育博物館。
「玉川大学教育博物館所蔵　外地教育史料目録」平成18年度～平成20年度科学研究費補助金「日本植民地・占領地の教科書に関する総合的比較研究――国定教科書との異同の観点を中心に」平成19年度研究成果報告書平成19年12月、「第3回　台湾教育史現地調査」『玉川大学教育博物館館報』玉川大学教育博物館編　平成20年3月。

梶村光郎

筑波大学大学院博士課程教育学研究科中退（単位取得）。上武大学を経て、現在琉球大学教育学部教授。
専攻：教育学（教育史）・国語教育。
『國語創造』（全二巻・別冊、編著、緑蔭書房、1999年）、「沖縄の標準語教育史研究―明治期の綴方教育を中心に―」（『琉球大学教育学部紀要』第68集、2006年3月）など。

大串隆吉

2008年3月東京都立大学退職、現名誉教授、明治大学大学院文学研究科、首都大学東京人文社会系非常勤講師。
『青年団と国際交流の歴史』（有信堂、1999）、『社会教育入門』（有信堂、2008）。

渡部宗助

埼玉工業大学工学部。日本近現代教育史。
『教育刷新委員会／教育刷新審議会 会議録』（全13巻、編著、岩波書店、2007）、『教員の海外派遣・選奨政策に関する歴史的研究』（著、国立教育政策研究所、2002）、『教育における民族的相克』（編、東方書店、2000）、『日中教育の回顧と展望』（編著、国立教育研究所、2000）。

大東　仁

1965年愛知県生まれ。1987年奈良大学文学部史学科卒業。現在、真宗大谷派圓光寺住職・真宗大谷派名古屋教区教化センター研究員・大阪経済法科大学アジア研究所客員研究員。
「占領下南京の宗教工作」『東アジア研究』第48号（大阪経済大学アジア研究所、2007年）、『戦争は罪悪である　反戦僧侶・竹中彰元の叛骨』（風媒社、2008年）。

中田敏夫

愛知教育大学教員。1952年生まれ。国語学・社会言語学専攻。
「台湾総督府編纂『台湾教科用書国民読本』の教材編成」（中央教育研究所紀要『教科書フォーラム』NO.2、2004年）

佐野通夫

日本植民地教育史研究会事務局長。こども教育宝仙大学教員。1954年生まれ。
『日本植民地教育の展開と朝鮮民衆の対応』（社会評論社、2006年）、『アフリカの街角から』（社会評論社、1998年）、『〈知〉の植民地支配』（編著、社会評論社、1998年）、『近代日本の教育と朝鮮』（社会評論社、1993年）。

CONTENTS

＊英文校閲：宮脇弘幸

植民地教育史研究年報　第11号
Annual Reviews of Historical Studies of Colonial Education vol.11
植民地教科書と国定教科書
Colonial textbooks and Japanese government-designated textbooks

編　集
日本植民地教育史研究会運営委員会（第Ⅳ期）
The Japanese Society for Historical Studies of Colonial Education
代　　表：渡部宗助
運営委員：井上　薫・岡山陽子・佐藤広美・白柳弘幸
田中　寛・佐野通夫・西尾達雄・弘谷多喜夫
宮脇弘幸
事務局長：佐野通夫
事務局員：上田崇仁・漆畑　充・北川知子・山本一生
第11号編集委員会：小黒浩司（委員長）・岡山陽子
中田敏夫・西尾達雄・芳賀普子
事務局：四国学院大学　佐野通夫研究室
〒765-8505　香川県善通寺市文京町3-2-1
TEL　0877-62-2111（内）309
FAX　0877-62-3932
URL http://colonialeducation.web.infoseek.co.jp/
E-mail:Michio.Sano@ma4.seikyou.ne.jp
郵便振替　00130-9-363885

発行　2009年6月22日
定価　2,000円+税

発行所　株式会社皓星社
〒166-0004　東京都杉並区阿佐谷南1-14-5
TEL 03-5306-2088　FAX 03-5306-4125
URL http://www.libro-koseisha.co.jp/
E-mail:info@libro-koseisha.co.jp
郵便振替　00130-6-24639

装丁　藤林省三
印刷・製本　(有)吉田製本工房

ISBN978-4-7744-0432-5 C3337